ちくま文庫

「読まなくてもいい本」の読書案内

知の最前線を5日間で探検する

橘玲

筑摩書房

目次

2 進化論

3 ゲーム理論

4 脳科学

5 功利主義

「読まなくてもいい本」の読書案内

——知の最前線を5日間で探検する

図版作成　鈴木成一デザイン室

はじめに　なぜこんなヘンなことを思いついたのか？

この本は、高校生や大学生、若いビジネスパーソンのための「読まなくてもいい本」の読書案内だ。

なぜこんなヘンなことを思いついたかというと、「何を読めばいいんですか？」ってしょっちゅう訊かれるからだ。でも話を聞いてみると、こういう質問をする真面目な若者はすでに「読むべき本」の膨大なリストを持っていて、そのリストにさらに追加する本を探している。その結果、「読まなくちゃいけない本がこんなにたくさんある！」→「まだぜんぜん読んでない！」→「自分はなんてダメなんだ！」というネガティブ・スパイラルにはまりこんでしまう。

こんなことになるいちばんの理由は、本の数が多すぎるからだ。

ぼくが大学に入った頃（一九七七年）は、一年間に出版される本は二万五〇〇〇点だった。それがいまでは年間八万点を超えている。

これはたんに、本屋さんに並ぶ本が三倍に増えたというだけじゃない。同じ本を読むひとの数がものすごく減った、ということでもある。

ぼくたちの大学時代は、「読むべき本」というのがだいたい決まっていた。だから初対面でも、読んだ（あるいは読んだふりをした）本をもとに議論（らしきもの）をすることができた。でもこんなこと、いまではほとんど不可能だろう。

こうした事情は、音楽業界でメガヒットが出なくなったのと同じだ。かつてはビートルズのように、好きでも嫌いでもみんなが知ってる曲があったけれど、そういうのはマイケル・ジャクソンくらいまでで、いまではワン・ダイレクションやＡＫＢ48がどんなヒット曲を出しても「聴いたことない」というひとの方が多いはずだ。

本の世界もこれと同じで、読者の興味の多様化、学問分野の細分化、新刊点数の増加によって、ハリー・ポッターや村上春樹といった例外を除けば、みんなが共通の話題にできる作品はなくなってしまった。

もの書きとしてのぼくの生活は、本を読む、原稿を書く、旅をする、ときどきサッカーを観る、というものすごく単純な要素でできているけれど、それでも新聞の書評欄に載る本はほとんど読んでいない――自慢できることじゃないけど。だから、もっと忙しいひとたちが本の話題についていけなくてもぜんぜん恥ずかしいことじゃない。

それでも不安になって、ブックガイドを手に取ったりするかもしれない。世の中には「知性を鍛えるにはこの本を読みなさい」というアドバイスが溢れているから。

でも、この方法もやっぱりうまくいかない。なぜなら、〝知識人〟や〝読書人〟が薦める本の数も多すぎるから。――「古典で教養を磨こう」といわれても、マルクスの『資本論』は岩波文庫で全九冊もあるんだよ！

一五〇歳まで寿命を延ばす医療技術を開発するシリコンバレーのベンチャー企業、ハルシオン・モレキュラー社のオフィスには、「人生がもっと長くなったら何をしますか？」というポスターが貼ってある。金属製の巨大な本棚が整然と並ぶ未来の図書館をイメージした写真に添えられたコピーには、こう書いてあるそうだ。

「現時点で、一億二九八六万四八八〇冊の書物の存在が確認されています。あなたは何冊読みましたか？」

でも一億三〇〇〇万冊の本をすべて読もうと思ったら、一五〇年の寿命ではぜんぜん足りない。三日に一冊のペースでも一〇〇万年（！）かかるし、その間にも新刊書はどんどん増えていくのだ。

人類が生み出した知の圧倒的な堆積を知ると、どの本を読んだとか、何冊読んだとかの比較になんの意味もないことがわかる。一五歳から八五歳まで毎日一冊読んだとしても、死ぬまでに書物の総数のせいぜい〇・〇二％（二万六〇〇〇冊）にしかならない。それを〇・〇三％に増やしたとして、いったいどれほどのちがいがあるのだろう。

そこで本書では、まったく新しい読書術を提案したい。問題は本の数が多すぎることにあるのだから、まずは選択肢をばっさり削ってしまえばいいのだ。

人生は有限なのだから、この世でもっとも貴重なのは時間だ。たとえ巨万の富を手にしたとしても、ほとんどの大富豪は仕事が忙しすぎて、それをほとんど使うことなく死んでいく。同様に、難しくて分厚い〝名著〟で時間を浪費していては、その分だけ他の有益な本と出会う機会を失ってしまう。

「何を読めばいいんですか？」と訊かれるたびにぼくは、「それより、読まなくてもいい本を最初に決めればいいんじゃないの」とこたえてきた。でも、どうやって？

この本で書いたのは、次のようなことだ。

二〇世紀半ばからの半世紀で、〝知のビッグバン〟と形容するほかない、とてつもなく大きな変化が起きた。これは従来の「学問」の秩序を組み替えてしまうほどの巨大な潮流で、これからすくなくとも一〇〇年以上（すなわち、ぼくたちが生きているあいだはずっと）、主に「人文科学」「社会科学」と呼ばれてきた分野に甚大な影響を及ぼすことになるだろう。これがどれほどスゴいことかというと、もしかしたら何千年も続いた学問分野（たとえば哲学）が消滅してしまうかもしれないのだ。

この〝ビッグバン〟の原動力になっているのが、複雑系、進化論、ゲーム理論、脳科学などのそれこそ爆発的な進歩だ。

これさえわかれば、知の最先端に効率的に到達する戦略はかんたんだ。

書物を「ビッグバン以前」と「ビッグバン以後」に分類し、ビッグバン以前の本は読書リストから（とりあえず）除外する――これを「知のパラダイム転換」と呼ぶならば、古いパラダイムで書かれた本をがんばって読んでも費用対効果に見合わないのだ。そして最新の「知の見取図」を手に入れたら、古典も含め、自分の興味のある分野を読み進めていけばいい。

こうした考え方を邪道だと思うひともいるだろう。でも時間の有限性と書物の膨大な点数を前提とすれば、これ以外に効率的な読書術はない。

誤解のないようにあらかじめ断っておくと、ここでは「読まなくてもいい本」をいちいち挙げたりはしていない。新しい〝知のパラダイム〟がわかれば、「読まなきゃいけないリスト」をどんどん削除してすっきりできるはずだから。

そんなにウマくいくのかって？　だったら具体的に、どんな効果があるのかやってみよう。

最初に挑戦するのは、ポストモダン哲学の最高峰だ。

1

複雑系

1—一九七〇年代のロックスター

ぼくが一八歳だった頃の話から始めよう。当時は、「ポストモダン」と呼ばれる思想がフランスから輸入されはじめたばかりだった。

団塊の世代は七〇年安保でゲバ棒を振り回していたけど、共産主義革命なんてぜんぜん起きず、いつの間にか日本はアメリカに次ぐ世界二位の経済大国になっていた。社会主義の理想を実現したはずのソ連はスターリンの粛清で国じゅうが「収容所群島（@ソルジェニーツィン）」になり、共産中国では毛沢東の文化大革命で膨大な死者が出ていると噂されていた（大躍進政策で三〇〇〇万人を超える餓死者が出たことが検証されたのは九〇年代になってから）。全共闘世代が夢中になったマルクス主義やサルトルの実存主義は、すっかり時代遅れになっていた。

そんなときに現われたのが構造主義で、これが八〇年代バブルのポストモダン（ポモ）やニューアカデミズム（ニューアカ）につながっていく。

D―Gの伝説

いまとなっては信じられないけど、当時、フランスの思想家はロックスターみたいなものだった。『現代思想』（青土社）や『エピステーメー』（朝日出版社から出ていた現代思想の雑誌）が毎号彼らを特集していて、ぼくたちは新しいアルバムを買うように発売日を待った。「フーコー」とか「デリダ」とかの名前（ポモ風にいえば記号）が書かれた本や雑誌を抱えて歩くのがカッコよかったのだ。

そのなかでも伝説的なスターが、ジル・ドゥルーズ（哲学者）とフェリックス・ガタリ（精神科医）のコンビで、「ドゥルーズ＝ガタリ」あるいは二人の頭文字をとって「D―G」と呼ばれていた。D―Gがなぜ伝説だったかというと、いろんなところで「スゴい」と評判になっていても、翻訳がなかったので、なにが「スゴい」のか誰も知らなかったのだ。――ドゥルーズの単著は何冊か訳されていたが、彼らの主著『アンチ・オイディプス』は翻訳不可能といわれていた（一九八六年にようやく翻訳が完成した）。

そのD―Gが、新たな作品の序文だけを一九七六年に先行して発表し、それを『エピステーメー』が創刊二周年記念臨時増刊号として翻訳した。タイトルは「リゾーム」で、D―Gがはじめて日本語で読めるというので、当時の文系学生のあいだではちょっとした事件だった（その後、本編は『千のプラトー』という長大な作品として刊行された）。

ぼくは発売日に大学生協の書店でさっそく『リゾーム』を手に入れた。定価六〇〇円のその雑誌を押入れのダンボールから探し出してきたが、杉浦康平＋鈴木一誌という気鋭のブックデザイナーが手がけた斬新な装丁で、ほぼ全ページにわたってびっしりと線が引いてある（いちおう最後まで読んだのだ）。

はじめてD─Gを体験して、ぼくはその「スゴさ」がわかった。なにが書いてあるのかさっぱりわからないのだ、ひとことも。

ところが翻訳者でフランス現代文学の研究者でもある豊崎光一（彼も当時のスターの一人だった）は、巻頭で次のように書いている。

「これを読むにあたって、あなたはドゥルーズの、またはガタリの、さらにはドゥルーズ─ガタリ（以後ときにD─Gと記す）の前著だの主著だのを知っている必要はない。これはD─Gの「主著」『アンチ・エディプス』なんかに比べても本質的に易しい本だ」

それでは、その「易しい」文章を紹介しよう。


われわれが語っているのはほかでもない――多数多様体、線、地層と分節性、脱出線と強度、機械状組みことそのさまざまなタイプ、器官なき肉体とその構築、その選別、地盤面、それぞれの場合における測定の統一性などの数々についてである。地層傾斜線探知機だの、削除探知機、密度のＣｓＯ〔器官なき肉体Corps sans Organes〕的単位、集中ＣｓＯ的単位などはただ単に記述体＝記述行為（エクリチュール）の量化を形作るばかりではなく、エクリチュールをつねに何か別なものの測定＝尺度として規定する。書くこと（エクリール）とは意味することとは縁もゆかりもなく、測量すること、地図化すること、それも来るべき地方さえをもそうすることと関わりがあるのだ。

当時、この文章にぼくがつけた注釈は、「器官なき肉体」と訳されたＣｓＯの「器官（Organes）」や「肉体（Corps）」が複数形だというものだ——だからといってなんなのか、まったく覚えていないが。

〝ポモ〟の知的曲芸

こうしたポモ風の文章は一九八〇年代に一世を風靡し、その後、急速にすたれていく。そのきっかけは、一九九六年にアメリカの思想雑誌『ソーシャル・テクスト』が、物理学者アラン・ソーカルの「境界を侵犯すること：量子重力の変換的解釈学に向けて」という論文を掲載したことだ。

ソーカルはずっと、ポストモダンの思想家（と呼ばれるひとたち）が物理学や数学の専門用語を濫用することが不満だった。彼のような専門家から見ると、文系の知識人（と呼ばれるひとたち）が使う科学的な概念や述語のほとんどはデタラメなのだ。

そこでソーカルは、ポモの思想家が本や雑誌に書きちらした「論文」からデタラメ（科学の濫用）を集めてきて、それを適当につなぎ合わせて論文ぽく見えるように仕立て、当時、アメリカでもっとも権威があるとされていたポモの思想誌に投稿してみた。そうしたら見事に、このパロディ論文が掲載されてしまったのだ。*1

これがどれほど破壊的なスキャンダルだったか想像できるだろうか。難しい「思想」を語っていたはずの賢そうなひとたちは、じつは論文の内容をまったく理解していなかったのだ。

なぜこんなヒドいことになってしまったんだろう。

いまから振り返れば、一世を風靡したポモは、八〇年代にはすっかり行き詰まっていた。ポモの思想家たちがやっていたのは、かんたんにいうと、「意味は単語に固有のものではなく、差異の体系から生まれてくる」というソシュールの言語論をあらゆるところに拡張し、それぞれの学問で「真実」とされているものを見つけ出しては「差異」へと解消（脱構築（デコンストラクション）ともいう）してみせることだ。これは一種の知的な曲芸で、ばっちり決まるとものすごくカッコいい。だけどそのうち、芸のネタが尽きてしまったのだ。

このような相対化の果てに、最後は自分自身がからっぽになって、空虚な言葉遊びを競うだけになってしまった。意味や理屈はどうでもよくて（だってポモはそれを否定してるんだから）、わけのわからないことを難しくいう奴ほどエラい、というかなり病的な症状だ。そのときに重宝されたのが、ゲーデルの不完全性定理だとか、位相幾何学（トポロジー）の高次元空間だとか、量子力学のエーレンフェストの定理だとかの、数学や物理学の難解な概念だ。

ポモの曲芸にお金を払ってくれるのは文系の知識人（予備軍）だから、

$$\frac{s\,(\text{記号表現})}{s\,(\text{記号内容})} = s\,(\text{言表されたもの}),\ s = (-1)$$

によって，$s = \sqrt{-1}$ が得られる

なんて「数学」が出てくると、それだけで高尚でありがたいものだと思ってしまう。ちなみにこれはポモのカリスマの一人である精神分析家ジャック・ラカンの主著『エクリⅢ』のなかに出てくる「数式」で、ソーカルからは「こうなると、ラカンは読者をからかっているとしか思えない」とバカにされている。「たとえ彼の「代数」に何らかの

＊1──話の前段として、生物学者のポール・グロスと数学者のノーマン・レヴィットが一九九四年に『高次の迷信』を刊行し、ポストモダニズム、フェミニズム、マルチカルチュラリズムなどからの一方的な科学批判を激烈に批判した。それに対してポモの代表的思想誌『ソーシャル・テクスト』は、「サイエンス・ウォーズ」と題して、『高次の迷信』に反論する特集を組んだが、ソーカルがパロディ論文を投稿したのはまさにその号だった。事件の経緯は金森修『サイエンス・ウォーズ』（東京大学出版会）に詳しい。

意味があるとしても、式の中の「記号内容」、「記号表現」、「言表されたもの」は数ではないし、式の中の（勝手に選んだ記号としかみなしようがない）水平な線が分数を表現しているわけではない。ラカンの「計算」は、ただの空想の産物に過ぎない」のだ。[*2] だがこれは、なんらかの深遠な思想を表わすために、比喩として数学を使っただけではないだろうか。だがご丁寧に、ラカン自身がそれを否定している。「これは単なるアナロジーではないか？」と訊かれて、次のようにこたえているのだ。

「これはアナロジーではありません。それは実際に現実のある部分にあるのです」

「これは類比（アナロゴン）ではありません――抽象化したものでもないのです。というのは、抽象化は現実のある種の矮小化であり、私はそれが現実そのものだと考えているからです」

――ご愁傷さま。

ポモの思想家たちは、自分たちの言葉遊び（知的曲芸）を本物の数学者や物理学者が読むなんて想像してもいなかった。彼らの心境を察するに、手品の種を勝手に明かされてびっくりし、憤慨したんじゃないだろうか。せっかくウマいこと客を喜ばせてたのに、なんで他人の商売のジャマをするんだ――。

でも、デタラメをどれほど並べ立ててもデタラメにしかならない。自分が書いたことを理解していない「思想家」なんて、世の中にこれほどカッコ悪いものはない。ということで、ポモは永遠に葬り去られてしまった。ぼくが大学時代に一所懸命読んだものは、ぜんぶクズだったのだ！

『リゾーム』のドゥルーズとガタリも、ソーカルから「知的テロリズム」の典型として糞みそにけなされている。彼らのテクストの最大の特徴は「明晰さの欠如」で、ゲーデルの定理、超限基数の理論、リーマン幾何学、量子力学などの頻出する科学用語は脈略も論理もなしに援用され、「専門的な知識のある読者には、これらの議論がたいていは無意味であり、ときに理解できれば平凡で混乱していることがわかる」のだ。

もともと理解できないように書かれているものを、理解しようと努力することほどバカバカしいことはない。その意味でポモは、読書の反面教師だ。「効率的な読書家」は、こういうクズを真っ先にゴミ箱に放り込まなくてはならない――といいつつ、話はここから反転する。

「リゾーム」をひと言で説明する

いまになって『リゾーム』を読み直すと、D―Gがなにをいいたかったのか、なんとなくわかってくる。それをことこまかに解説しても時間のムダなので、三行にまとめて

＊2―アラン・ソーカル、ジャン・ブリクモン『「知」の欺瞞――ポストモダン思想における科学の濫用』（岩波書店）

みよう。

① 世界は樹木だとされているが、これは間違いである。
② 樹木を否定する者は、世界は根だというが、これも間違いである。
③ 世界はリゾームである。

樹木というのは、幹から枝が伸び、その枝が小枝へと分かれていく。これが因果論によるツリー構造で、原因が結果を生み、その結果が原因となって新しい結果が生まれ、樹木は生長していく。

こうした因果論の連鎖は直感的に理解しやすいので、古代ギリシア、古代中国、古代インドなどあらゆるところの哲学や宗教で見られるし、「風が吹けば桶屋が儲かる」みたいなことも実際に起きるから経験的にも正しそうに思える。その結果ぼくたちは、無意識のうちに世界を因果論という樹木で理解しようとする。宗教はものごとを善と悪、光と闇のように二分割し、そこから壮大で空虚な因果論の大伽藍を組み上げたものなのだ。

もちろん、このことに気づいたひとはたくさんいる。たとえばマルクスは、「神」を頂点とする樹木を切り倒し、経済学や進化論のような「科学」にもとづいて世界を再構

図1— ツリー構造

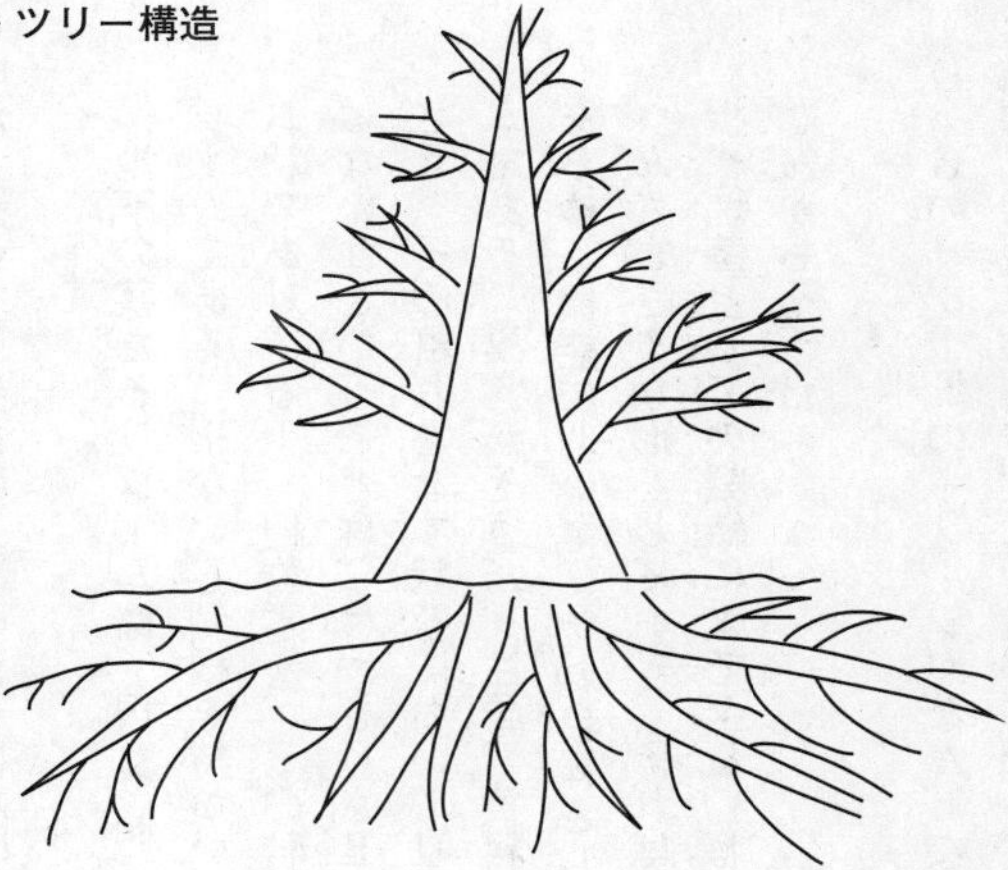

築しようとした。でもD—Gは、これは樹木を根に置き換えたにすぎないという。

地面を掘り返してみればわかるけど、太い根から細い根が分かれるように、木の根も幹や枝と同じ構造をしている。だからこれは、一見ツリー構造を否定しているように思えるけれど、けっきょくは樹木を裏返しにしただけなのだ（図1）。

D—Gは、神学や西洋哲学やマルクス主義を否定して、「世界は樹木でもなく、根でもなく、リゾームである」という。ところで、リゾームっていったいなんだろう。

じつはこれは、D—Gにもよくわからない。もしかしたらわかっているのかもしれないけど、うまく説明できない。なぜなら、これまで誰ひとり名づけられなかったものだから。

リゾームは、日本語では「根茎」と訳されている。紛らわしいけど、根と根茎は別のものだ。それをD―Gは、次のように説明している。

> 地下の茎たるリゾームは、根（ラシーヌ）や側根（ラディセル）から絶対的に区別される。球根や塊茎はリゾームである。根ないし側根を持ついくつかの植物もまったく別の観点からリゾーム状であり得る――植物学が、その特殊性において、あげてリゾーム状であるのではないかということは、はっきりさせるべき一つの問題である。いくつかの動物でさえ、その群れをなす状態においてリゾームなのであって、ねずみなんかはリゾームである。巣穴がそうだ、住居、食料貯蔵、移動、かわし、切断などといったそのあらゆる機能において。それ自体としてのリゾーム（「根茎」と訳される）もたいへんさまざまな形をしており、それは四方八方に分岐したその表面の拡張から、球根や塊茎としての凝結にまで至る。ねずみが折り重なってお互いの下に隠れるときなんかもそうだ。

D―Gのリゾームのイメージがなんとなくわかるだろうか。それは壁を覆う蔦のように錯綜し、どれが幹でどれが枝かわからず、一つの入口がいろんなところにつながる網の目みたいなものだ。

じつは『リゾーム』という本は、このイメージを古典哲学とニーチェ、ハイカルチャーとポップカルチャー、地図と地層、本と世界、局地戦と全面戦争など、さまざまな場面に置き換えて繰り返しているだけなのだ。なぜこんなことをしなくてはならないかというと、どの説明もしっくりこないから。その結果、奇妙奇天烈な比喩を寄せ集めて本全体を「リゾーム（ぐちゃぐちゃ）」にするしかなくなってしまったのだ。

でもいまなら、D—Gが四苦八苦してうまくできなかったことをすっきり説明できる。それもたった一行で。


リゾームって、ようするに複雑系のスモールワールドのことでしょ。


なぜこんなふうにいい切れるかというと、ぼくがドゥルーズやガタリより賢いからじゃない（誰もそんなふうには思わないだろうけど、いちおう断っておく）。それはD—Gが古いパラダイムのなかで苦闘していて、ぼくが新しいパラダイムを知っているからだ。

この「パラダイム転換」を成し遂げたのが、数学者、物理学者、経済学者でコンピュータグラフィックスの父でもあるベノア・マンデルブロだ。

そこで次は、流浪する偉大なる知性の話をしよう。

2―「フラクタル」への大旅行(グランドツアー)

ベノア・マンデルブロは一九二四年一一月にポーランドのワルシャワで生まれた。マンデルブロは珍しい苗字だが、アシュケナージ（東欧諸国に定住したユダヤ人）の聖職者（ラビ）の家系らしい。母方の祖父も進歩的なユダヤ人で、帝政ロシア時代から娘にも高度な教育を授け、孫は全員医者にしようとした。マンデルブロの母もワルシャワ帝国大学医学部に首席で入学し、育児と両立させやすいという理由で歯科医師になった。マンデルブロの父も学究肌の読書家だったが、四人兄弟の次男として一族の家計を支えるために婦人用衣料品の卸商を営んでいた。一族の知性を代表していたのは末弟のショレム（マンデルブロにとっては叔父）で、後にフランスを代表する数学者になる。

世界大恐慌の煽りを受けて父の商売が立ち行かなくなり、ヒトラー率いるナチスの民族主義がポーランドにまで広まると、マンデルブロ一家はすべてを捨ててフランスに移住することを決意した。両親の最大の関心事は子どもたちの教育だったが、ユダヤ人に対する差別によって、ポーランドではまともな学校に入れなかったのだ。

〝流浪〟のはじまり

こうしてマンデルブロの〝流浪〟が始まった。

一家がパリの貧民街に小さなアパートを借りて新しい生活を始めたのは、マンデルブロが一一歳のときだった。だがそれも第二次世界大戦の開戦までで、パリがドイツ軍に占領されると一家はフランス南西部の片田舎に避難を余儀なくされた。マンデルブロはその「陸の孤島」で中学・高校に通うものの授業に満足できず、公立図書館と教会近くのカトリック図書館で本を読んで過ごした。そんな独学でも、バカロレア（全国一斉に行なわれる高校終了認定試験）で開校始まって以来の最優等を獲得できた。

とはいえ、どれほど成績がよくてもドイツ軍占領下ではユダヤ人に大学進学など望めず、マンデルブロはリセ（高等学校）を中退し、身分を隠して工具職人の見習いになるほかなかった。その後、いったんリヨンのリセに寄宿できたものの、戦争末期の混乱で人里離れた養馬場に送られ、馬の世話をさせられる羽目になった。

ようやく戦争が終わると、マンデルブロはパリに戻って大学入学の準備を始めた。フランスは日本をしのぐ学歴社会で、エコール・ノルマル・シュペリウール（高等師範学校）とエコール・ポリテクニーク（理工科学校）が最高峰だった。とりわけノルマルは定員二五人(終戦の年は実際には一五人)という超難関で、合格者は政治家や官僚などフランスの支配層の一員になることが約束されていた(この制度はフランス革命の時代に中国の科挙を参考に始まったといわれている)。

マンデルブロはリヨンのリセで受験準備科を受講したものの、それはわずか四カ月で、その後は農場で働かされていた。パリに戻ってから受験までは三カ月ほどしかなく、受験勉強はすべて独学だった。しかしそれでも、マンデルブロはノルマルとポリテクニークの一カ月に及ぶ筆記試験と口頭試問に両方とも合格した。とりわけ最難関であるノルマルの出題はきわめて難しく、例年ならトップの成績でも二〇点満点中一六点を超える程度とされていたが、マンデルブロの得点は一九・七五点という驚くべきものだった。

リヨンのリセで数学の授業を受けているときに、マンデルブロは自分には特異な視覚能力があることに気がついた。黒板に書かれた複雑な代数のなかに、即座に幾何学的な図形を見つけ出すことができるのだ。数式を見ると、マンデルブロはいつも最初にさっと図を描いた。その図が美的に不完全だと感じると、単純な射影変換や円の反転操作でもっと調和のとれた(対称性が高い)ものにした。こうした手法で、どんな複雑な問題も難なく解いてしまうのだ。

マンデルブロは最初、支配層への登竜門であるノルマルに入学するが、その管理主義的な雰囲気に嫌気がさして二日で退学し、ポリテクニークに転学してしまう。これもまた前代未聞のことだった。

「カルヴァ」の愛称で知られるポリテクニークは一七九四年に土木工学の学校として創設され、ナポレオンがこれを陸軍士官学校に変えた。その後、フランスの科学研究の中心になり、大数学者アンリ・ポアンカレがいた頃に絶頂期を迎えた。卒業生が政官界に進むようになっても士官学校の伝統は続き、学生は常時制服姿で、外出時には将校服を着用した。マンデルブロは、このエリート養成学校で唯一の外国人学生だった。

二〇世紀最高の知性との出会い

当時のフランス数学界では、純粋数学を究めようとする「ブルバキ」という若手数学者の集団が一世を風靡していた（マンデルブロの叔父のショレムもその有力メンバーだった）。しかしマンデルブロは、数学に完璧な厳密性を求めるブルバキの運動には興味が持てず、応用数学と流体力学を学ぶために大学三年でロサンゼルスのカルテク（カリフォルニア工科大学）に留学する。

その後、いったんフランスに戻って一年間の軍役につき、大手電機メーカー、フィリップスの研究所で働きながらパリ大学の大学院で博士号を取得したあと、ふたたびアメリカに渡ってＭＩＴ（マサチューセッツ工科大学）でポスドク（博士研究員）の地位を得た。

当時のMITには（通信工学と制御工学を融合する）サイバネティックスを提唱したノーバート・ウィーナーや「情報理論の父」と呼ばれたクロード・シャノン、ソシュールの言語学を発展させたロマーン・ヤーコブソン、それを引き継いで生成文法を生み出したノーム・チョムスキーなど錚々たる学者・研究者が揃っていた。

次いでマンデルブロは、プリンストン高等研究所に移り、ジョン・フォン・ノイマンの最後のポスドクになった。ノイマンはその超人的知能で数学、物理学、工学、経済学などの分野で大きな功績をあげ、原子爆弾の開発にかかわり、ノイマン型コンピュータを考案して「コンピュータの父」とも呼ばれた。当時のプリンストン高等研究所の所長は「原子爆弾の父」ロバート・オッペンハイマー（後に水爆開発に反対して解任）で、アインシュタインやゲーデルなど、世界じゅうから最高の知性が集まっていた。そこでは平日の午後にお茶の時間があり、有名人たちがお互いの研究成果を議論しあった。――マンデルブロはのちに、「（どんなすばらしい経験をしても）このときの高等研究所を超えることはなかった」と回想している。

ノイマンがプリンストンからワシントンに移ると、ポスドクのマンデルブロは籍がなくなり、パリで国立科学研究センターの研究員になる。そこでカルテク時代の同級生から紹介されたアリエッタと結婚し、二人はスイスのジュネーヴで新婚生活を送る。「発達心理学の父」ジャン・ピアジェが、ジュネーヴ大学准教授のポストを用意して研究を手伝ってくれる数学者を探していたのだ。

ＭＩＴやプリンストン、ジュネーヴで、第二次大戦後の「科学の黄金時代」を象徴する最高の知性たちと触れ合った五年間を、後年、マンデルブロは「大旅行（グランドツアー）」と呼んだ。一九五八年にその流浪の日々が終わると、マンデルブロはいよいよ腰を据えて、これまであたためてきたアイデアをかたちにしようとする。

その当時、コンピュータのベンチャー企業として大成功をおさめたＩＢＭは、あり余る資金を注ぎ込んで創業者の名を冠した大規模な研究所をつくり、アカデミズムとビジネスの橋渡しをしようと考えていた。マンデルブロを迎え入れたのは、そのトーマス・Ｊ・ワトソン研究所だった。

マンデルブロが企業の研究所という「二流」の場所を選んだのは、一流大学で終身教授（テニュア）の身分を得られなかったからだが、彼の研究にコンピュータが不可欠だったからでもある。マンデルブロは数式ではなく、特異な視覚能力を活かし、コンピュータグラフィックスで自らの理論を証明しようとしたのだ。――最初は腰掛けのつもりだったのに、けっきょく一九九三年までの三五年間をＩＢＭ研究所で過ごすことになった。

マンデルブロは子どものときから、自らの使命を世界の根本法則を解き明かし、科学の歴史に名を刻むことだと思い定めていた。だが現実には、「自分探し」に明け暮れるばかりでなにをしたらいいのか見当もつかなかった。

だがある日、人生を変える体験が訪れる。すべては些細な偶然から始まった。

ベルカーブとロングテール

一九五二年、博士論文のテーマを探していた二八歳のマンデルブロは数学者の叔父を訪ねた。ショレムはゴミ箱から雑誌の抜き刷りを拾い出し、「こんなばかばかしいものを気に入るのはおまえしかいないからな」といってマンデルブロに渡した。それは、「統計人間生態学」を唱えるジョージ・キングズリー・ジップなるアメリカ人研究者の『人間の行動と最小努力の原理』という本の書評だった。

ジップの研究は、想像を絶して風変わりだった。

誰もが、本を読むときは書かれている内容を理解しようとする。だがジップは、文章のなかに出てくる単語をひたすら数えあげたのだ。

小説でも哲学書でも、内容に関係なく、英語ならTheやThisなどの定冠詞や指示代名詞が、日本語なら「この」や「それ」などが頻出する。IやYou、「わたし」「あなた」などの人称代名詞もたくさん出てくるだろうが、「器官なき肉体」とか「記述体＝記述行為（エクリチュール）」のようなジャーゴン（専門業界の隠語）の出現頻度はきわめてまれだろう。

ジップは、文章のなかに「頻出する単語」と「まれな単語」があるのはなぜだろう、と考えた。そして、単語の頻度がどのように分布しているのか調べてみた。

あまりにばかばかしい研究で、ショレムがゴミ箱に投げ捨てたのも当然だ。しかし帰りの地下鉄のなかでジップの研究を読んだマンデルブロは、たちまち魅了されてしまった。「視覚のひと」であるマンデルブロは、そこにとてつもない可能性を見つけたのだ。

〝運命の瞬間〟になにが起きたのかを説明する前に、決定論と確率論についてかんたんに説明しておく必要がある。

物理学における決定論は、Aが原因となってBが起きるという因果論で、AとBの関係は一対一で決まる。ニュートン力学は決定論でできていて、質量と位置、加速度などの条件が決まれば惑星の軌道は正確に計算できる。

それに対して一九世紀になると、従来の力学ではうまく説明できない現象が見つかるようになった。

水を入れたコップに花粉を落とし、顕微鏡で覗くと細かく動き回っているのがわかる。この不可解な現象を最初に発見したのはヴィクトリア時代のイギリスの博物学者ロバート・ブラウンで、彼はチャールズ・ダーウィンの研究仲間でもあった。ブラウンは最初、これを花粉が持つ「生気」によるものだと考えたが、乾燥させた植物標本や木片でも同じ現象が起きるのを知って、生気説を撤回するほかなかった（ブラウンは病的なほどの完

図2— 決定論的世界と確率的世界

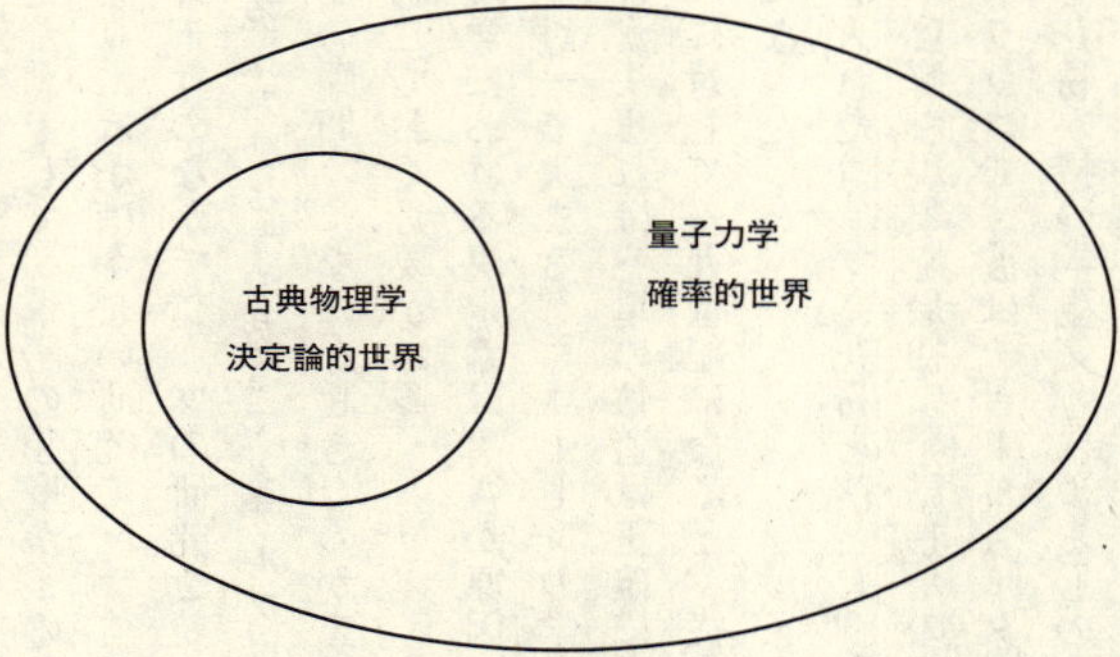

全主義者で、「生気」を持たないものを探して、大英博物館の古代のスフィンクスの細片でも実験を行なった)。

その後、一八六〇年代になって「液体を構成する小さな粒子の振動が花粉を動かしている」という仮説が現われたが、それをどのように証明すればいいかわからなかった。ところが「奇跡の年」と呼ばれる一九〇五年、特殊相対性理論を含む論文のひとつで、アインシュタインは「小さな粒子」を探すのではなく、その衝突による花粉の移動範囲を確率的に予測することで、水の分子の存在を証明できることを示したのだ。

その後、原子核や電子の構造の解明が進むと、ニールス・ボーアやハイゼンベルクらが「ある限界を超えると物質の位置と運動量を同時に知ることはできない」という不確定性原理を唱え、量子力学を完成させていく。こうして古典物理学（ニュートン力学）は、確率的世界のなかの特殊なケースとして量子力学に包含されることになった（図2）。

だがここでは、量子力学の難しい話を知る必要はない。確率的な出来事は、ぼくたちの身近なところにいくらでもあるからだ。

遺伝は確率的現象だから、大粒の豆と小粒の豆をかけあわせたときの豆の大きさを決定論的に知ることはできない。身長や体重も同じで、生まれたばかりの子どもの体型は両親の体型から確率的に予測できるだけだ。これは、受精の際のＤＮＡの結合がランダムだからだ。

ベルカーブ（正規分布）は、ランダムな出来事を調べる便利な道具だ。いちばん身近なベルカーブは試験の点数で、平均点付近にもっとも多くの受験者が集まり、〇点や一〇〇点に近づくほど数が減っていく。その分布には厳密な規則があって、全国一斉模試のような大規模な試験では、平均を標準偏差の二倍上回る（偏差値七〇以上の）生徒は受験者の約二・三％で、それ以上やそれ以下になることはない（図3）。

これはものすごく便利なので、因果論でうまく説明できないことはベルカーブに任せてしまうのが研究者の常識だった。だがマンデルブロは、ここで疑問に思った。この世界には、ベルカーブ以外の力もはたらいているんじゃないだろうか。

文章のなかの単語を数えるという奇妙な研究にマンデルブロが惹きつけられたのは、

図3— 正規分布（ベルカーブ）

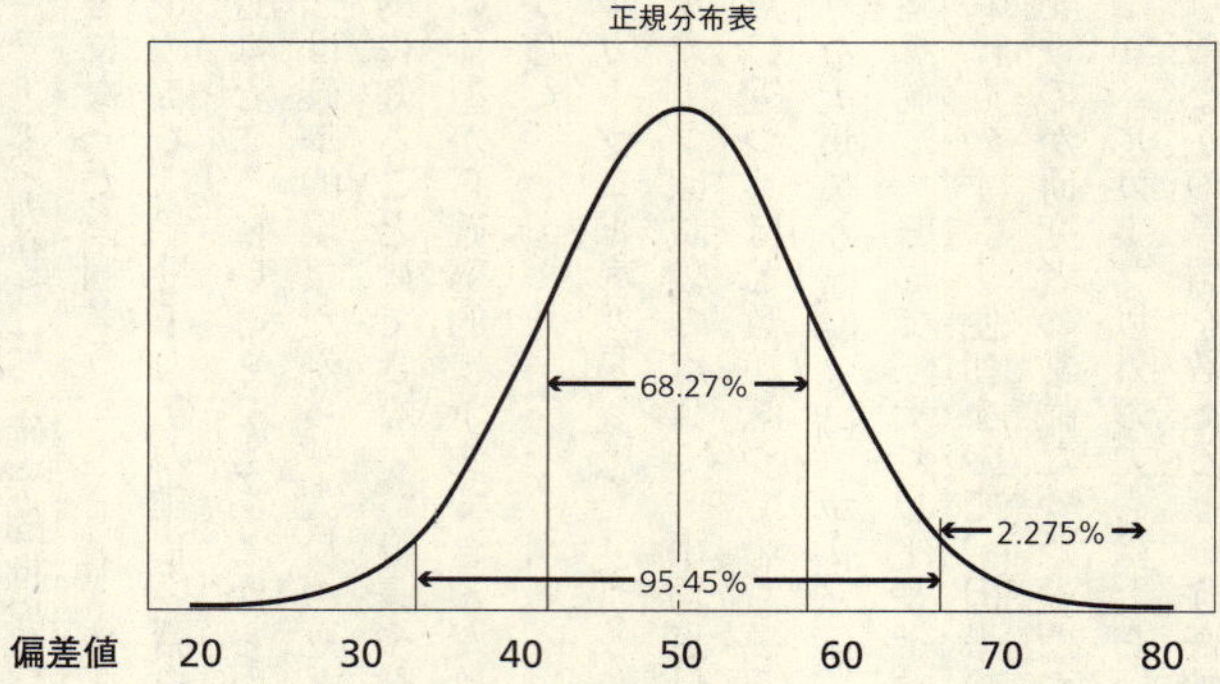

それがベルカーブとはまったく異なる分布を示していたからだ。

　単語を出現頻度で順位付けし、頻度を縦軸、順位を横軸にしたグラフを描くと、きわめて出現頻度の高い少数の単語があり、順位が下がるにつれて急激に頻度は下がる。だがその後、落下速度はゆるみ、長い尾（ロングテール）となって延びていく。これが「ベキ分布」で、ベルカーブ（正規分布）とは大きく異なる特徴を持っている（図4）。

　マンデルブロを夢中にさせたのは、このベキ分布が世界じゅうのあらゆる言語にあてはまることだった。ベルカーブの威力は、試験の成績からブラウン運動まで、性格の異なるさまざまな現象を説明できることにある。だがもし、単語と出現頻度の関係が国や民族、文化のちがいを超えるなら、べ

図4— ベキ分布（ロングテール）

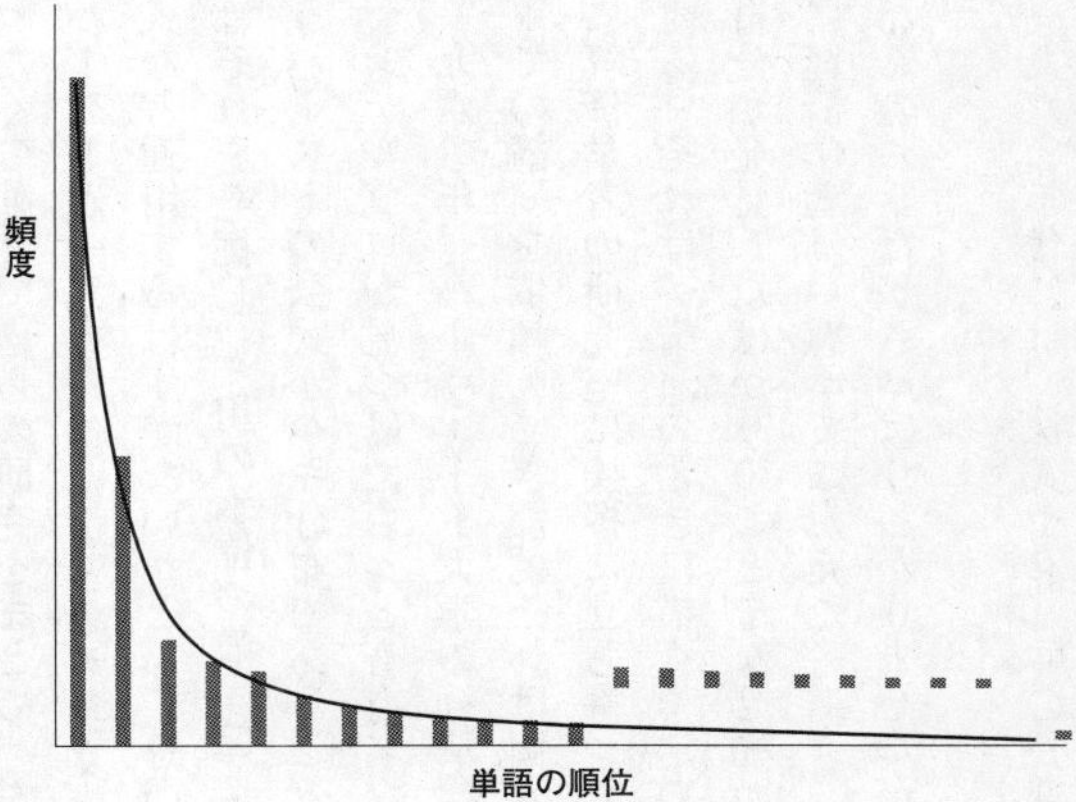

キ分布にも同じような普遍性があるんじゃないだろうか。

世界金融危機を予言する

マンデルブロが次にベキ分布を見つけたのは、思いがけないところだった。アスワン・ハイ・ダムの設計にかかわって「アブ・ニル（ナイル川の父）」と呼ばれたイギリスの水文学者ハロルド・ハーストは、ヴィクトリア湖や支流からナイル川に流れ込む水量の変動に悩まされていた。ダムの設計を間違えれば、下流地域が洪水で氾濫したり、逆に少雨で干上がったりしかねないのだ。

ハーストの悩みは、ナイル川の流量の記録がベルカーブに合わないことだった。正規分布で予測されるよりも、明らかに洪水や旱魃(かんばつ)の頻度は高かった。そこでハーストは、まったくの独学で自らの研究をまとめ、ダムは理論値より高くつくるべきだと提案した。ハーストが一九五一年にまとめた論文は、「まともな教育を受けていない者が考えた公式など通用するはずがない」として専門家たちから相手にされなかった。マンデルブロはそれを発掘し、「川の水位の最高位と最低位は標準偏差の4分の3乗で広がる」というハーストの公式がベキ分布であることを示した。

マンデルブロが見つけたもっとも有名なベキ分布も偶然の産物だった。

一九六〇年、ハーヴァード大学の経済学者がマンデルブロの研究に興味を持ってセミナーでの講演を依頼してきた。それは個人所得の分布についてのものだったが、講演の前に経済学者の研究室に挨拶に立ち寄ったマンデルブロは、黒板に描かれた図を見て仰天する。それは、講演のときに描く予定の図と同じだったからだ。

自分が発見したばかりのことをなぜ知っているのか、マンデルブロは訊ねた。その語気に経済学者は戸惑ってこたえた。

「なんのお話だかさっぱりわかりませんが。この図は綿花の価格を表わしているのですよ」

一九六〇年代には、株式や商品(コモディティ)の長期の市場データはほとんどなかったが、南部のプランテーションから北部の工場まで輸送されていた綿花は例外で、ニューヨーク綿花取引所（NYCE）には一〇〇年以上にわたるデータが正確に記録されていた。それを入手した経済学者は、標準的な確率論（ベルカーブ）で価格の変動を分析しようとしたが、完全に行き詰まっていた。どのような統計モデルを使っても、標準偏差が時間とともに変動してしまうのだ。

そこでマンデルブロは、経済学者からこのデータを引き継ぐと、IBMのコンピュータセンターで分析してみた。そして綿花価格の騰落が、言葉の出現頻度やナイル川の洪水と同様にベキ分布であることを発見したのだ。

こうして一九六三年、記念碑的な論文「ある投機的な市場価格の変動」が発表された。掲載誌には「グラフは粗すぎる、数学は意味不明、証拠は不十分、綿花価格は特殊すぎる」との編集責任者（経済学者）の批評がつけられていたが、半世紀以上前に書かれたにもかかわらず、いまでも経済学のなかでもっとも多く引用される文献のひとつだ。

綿花の価格はプラス（値上がり）にもマイナス（値下がり）にもなるから、その頻度と騰落率をグラフにすると両側にロングテールを持つことになる。これとベルカーブを重ねてみると、そのちがいがよくわかるだろう（図5）。

ほとんどの場合、正規分布とベキ分布は重なっているので、確率論でも市場を近似的に予測することができる。だがプラス方向にもマイナス方向にもロングテールが延びているため、市場ではときに想像できないような極端なことが起こる。

図5— 正規分布とベキ分布

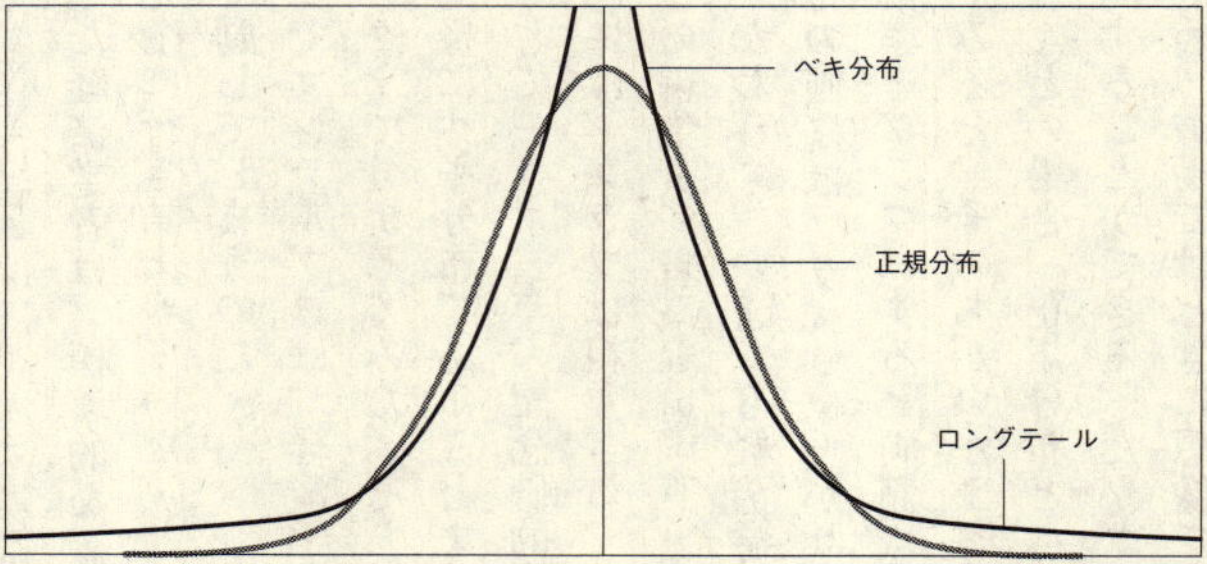

その後、市場をベルカーブで数学的に把握できるとする効率的市場仮説が経済学を席巻すると、マンデルブロの経済理論は異端として片隅に追いやられた。だが、事実がマンデルブロの正しさを証明した。マンデルブロは二〇一〇年に八五歳で世を去るが、その直前に世界金融危機とリーマンショックが市場を襲った。彼は自伝で、次のように〝勝利宣言〟している。

「二〇〇八年、私の予想よりやや遅れたかもしれないが、市場は当然のなりゆきに至った。破綻したのだ」

3―世界の根本法則

マンデルブロが見つけた「世界の根本法則」とはなんだろう? それは、ラフネス(複雑さ)にも秩序があるということだ。このラフネスを、彼は「ぎざぎざしたもの」という。

ラフネスの典型が海岸線だ。東日本大震災で大きな被害を出した東北地方の太平洋岸は典型的なリアス式海岸で、地図を見ればわかるように陸と海との境目はものすごく入り組んでいる。これが天然の良港となって漁業を発展させたが、その一方で、狭い入り江が津波を増幅させて大災害を引き起こした。

こうした海岸線のぎざぎざは、これまで科学の対象外だと考えられてきた。無秩序を研究しても時間のムダだ、とされたのだ。

だがマンデルブロは、ラフネスは無秩序ではないと考えた。この世界が無秩序でできているのなら、すべてはとっくの昔に崩壊しているはずだ。「世界が在る」のは、ラフネスにも秩序があるからにちがいない。だとしたら、それはどんなものだろう?

一見なんの秩序もない海岸線のぎざぎざは、じつは不思議な特性を持っている。海岸線の一部を拡大すると、同じような海岸線が現われる。それを拡大すると、また同じような海岸線が現われる。全体と部分はどこまでいっても相似形なのだ。マンデルブロは、こうした「自己相似」が海岸線に限らず、自然界の至るところに見られることに気がついた。たとえば冷蔵庫からカリフラワーを出してきて、小房をひとつ折って元のかたちと比べると、部分が全体をそのまま縮小したものだとわかるはずだ。

フラクタルと自己組織化

なぜこんなことが起きるのだろう? 「それが自然界の根本法則だからだ」と、マンデルブロはいう。

カリフラワーはどんな形状にも自由自在になれるわけではなく、成長にあたっては遺伝子(DNA)に書かれた規則に従うほかはない。DNAはA(アデニン)、T(チミン)、G(グアニン)、C(シトシン)の四種類の記号(塩基)でできているから、どんな複雑な組織も単純な暗号(なんといっても四文字しかない)の組み合わせからつくられているはずだ。

そんな制約のなかで「複雑」なものを生み出そうとすれば、いちどできた組織を次のステップでもまた使う以外に方法はない。これが「自己組織化」で、自分のなかに自分を取り込んだり、自分の一部を外に押し出したりして成長していくことだ。カリフラワーだけではなく、巻貝やシマウマの模様、シダの葉脈や苔の群集、肺の気管支や脳のシナプスなど、自然のなかに同様の構造はいくらでも見つけることができる。

マンデルブロはこれを、「割れた」「砕けた」を表わすラテン語の形容詞「fractus」から「フラクタル」と名づけた。自分を次々と複製する「自己相似」によって「自己組織化」し、「ラフネス（複雑さ）」を生み出すことで、そこには必ず「べキ分布」があるのだ。

もちろんこれまで、自己相似や複雑さを研究した科学者や数学者はいた。だがマンデルブロだけが、それを「フラクタル」として統合し、世界の根本法則であることを示すことができた。これが、巨大な「知のパラダイム転換」だ。

マンデルブロを一躍有名にしたのは、このフラクタルを数式ではなくコンピュータグラフィックスで表現したことだ。

フラクタル幾何学を象徴するマンデルブロ集合は、足し算と掛け算のたった二つの規則からできているが、それをひたすら繰り返すとコンピュータは奇怪な図形を描く。よく見ると、どの部分を切り取っても全体と同じかたちをしているのがわかるだろう。このとてつもなく複雑な図形がものすごく単純な規則から生まれることを視覚化してみせ

図6―マンデルブロ集合

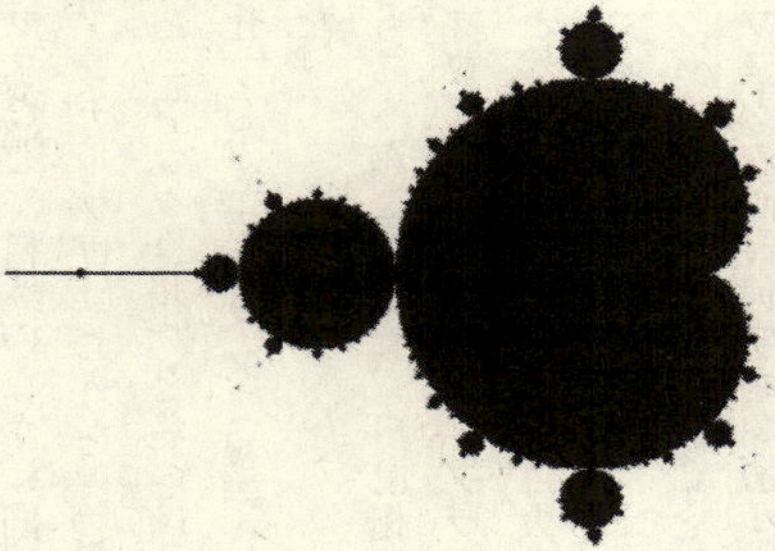

たことで、マンデルブロは世界を驚かせたのだ（図6）。
自分を自分に取り込むことをフィードバックという。単純な規則から複雑な組織が生まれるのはフィードバックを繰り返すからだ。マンデルブロはこのフィードバックを使って、奇妙なフラクタル図形だけでなく、コンピュータ上にリアルな山脈や海岸線を次々とつくり出していった。この技法はいまではＣＧに活用されているから、マンデルブロは「フラクタルの父」であると同時に「コンピュータグラフィックスの父」でもある。

ところで、生物が自己組織化するのはＤＮＡの暗号がフィードバックを指示しているからだった。それなら、山や海岸線のような無生物はどのように自己組織化するのだろうか。もちろん、そこにも単純な規則がある。

雪の結晶は六角形を組み合わせた自己相似でできている。これは、水蒸気が雲のなかで結晶をつくるときに、酸素のまわりの三つの水素が等価になって、結合の角度が一二〇度になるからだ。水素結合によるこの六角形

（一二〇度の角が三つ組み合わさると六角形になる）が集まって、美しい結晶（フラクタル）が生まれる。

砂漠も大小さまざまな砂山を組み合わせた自然界のフラクタルだ。テーブルの上に砂粒を落とすと砂山ができるが、ある大きさまで成長すると突然崩れる。砂漠でも同じように、風によって運ばれてきた砂粒が砂山を成長させ、それが崩れてまた別の砂山がつくられる。この単純な操作を何千年も繰り返すことで、幻想的でフラクタルな砂漠の風景が生まれた。

自然界の秩序は、究極的には太陽に行き着く。雪が結晶化するのは太陽が海面を熱して水蒸気を上空まで上らせるからだし、砂丘ができるのは太陽の熱が大気を循環させて風を起こすからだ。この際限のない反復によって万物は自己組織化していくが、そこにはつねに単純な規則が隠されているのだ。

複雑系のスモールワールド

マンデルブロは「世界の根本原理」が、自然界だけでなく人間の社会をも支配していると考えた。

綿花や株式を取引するのは人間（投資家）だ。その結果を価格として表わしたのがチ

図7―ブラウン運動

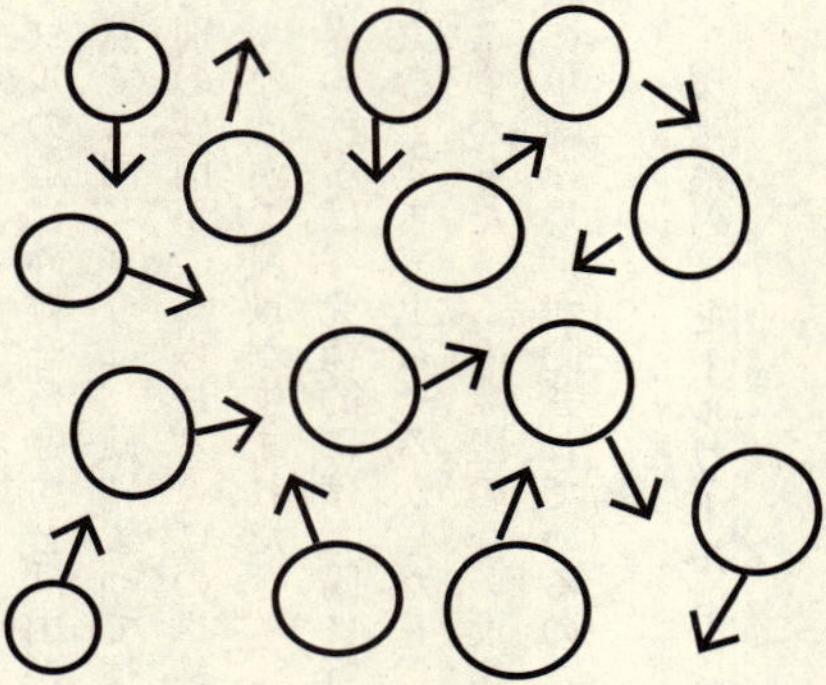

ャートで、一年、一カ月、一日のチャートを見てもそのちがいは判別できない。これはチャートが典型的な自己相似だからで、金融市場にもフラクタルが隠されている。

市場や社会はランダムネス（ベルカーブ）ではなく、フラクタルが生み出すラフネス（複雑）な世界だ。

ランダムネスの典型はブラウン運動だった。そこでは、水の分子はそれぞれが勝手に動き回っていて、確率的にしか将来を予測することができない（図7）。

水の分子はぶつかったり離れたりしているけど、お互いのあいだにフィードバックの力ははたらいていない。これは、ある分子の動きが、隣の分子がどう動くか（動きそうか）に影響されることはない、ということだ。

図8—複雑系

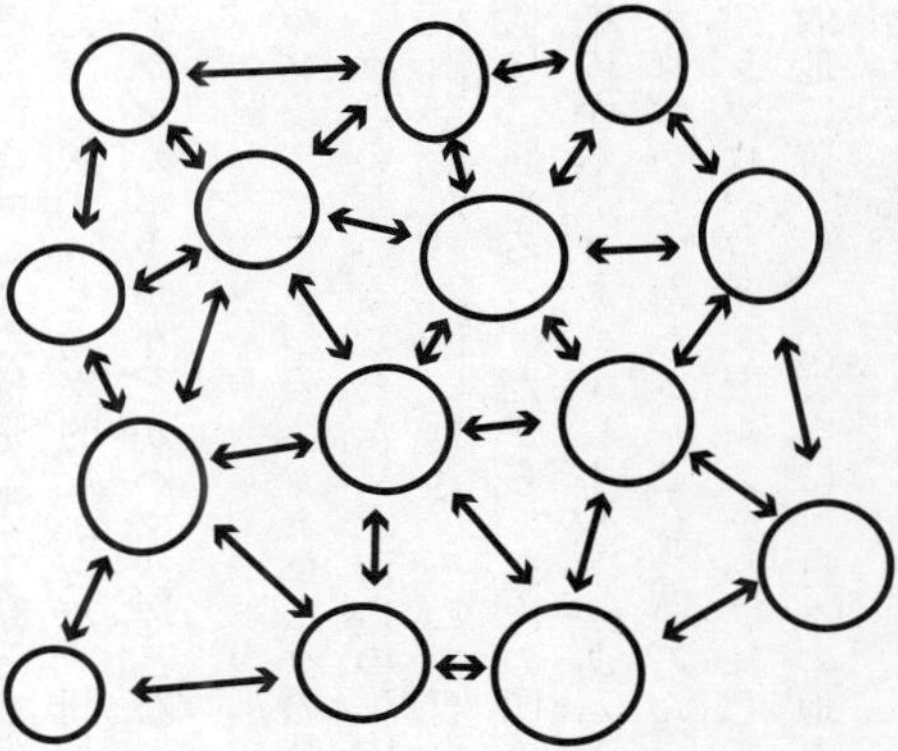

しかし、株式取引のような金融市場での投資家の行動はブラウン運動とはまったく違う。

投資家が水の分子と同じなら、外部からなんの影響も受けず、自分ひとりの判断で株を買ったり売ったりするはずだ。だが実際には、投資家はほかの投資家の行動や思惑をものすごく気にしている。つまり、分子（投資家）と分子（投資家）のあいだには強いフィードバックがはたらいている、こんなふうに（図8）。

こうしたフィードバックによって自己組織化するネットワークは、一般に「複雑系」と呼ばれている。複雑系は自転車の車輪のような「ハブ&スポーク」の構造になっていて、そのもっともわかりやすいイメージは飛行機の路線図だ。

次頁図9は全日空（ANA）国内線の路線図だが、東京（羽田）、大阪（関西）、名古屋（中部）を中心（ハブ）にして、日本各地に路線（スポーク）が延びているのがわかるだろう。なぜこんな構造にするかというと、各地域を個別に結ぶより、ハブ空港で乗り換えた方がずっと効率的だからだ。同じように国際線も、ニューヨーク、ロンドン、北京、シンガポールなどがハブ空港となって世界の都市を結ぶ路線の網の目がつくられている。

ハブ&スポーク型のネットワークの特徴は、遠く離れているように見えても、実はけっこう近いということだ。北海道の稚内から沖縄の石垣島への移動は大変そうだが、実は稚内空港から羽田に行き、そこで石垣島行きの直行便に乗り換えればいい。これは飛行機に二回乗るだけだから、二次の関係になる。

稚内からディズニーワールドがあるアメリカ・フロリダ州のオーランドに行くにはどうすればいいのだろう。これはいろんなルートがあるが、羽田か関空で国際線に乗り換え、シカゴやロサンゼルスをハブにしてオーランドに行けば、飛行機に三回乗るだけで目的地に着く。このように、日本の地方都市ですら世界じゅうと三次か四次の関係でつながっている。

ハブとスポークでできた航空路線図はものすごく複雑に見えるけれど、実際に移動してみると世界はとても小さい（飛行機に乗ってる時間は長いかもしれないが）。これが「複

図9—ANA 国内線路線図

出典：ANA VISION 2015（2015年7月1日現在）

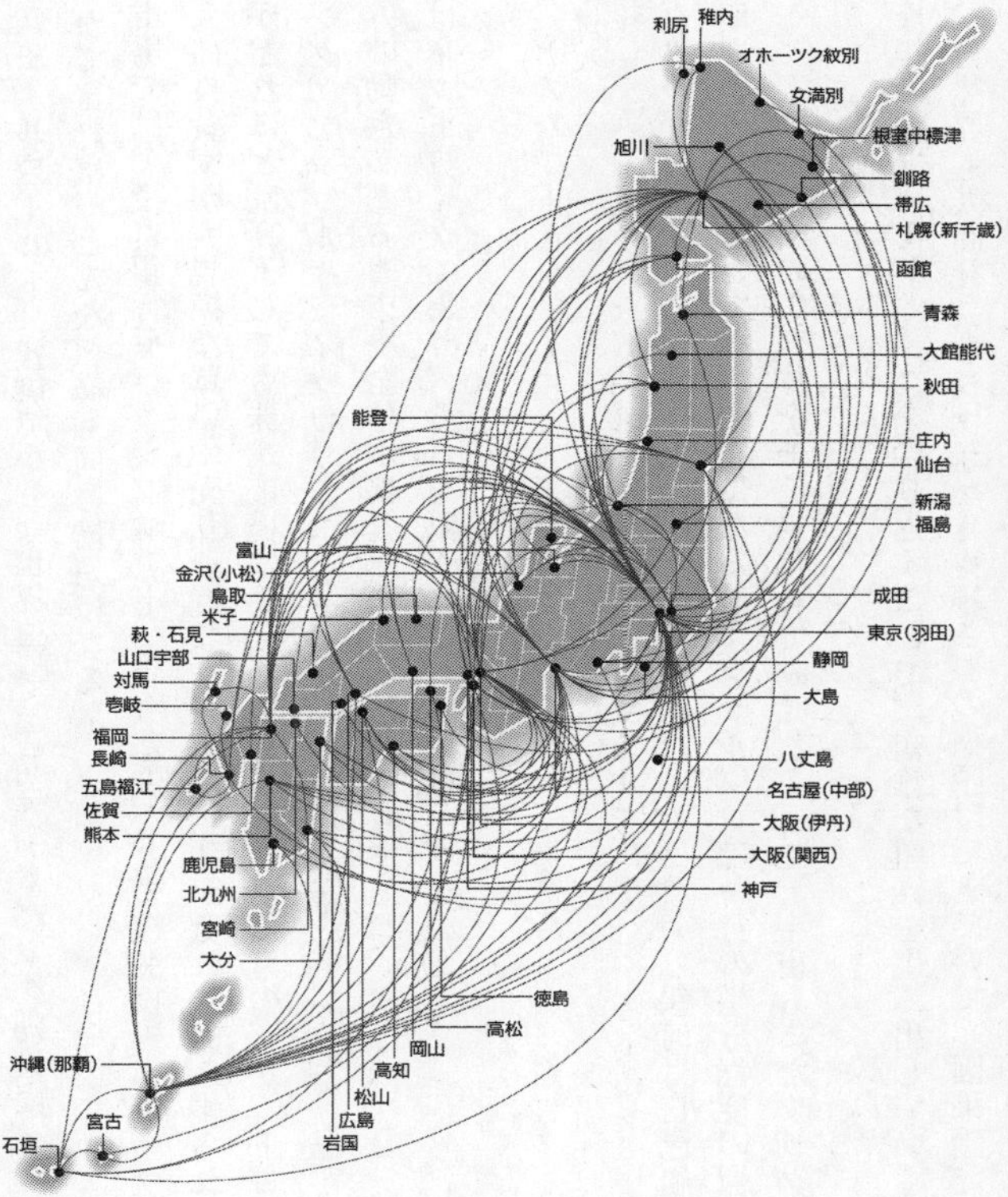

雑系のスモールワールド（複雑で小さな世界）」で、フィードバック効果によってハブ（中心）ができれば、どんな組織も同じ構造になる。

金融市場では、投資銀行やヘッジファンド、年金基金などの機関投資家がハブで、こうした大口投資家が大規模な買いや売りを行なうと市場全体がそれに引きずられて動く。小型株がどれほど乱高下しても株式市場に与える影響は微々たるものだが、トヨタやソフトバンク、アップルやマイクロソフトなどの大きな時価総額を持つ銘柄（超大型株）に予想外の動きがあると市場全体が暴騰したり暴落したりする。

世界はネットワークであり、それを動かしているのはハブなのだ。

リゾームはフラクタル

フラクタルが見つかるのは地球上の生物や無生物だけではない。銀河は自己組織化して銀河団を構成することでベキ分布になる。マンデルブロは一行の半分程度の数式でコンピュータ上に銀河団の集合体をモデル化してみせることで、宇宙もまたフラクタルであることを示した。

単純な規則がフィードバックを繰り返すことで、複雑な組織を生み出していく。この世界は、自然界も人間社会もラフネス（複雑さ）の秩序でできていて、因果論で未来が

図10―マンデルブロの世界観

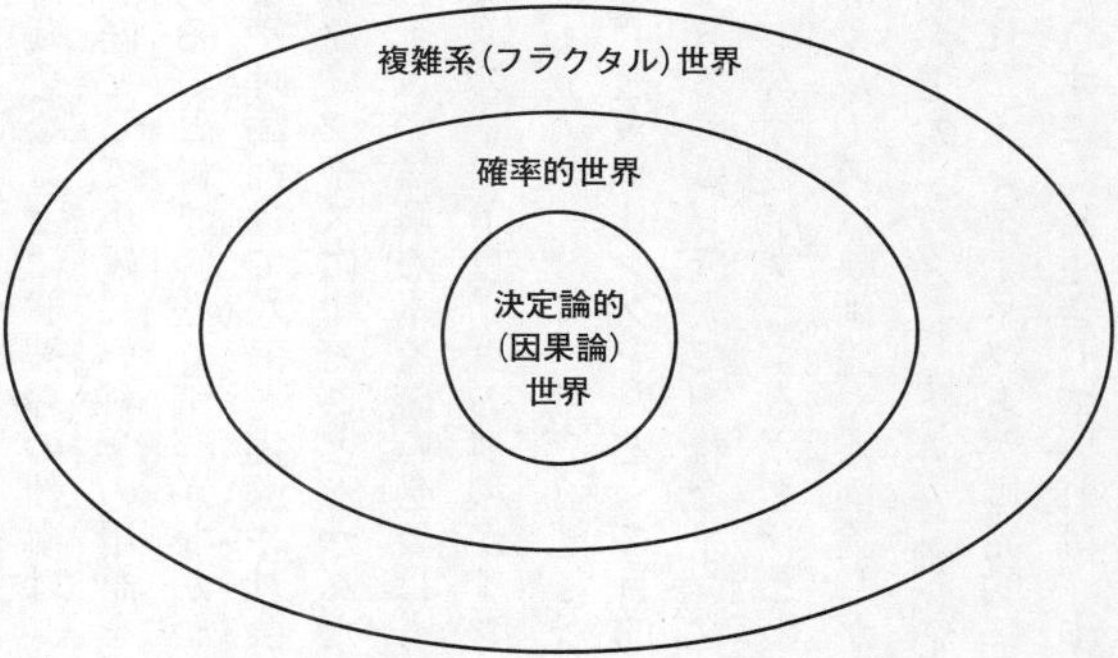

わかったり、確率（ベルカーブ）で未来を予測できるのはその特殊なケースなのだ。すなわち、マンデルブロの世界観は図10のようになる。世界はフラクタルで、社会もフラクタルで、ぼくたち自身もフラクタルだ。――これで、なぜD―Gの『リゾーム』から話を始めたかわかってもらえただろうか。

D―Gによれば、リゾームとは自然界や人間界など、この世界のすべてを覆う網の目だった。そのイメージは、ハブ&スポークによって構成された複雑系のネットワークにものすごく近い。D―Gはベキ分布やフラクタルのことなど知らなかったはずだから、自分たちの直観だけで「世界の根本法則」に迫ったのはものすごいことだ（マンデルブロが『フラクタル幾何学』フランス語版を出したのは七五年で『リゾーム』の出版は七六年だが、フラクタルやカオスが複雑系のネットワークとして語られるようになるのは八〇年代以降だ)。

でも残念なことに、彼らの仕事は「科学」によって追い抜かれてしまった。D—Gは知的意匠として小難しい科学の用語を弄ぶだけで、自分たちが追い求めていたものがそこにあることにまったく気づかなかったのだ。

いまや理論だけでなく、実験や社会調査でリゾームの構造を調べ、それをコンピュータグラフィックスにすることがかんたんにできる。だから、リゾームがなにかを知るためにD—Gの難解な本を読む必要はもはやない。

複雑系のネットワークの典型がインターネットで、グーグルやヤフー、フェイスブックといったハブ(ポータルサイト)を中心に、地球全体に電子の網の目が張り巡らされている。検索やリンクをたどって目的のサイトに二回か三回のクリックでたどり着くことができるのは、巨大で複雑なインターネットがものすごく小さな世界でもあるからだ。

「リゾーム」を序文とするガタリとの大著『千のプラトー』を一九八〇年に発表してから、ドゥルーズは映画論や絵画論しか書かなくなり、一九九五年に自宅のアパートから投身自殺した(ガタリはその三年前に心筋梗塞で病死している)。それはウィンドウズ95が発売され、インターネットが爆発的に普及しはじめたエポックメイキングな年でもあった。もうすこし長生きしていれば、ドゥルーズは自分が言葉にしたくてもできなかったリゾームの姿を見ることができただろう。

でも、最後にこれだけはいっておきたい。D―Gが描くリゾームは航空路線図のような静的なものではなく、のたうちまわり、からみつき、軟体動物のようにひくひくと動き、不気味に波打ちながらすべてを飲み込んでいくような生理的な気持ち悪さがある。こうした生々しさは、複雑系の科学からはきれいに消去されてしまっている。

D―Gは複雑系がたんなる理論ではなく、ぼくたちを拘束する現実（リアル）であることに気づいていた。ぼくたちはリゾームに包囲されている。世界はリゾームで、ぼくたち自身もリゾームなのだから、そこから逃れる術はないのだ。

『リゾーム』の最後で、D―Gは次のように読者を挑発する。

> リゾームになり根をはるな、断じて種を植えるな！　蒔くな、突き刺せ！　一にも多数多様にもなるな、多数多様体であれ！　線を作れ、決して点を作るな！　スピードは点を線に変容させる！　速くあれ、たとえその場を動かぬときでも！　幸運線（シャンス）、ヒップ（アンシュ）の線、脱出線。あなたの裡に将軍を目覚めさせるな！　地図を作れ、そして写真も素描も作るな！　ピンクパンサーであれ、そしてあなたの愛もまた雀蜂と蘭、猫と狒狒のごとくであるように。

ここはいま読み返しても、やっぱりカッコいいなあ。

追記　複雑系とカオス

ここでの「複雑系」の説明を、マンデルブロの視点に立った一方的なものだと感じるひともいると思うので、それについての若干の釈明を。

そもそもマンデルブロは「複雑系」という言葉を使わず、「ラフネス（複雑さ）」という。複雑系を研究する数学・物理学が「カオス理論」だが、この言葉も使わず「フラクタル」で一貫している。その一方で、「フラクタル」を使わなかったり、マンデルブロの名前を出すことを毛嫌いする数学者や物理学者がたくさんいる。

「単純な規則から複雑なものが生じ、世界は複雑さに満ちている」というのは既存の学問を根底から揺るがす〝知のビッグバン〟だが、だからこそその功績を誰に帰すかで熾烈な争いが起きた。

カオス理論の誕生

気象学者のエドワード・ローレンツは一九六〇年代からコンピュータによる天候のシミュレーションに取り組み、初期のほんのわずかな入力のちがいが結果に大きく影響することを発見した。この初期値敏感性は、「ブラジルで蝶が羽ばたくとテキサスで竜巻が起こる」というバタフライ効果として知られることになる。

山の頂上付近で石がひとつ落ちても、たいていは何ごとも起こらない。だがある日突然、山のかたちを変容させてしまうような大規模な土砂崩れが発生する。この大惨事を引き起こしたのも、最初のちょっとした落石(蝶の羽ばたき)だ。複雑系のネットワークでは、末端の小さな変化がハブからハブへと増幅されて、全体の構造を変えてしまうのだ。

ローレンツのバタフライ効果は、乱流の研究などを経てカオス理論へと発展する。これまでの物理学(力学)は線形代数で分析可能な秩序(コスモス)しか扱うことができなかったが、非線形の無秩序(カオス)にも普遍的なパターンがあることがわかってきたのだ。

カオス理論は、バタフライ効果を臨界状態と相転移で説明する。

水を熱すると温度が上昇するが、沸点に達して臨界状態になるとそれ以上温度は上がらず、表面がはげしくあわ立つというまったく別の現象が起きる。これがもっとも身近な相転移だ。

地殻は、大小さまざまな断層が網の目のように走る複雑系だ。ここにマントル対流による圧力が加わると、断層はあちこちですこしずつずれるが有感地震にはならない。ところがその間、地殻は徐々に臨界状態に近づいていき、ある日、わずかな断層のずれ(蝶の羽ばたき)が連鎖して大きな断層(ハブ)を急激にずらし、破壊的な大地震を引き起こすのだ。

複雑系では、その構造を解析できたとしても、将来を予測することは原理的にできない。バタフライ効果とは、「ブラジルで蝶が羽ばたいたとき、どこで竜巻が起きるのかを知ることはできない(だからテキサスで竜巻が起きても不思議はない)」ということだ。すなわち、地震予知は不可能なのだ。

このようにカオス理論は多くの重要な発見をしたが、この「カオス」は実は「フラクタル」とまったく同じものだ——物理学者のファイゲンバウムは一九七五年にカオスに(縮尺を変えても性質が変わらないという)スケール不変性があることを発見したが、これはぎざぎざの中に小さなぎざぎざがあり、そのなかにより小さなぎざぎざがあるマンデルブロ集合そのものだ。だからマンデルブロは、カオスという用語をぜったいに認めなかった。ラフネスはフラクタルが生み出す「秩序」であり、カオス（無秩序）ではない。カオス理論は、フラクタル幾何学の剽窃にすぎないのだ。

マンデルブロは、フラクタル幾何学の概念を使った記事を見つけると、その著者にいちいち「第一発見者は自分である」と苦情を申し立てた。だが数学者や物理学者は、フラクタルのことなどなにも知らず、カオス理論をもとに研究を進めていた。これでは両者のあいだが険悪にならないはずはない。

カオス理論は、アメリカの一流大学や国立研究所などに所属する数学者や物理学者が中心となってつくりあげていった。それに対してマンデルブロは、いくつかの有名大学で非常勤講師をしたとはいえ、ＩＢＭという民間企業の研究員、すなわちアカデミズムの外の人間だ。ところが一九七七年にマンデルブロの『フラクタル幾何学』英語版が発売され、専門家だけでなく一般の知識層のあいだでも大評判になると、学者たちもフラクタルを無視することができなくなった。こうして、同じ現象（複雑系）をカオスとフラクタルで別々に説明するという面倒なことになってしまったのだ。――こうした事情は、アメリカのサイエンス・ジャーナリスト、ジェイムズ・グリックの『カオス 新しい科学をつくる』（新潮文庫）で描かれている。

複雑系の知の殿堂

さらに問題をややこしくしたのは、一九八四年、アメリカ・ニューメキシコ州に物理学、経済学、コンピュータ科学などさまざまな学問分野から新進気鋭の科学者を集め、複雑系を研究するサンタフェ研究所が設立されたことだ。進化の謎や金融市場の秘密を解き明かし、コンピュータで人工生命を生み出そうとする魅力的な知の挑戦は、同じくアメリカのサイエンス・ジャーナリスト、M・ミッチェル・ワールドロップによって『複雑系——科学革命の震源地・サンタフェ研究所の天才たち』（新潮文庫）という本にまとめられ、世界的ベストセラーになった。

だがサンタフェ研究所は「アカデミズム」の枠内でつくられたため、マンデルブロはまったく相手にされなかった（当然、「科学革命の天才たち」を紹介する『複雑系』にも登場しない）。これが、マンデルブロが「複雑系」という用語を嫌い、「ラフネス（複雑さ）」にこだわる理由だろう。

複雑系の歴史を、数学者・物理学者らによるカオス理論の発展からサンタフェ研究所へと至る過程としてたどることもできる（同様にコンピュータグラフィックスの歴史を、フォン・ノイマンのセル・オートマトンからライフゲームを経てスティーヴン・ウルフラムらの複雑系に至る道程として描くこともできるだろう)。その場合、マンデルブロはたんなる脇役にすぎない。

マンデルブロがカオス理論を強烈に意識していたことは、『フラクタル幾何学』のなかにわざわざ「思想と群像」という章を設け、フラクタルの歴史を自ら書き下ろしていることからも明らかだ。そこでは「偉大なる先人」として「統計人間生態学」のジップや「ナイルの父」ハーストなど、マンデルブロ自身が発掘した(一般にはほとんど知られていない)研究者の業績が取り上げられる一方、スティーヴン・スメイル、ジェームズ・ヨーク、デイヴィッド・リュエルなどカオス理論で重要な発見をした数学者・物理学者はことごとく無視されている。これはどちらが正しいということではなく、複雑系という同じ現象を説明するのにふたつの異なる「正史」があるのだ。

知のノマド

ここでマンデルブロの歴史観(すべてはわたしが最初に発見した)を踏襲したのは、たんにその方がずっとわかりやすく面白いからだ。

マンデルブロの流浪は、ユダヤ人差別を逃れて一家でパリへと移住した一一歳のときから始まっている。学者になってからもアメリカとヨーロッパの大学や研究所を渡り歩き、どこからも終身教授の申し出を得ることができなかった。ようするに、アカデミズムの世界では落ちこぼれだった。

マンデルブロの自伝のタイトルは"*The Fractalist*"で、日本語では『フラクタリスト』になるけど、定冠詞のTheがついているから、自分こそが唯一無二の「フラクタル（複雑系）の創始者」だという強烈な自負の表明になっている。

しかしそれよりずっと興味深いのは、「ある科学的マヴェリックの回想」という自伝の副題だろう。マヴェリックMaverickは「はぐれ者」のことで、アカデミズムのどこにも所属せず、これといった専門分野を持たず、あらゆるジャンルを横断しながらフラクタルという「世界の根本原理」を探す旅をつづけたマンデルブロの流浪の人生を象徴している。

マンデルブロは『フラクタル幾何学』で、真に独創的な科学者について次のように書いている。

（自然のなかにフラクタルを発見した学者が）科学の本流に名をつらねるのは多くの場合、彼等がこの世を去った後である。彼等は時代に受け入れられなかったが、その執念が後世に生き残る。英雄は孤独である。画家にならって彼等を夢想家と言うこともできるが、もっとふさわしい呼称として異端者という言葉がある。人生に幕が下りるとき、英雄達は無名の存在なのである。

（『フラクタル幾何学』四〇章　略伝〈ちくま学芸文庫〉）

ここで述べられている「夢想家」「異端者」「英雄」は、もちろんマンデルブロ自身のことだ。だが彼は、時代に受け入れられなかった多くの悲劇の主人公とは異なり、晩年にはアカデミズムの学者たちとは比較にならないほどの名声を勝ち得た。――あれほど有名になったサンタフェ研究所も、そこに集まった「天才」たちも、いまではまったく話題にならなくなってしまったのに。

D―Gは『リゾーム』の最後で、この世界を覆うリゾーム（網の目）に絡めとられることなく「脱出線を引け！」と読者を鼓舞した。その生き方はのちに、定住を拒否して移動しつづける「ノマド（遊牧民）」として理想化されることになる。

マンデルブロこそが、「知のノマド」だった。それが、彼の人生がものすごく魅力的な理由だ。

D―Gはけっきょく、リゾームがなにかを知ることができなかった。流浪する知性だけが、リゾームを見ることができたのだ。

ブックガイド

マンデルブロはそれほど多くの著作を残さなかったが、そのなかでもっとも読みやすいのが『フラクタリスト――マンデルブロ自伝』(早川書房)。自らの知の遍歴を一般読者に向けてわかりやすく解説したもので、数式はいっさい使われていない。

ジャーナリストのリチャード・L・ハドソンとの共著『禁断の市場――フラクタルでみるリスクとリターン』(東洋経済新報社)では、金融市場はベルカーブ(正規分布)ではなくベキ分布の複雑系で、確率的にはあり得ない「とんでもないこと(ロングテール)」が起きると予測した。原著の発売は二〇〇四年で、〇八年のリーマンショックで予測は見事に的中した。その後、トレーダー兼評論家のナシーム・ニコラス・タレブがその業績を大きく取り上げ、世界金融危機を複雑系のテールリスクで論じた『ブラック・スワン――不確実性とリスクの本質』(ダイヤモンド社)が世界的なベストセラーになったことでマンデルブロの評価は不動のものになった。

主著の『フラクタル幾何学』(ちくま学芸文庫)を理解するには、微積分や位相幾何学の知識が必要。プログラミングが得意なら、実際にコンピュータでフラクタル図形を描いてみることもできるだろう。ネット上には、マンデルブロ集合などフラクタル図形の描画プログラムがたくさん紹介されている。

カオス理論と複雑系については、すでに紹介したグリックの『カオス――新しい科学をつくる』（新潮文庫）とワールドロップの『複雑系――科学革命の震源地・サンタフェ研究所の天才たち』（新潮文庫）が定番。『カオス』の原著は一九八七年、『複雑系』は一九九二年で当時の興奮が伝わってくる。どちらもかなり長いが、わくわくするほど面白い（この二冊をダイジェストした入門書も何冊か出ている）。

複雑系についての入門書としては、『複雑な世界、単純な法則――ネットワーク科学の最前線』（草思社）など、サイエンスライター、マーク・ブキャナンの一連の作品がわかりやすい。現在の複雑系科学の最先端を知るなら、ダンカン・ワッツ『偶然の科学』（ハヤカワ・ノンフィクション文庫）を。

ジル・ドゥルーズとフェリックス・ガタリの「リゾーム」は、現在は『千のプラトー――資本主義と分裂症』（河出文庫）に加筆されたものが収録されている。これは宇野邦一訳なので、ここで紹介した豊崎光一訳とは異なる。

アラン・ソーカル、ジャン・ブリクモンが『「知」の欺瞞――ポストモダン思想における知の濫用』（岩波書店）で引き起こした騒動については、金森修が『サイエンス・ウォーズ』（東京大学出版会）で事件の経緯とその意味をまとめている。金森によれば、ソーカル事件はアメリカの知の現場における「科学論」対「科学」の〝サイエンス・ウォーズ〟の周辺的なエピソードにすぎず、事件の本質は、科学の基盤を相対化しようとする人文系左派と、それを拒絶する科学者たちの「文化戦争」にある。

ということで、次はその文化戦争の主戦場となった「現代の進化論」の話だ。

2

進化論

4――一〇分でわかる「現代の進化論」

いまから一世紀半ほど前、チャールズ・ダーウィンが『種の起源』を書き、進化論がヨーロッパで大流行した。それからおよそ一〇〇年後、フランシス・クリック、ジェームズ・ワトソンらがDNAの二重らせん構造を発見し、生命がアデニン（A）、チミン（T）、グアニン（G）、シトシン（C）の四つの塩基の組み合わせによる暗号から生まれることがわかった。こうして進化論と遺伝学が結びつき、現代の進化論が誕生した。

日本ではあいかわらず「文系」「理系」の二分法が使われていて、進化論は理系の世界の話だと思われているが、進化論はいま、社会学や経済学、心理学といった「文系」の分野にも拡張され、社会科学を根底から組み替えようとしている。「現代の進化論」こそが知の最先端なのだ――という話をここでしたいのだけれど、その前に「そもそも進化とは何か」を考えてみよう。

とはいえ、進化論については膨大な専門書、入門書が出ているのでここで多くを述べる必要はないだろう。ひと言でいえば、「遺伝的変異と自然選択で繁殖度（包括血縁度）

を上げることによって、生物が環境に適応するよう多様化する過程」のことだ。

進化論を否定する「三つのジコチュー」

進化論はものすごく単純な論理で、だからこそ強力なのだけど、その一方でさまざまな誤解にさらされてきた。その理由は、ぼくたちが無意識のうちに、「いま/ここ」の視点から自己中心的に世界を理解しようとするからだ。

日本はそれほどでもないけれど、アメリカには高い教育を受けながらも進化論を拒絶するひとがものすごくたくさんいる。彼らはなぜ間違うのか、ここでは三つのジコチューで説明しよう。

① 進化の長いタイムスケールを理解できない。
② 個体のタイムスケールのちがいを錯覚している。
③ ヒトを進化の頂点だと考える。

生命はおよそ四〇億年前に誕生した。ヒトの祖先がチンパンジー、ボノボ、オランウータン、ゴリラなどの類人猿から分岐したのが約六〇〇万年前、現生人類であるホモ・

サピエンスがアフリカで誕生したのが約一〇万年前と考えられている（古代DNAの全ゲノム解析によって七七万～五五万年前とサピエンスの起源を大幅に遡る説が唱えられるようになった）。農耕の開始は一万年前で、それによってメソポタミアや地中海沿岸、インダス川・ガンジス川流域、黄河・長江流域に古代文明が興った。これらはすべて、二一世紀のぼくたちからすると「ずっと昔」の出来事だ。

ひとは一年と一〇年のちがいを直感的に把握することはできるけれど、一万年が四〇億年の四〇万分の一であることをうまく理解できない。これはぼくたちの時間感覚が、自分の寿命を基本にしているからだ。ほとんどのひとが一〇〇年先のことに興味を持たないのは、どうせその頃には死んでいるからだ。これは過去についても同じで、一〇〇年以上前の出来事はすべて「昔話」だ。

このタイムスケールの錯覚を矯正しようと、これまでさまざまな説明の仕方が考案されてきた。

地球の誕生を一月一日とすると、生命が誕生したのが四月八日、それから一一月一日までは単細胞生物しかおらず、最初の魚類が出現したのが一一月二六日の午後。恐竜の時代は一二月九日から二六日あたりまでで、最初のサルが出現したのが一二月二五日、人類の祖先が現われたのが一二月三一日の午後八時一〇分だ。エジプトやメソポタミアに最初の文明が誕生してからは、わずか三〇秒しか経っていない。

あるいは、子どもたちに両腕を広げさせ、右手の指の先を地球の始まりとし、左手の指先を現在とする。そうすると、右手首からはじまってだいたい左手の手首まではいろいろなバクテリアが生息していた時代、恐竜はだいたい左手の手のひらあたりで登場し、ヒトは左手の爪先くらいになる。人類の文明は爪先をやすりでひとこすりして、爪から落ちた粉の分しかない。[*3]

わずか数千年の人類の文明史から進化を理解できないのは、三〇秒の出来事で一年を語ったり、爪の先の粉から両腕の長さを計れないのと同じことだ。ましてや自分の数十年の経験から、直感的に進化のタイムスケールが把握できるはずはない。だが世の中には自信過剰なひとがものすごくたくさんいて、彼らは科学的な事実と直感が対立した場合、無条件に自分の直感が正しいと信じるのだ。

四〇億年と一〇〇兆年

ほとんどの生き物の寿命がヒトよりも短いという個体のタイムスケールからも、別の

*3—このたとえはリチャード・ドーキンス『進化とは何か——ドーキンス博士の特別講義』（ハヤカワ・ノンフィクション文庫）より。

錯覚が生まれる。

ベストセラーになった『ゾウの時間　ネズミの時間——サイズの生物学』（中公新書）で生物学者の本川達雄は、動物の寿命は身体が小さいほど短く、身体が大きいほど長くなり、それは体重の4分の1乗に比例すると述べている。これは心拍数や毎分の呼吸数が体重の4分の1乗に反比例して減少するからで、ゾウの呼吸や心臓の鼓動はゆっくりで、ネズミのそれは速い。そして動物の身体は、二〇億回程度の心臓の鼓動で寿命を迎えるように設計されている。

この法則はかなりの動物に当てはまり、ネズミの寿命は約三年、ゾウは約六〇年、クジラは約七〇年だ。[*4]

現代人は動物のなかでも極端に長い寿命を持っていて、それを無意識の基準にしているけど、ほとんどの生き物は生まれてすぐに死んでいく——ということは、世代交代の間隔が短く進化のスピードが速い。

イヌの寿命は一五年前後で、ヒトがせっせと交配という〝遺伝子組み換え〟をやった結果、わずか数百年でセントバーナードからチワワまで多様に進化した（オオカミの一種が家畜化されたのは一万五〇〇〇年ほど前とされているが、品種改良が進んだのは一八世紀以降だ）。最近ではネズミを使ってさまざまな遺伝子操作の実験が行なわれているけれど、こうした遺伝子改変マウス（人為的に遺伝情報の一部を組み換えたり、特定の遺伝子をノックアウトしたマウス）はどんどん子どもを産んで、あっというまに〝進化〟していく。

ネズミのような小型の哺乳類でも生き物のなかでは大きい方で、ほとんどの昆虫は寿命が一年以内で、数カ月で世代交代していく。彼らの〝進化時間〟はヒトよりずっと速いから、ぼくたちにとっての四〇億年は虫たちにとっては一〇〇兆年くらいに相当する。原生生物から眼や脳（神経系）のような複雑な組織が生まれる時間はじゅうぶんにあったのだ。

ヒトは進化の頂点ではない

進化についての典型的な誤解は、ウイルスやバクテリアを下等生物、ヒトを高等生物として、昆虫、魚類、爬虫類、鳥類、哺乳類、霊長類を直線上に並べることだ。でも進化を進歩と混同するのはまったくの間違いで、トカゲやアリはもちろん、ウイルスだって四〇億年の進化の歴史を経て現在の姿になった。

自然（生態系）はヒトを頂点とする一本の棒ではなく、峠がたくさんある、ごつごつ

＊4―この法則の唯一の例外がヒトで、ゾウやクジラよりはるかに身体が小さいにもかかわらず、先進国では平均寿命は八〇歳を超えている。

とした岩山のようなものだ。

たくさんの子どもをつくった個体は、将来、よりたくさんの子孫を残すことができるが、そのための方法はじつはものすごくたくさんある。遺伝子の変異と環境の組み合わせが無数にあるからで、それによって生き物はどんどん多様化していく。

これは登山ルートがいくつもある山登りに似ている。登山口は一カ所しかないけれど、登るにつれて道はどんどん枝分かれしていく。登山者はどのルートを選んでもいいが、そこにはひとつ厳然としたルールがある。この登山は、登ることだけが許されていて下ることができないのだ。

ある生き物は、比較的早く峠に達してしまう。シーラカンスやカブトガニなど「生きた化石」と呼ばれる生き物がこのタイプで、何億年も前からその形態はほとんど変わっていない。これは、いったん繁殖度を下げなければこれ以上変わりようのないところまで進化してしまったからだ。

それに対して別の生き物は、どんどん山を登って別の峠にたどり着く。こうして海から陸に上がり、空を飛ぶようになり、巨大な巣をつくるアリになったり、大きな脳を持つヒトになったりする。これは繁殖度をすこしでも増やすような遺伝子の変異が自然選択されるからで、その過程が超超超長期にわたって累積することで目もくらむような多様な生態系が地球上につくられていったのだ。

もっとも、この比喩は実際の進化とはかなり違う。生き物が置かれた環境は岩山ではなく、常に変化しているからだ。生き物たちの世界は、地震や噴火、隕石の衝突などによって大きく変わるばかりではない。生態系それ自身が、生き物同士の対立や協調による複雑なフィードバックによって変化していく複雑系なのだ。

これは、岩山のかたちがアメーバのようにのたうつのに似ている。峠の頂上までたどり着いた生き物も、山のかたちが変われば、より高い繁殖率を目指してふたたび山を登りはじめるのだ。

もうひとつ強調しておかなくてはいけないのは、いちばん高い山の頂にいるのがヒトであるとはかぎらないことだ。進化の基準を知性（意識の複雑さ）に置くなら、ヒトがもっとも優れているのは疑いない。だが子どもの数や繁殖度で進化の効率を測るのなら（学問的にはこちらが主流だ）、もっとも成功した生き物はアリやハチなどの社会性昆虫になるだろう。

「進化論的に優れた生き物」を議論するよりも、すべての生き物がそれぞれの進化の頂点にいると考えたほうがすっきりする。進化論は、生き物には優劣も貴賤もないという〝リベラル〟な科学なのだ。

子殺しをするサル

ダーウィンは『種の起源』を書いたとき、自然選択ではうまく説明できない生き物の行動があることに気づいていた。たとえば働きアリや働きバチは、自分では子どもを産むことなく、女王アリ（女王バチ）の子どもをかいがいしく世話する。進化が個体の繁殖度を最大化するのなら、このような利他性はどう考えてもおかしい。

この難問を解決するもっともシンプルな方法は、生き物は個体ではなく、種の繁殖度を最大化するように進化してきたと考えることだ。働きアリや働きバチが自分の身を犠牲にして女王に仕えるのは、アリ族やハチ族を繁栄させるためなのだ。

こうした「種の保存」は、愛国心や民族主義をとてもうまく説明しているように思えたから、一般にも広く受け入れられた。特攻隊員が自らの繁殖度を犠牲にしてアメリカの軍艦に突っ込んでいくのは、日本民族の種の保存のためだ、とか。

しかし生物学者や動物学者は、この都合のよすぎる解釈に納得できなかった。

ゾウアザラシのメスは、母親とはぐれた赤ん坊が近づいてくると追い払うだけでなく、かみついて殺してしまう。繁殖期のセグロカモメも、自分のなわばりに迷い込んだヒナをつつき殺す。

インド大陸などに分布するオナガザル科のハヌマンラングールでは、一九世紀からおとなのオスによる赤ん坊ザルの謀殺が報告されている。

ハヌマンラングールは、一頭のボスザル（アルファオス）が一〇〜二〇頭のメスの子連れ集団を引き連れ、その他のオスは自分たちだけの集団で動いている。このオスだけの集団のトップにいるサルが、メス集団を引き連れているオスにとって代わることがあって、この乗っ取りが成功すると、新しいオスは月齢六〜七カ月以下の子ザルを殺してしまう。

この子殺しは、かつては個体数を調整する「種の保存」の仕組みだと考えられていた。だがこの説明には、さまざまな矛盾がある。子殺しは群れの乗っ取りが起こったときだけ発生し、同じオスが引き連れている群れでは起こらない。殺されるのは若くて死にやすい赤ん坊だが、個体数を減らすのが目的ならメスの子ザルだけを排除した方が効果的だ。さらに、これが「種の保存」のためのものなら、赤ん坊を殺されることにメスが激しく抵抗することが説明できない。

現在では、サルの子殺しが利己的な行動であることがわかっている。群れを乗っ取ったオスが殺すのは、自分と血縁関係にない、以前のボスザルとのあいだに生まれた赤ん坊なのだ。

ハヌマンラングールのメスは授乳中は排卵せず、次の子どもを妊娠できないが、授乳を終えると、数週間か、時には数日以内に発情する。赤ん坊はだいたい八カ月齢になると乳離れし、母親の繁殖を妨げることはない。このような条件を考えれば、乗っ取りに成功したオスが六〜七カ月齢以下の赤ん坊を殺すのはきわめて「合理的」だ。この子殺しがメスたちに自分の子どもを産ませるのを目的としていることは、新しいボスザルが八カ月齢以上の若いサルにはなんの興味も示さないことからも明らかだ。*5

ヒトともっとも遺伝的に近いチンパンジーでも、一九七〇年代にイギリスの動物行動学者ジェーン・グドールが共食いと子殺しを報告している。動物園のような隔離された環境では自然な行動を理解できないと考えたグドールは、タンザニアのジャングルで野生のチンパンジーを観察し、大きな群れが近くに住む小さな群れを襲い、成人のオスばかりか授乳期の赤ん坊も殺して食べてしまうことを目撃したのだ。*6

チンパンジーの残酷な行動は、自然に牧歌的なロマンを抱いていたひとたちに大きなショックを与え、グドールは激しい非難を浴びることになる。しかしその後も、日本の霊長類研究者を中心に同様の報告が相次いだことから、同胞同士で殺しあうのはヒトだけではないと認めざるを得なくなった。

いまでは多くの野生動物で、血のつながらない「子殺し」が報告されている。ハヌマンラングールがとりわけよく知られているのは、一匹のオスがメスの集団を独占し、他のオスザルには生殖の機会がないためだ。これだけ〝セックス格差〟が極端だと、ひとたびその機会を獲得できた幸運なオスは、できるだけ多く自分の子どもをつくるために手段を選ばないよう進化するのだ。

子孫ではなく血縁度を最大化する

こうして、生き物の利他的な行動をどう理解すればいいかが進化論の重大な問題になった。進化が多様な生態系を説明する唯一絶対の理論なら、ある場合は個体を優先し、別の場合は種の保存を優先する、などという矛盾が起きてはならないのだ。

この謎を解決したのが、イギリスの生物学者ウィリアム・ハミルトンだ。彼のアイデアはきわめて独創的だが、後知恵では誰もが納得する「コロンブスのタマゴ」でもあった。

ハミルトンは、生き物が繁殖度を最大化するように進化するとしても、それを子どもの数で測る必要はないと考えた。

DNAは二本のひもが絡まりあったらせん状になっているが、性細胞だけは減数分裂

＊5―ロバート・トリヴァース『生物の社会進化』（産業図書）
＊6―ジェーン・グドール『野生チンパンジーの世界』（ミネルヴァ書房）

により一本のＤＮＡしか持たず、有性生殖の際はオスとメスの性細胞が合体する。この過程からわかるように、子どもは両親からそれぞれ二分の一ずつの遺伝子を受け継いでいる。その子どもが血縁関係のない異性とのあいだに赤ん坊を産んだとすると、孫は二人の親から二分の一の遺伝子を、四人の祖父母からそれぞれ四分の一の遺伝子を受け継ぐことになる。

だが、自分と同じ遺伝子を持っているのは子どもだけではない。同じ両親から生まれた兄弟姉妹も父親と母親から二分の一の遺伝子を受け継いでいるのだから、その血縁度（遺伝子の保有率）は平均すれば二分の一になるはずだ。

この単純な事実からハミルトンは、繁殖の基準を子どもの数ではなく血縁度で測ることができることに気がついた。子どもを一人生むことと、兄弟姉妹が一人増えることは、血縁度から見れば同じだ。だったら、子どもをたくさん産むことで繁殖度を上げようとする個体がいる一方で、自分は子どもを産まなくても、兄弟姉妹をたくさんつくることで結果として繁殖度を高める個体がいてもおかしくはないだろう。

この仮説はにわかには信じられないだろうが、それはヒトを頂点としたジコチューな視点で進化を考えているからだ。ヒトは子どもに愛情を抱くが、ハチやアリのような昆虫に感情はなく、どのような方法であれ、結果としてより多くの血縁者をつくった個体が現在まで生き延びてきたのだ。

「女王」は産卵マシン

ハミルトンの名を一躍高めたのは、血縁度を使って社会性昆虫の利他性を見事に説明してみせたことだ。

女王を中心に大きな集団（コロニー）をつくるハチやアリは、半倍数性という特殊な生殖をすることがわかっていた。半倍数性の昆虫は、メスが二組のＤＮＡを持つ「二倍体」なのに対し、オスは未受精卵から育つためＤＮＡが一組しかない。これが「半数体」で、二倍体のメスと半数体のオスが両性生殖するのが「半倍数性」だ。

半倍数性の家族がどれほど奇妙かを、「夫」「妻」「息子」「娘」の関係で説明してみよう。

まず妻は、夫とセックスしなくても息子を産むことができる。息子は半数体で、母親の二組の遺伝情報から一組を受け継ぐのだから、その血縁度は二分の一だ。だが夫から見れば、自分とはなんの関係もなしに妻が勝手に男の子を産むのだから、その血縁度はゼロになる。半倍数性の家族では、父親と息子は常に他人なのだ。

妻が娘を産もうとすれば、二本のＤＮＡが必要になるから夫とセックスしなくてはならない。こうして生まれた娘の血縁度は、母親から見れば、二組の遺伝情報から一組を受け継いでいるのだからやはり二分の一だ。一方、夫からすれば、娘は自分の一組の遺伝情報をまるごと受け継いでいるのだから血縁度は一になる。

この奇妙な夫婦がどんどん子どもをつくっていくと、たくさんの兄弟姉妹ができる。そこで次に、彼らの血縁度がどうなるかを見てみよう。

まず、息子にとっての兄や弟は、みんなが同じ母親から二分の一の遺伝子を受け継いでいるのだから、その血縁度を平均すれば二分の一だ。同様に息子にとっての姉や妹も、同じ母親から二分の一の遺伝子を受け継いでおり、血縁度はやはり二分の一になる。

だが、それよりもずっと興味深いのは、娘から見た兄弟姉妹の血縁度だ。

娘にとって兄や弟は、父親の遺伝子を持たず、母親から二分の一の遺伝子を受け継いでいるだけだから、血縁度は四分の一になる。それに対して（娘にとって）姉や妹は、父親の遺伝子すべてと母親の遺伝子の二分の一を共有しているのだから、その血縁度は四分の三になるのだ。

このように文章で書いても頭がこんがらがるだけなので、こんどは血縁図で説明しよう（図11）。

ここではメス（祖母）が「ＡＢＣＤ」「ａｂｃｄ」という二組のＤＮＡを持ち、そのメスから生まれたオス（父）が「ＡＢｃｄ」という一組のＤＮＡを持っている。メスの八個の遺伝子のうち重複しているのは四個だから、血縁度は二分の一だ。

表―半倍数性の生物の血縁度（ロバート・トリヴァース『生物の社会進化』より）

	娘	息子	母	父	姉妹	兄弟	甥・姪
メス	1/2	1/2	1/2	1/2	3/4	1/4	3/8
オス	1	0	1	0	1/2	1/2	1/4

図11―半倍数性の生物の血縁度
（Wikipedia「半倍数性」より）

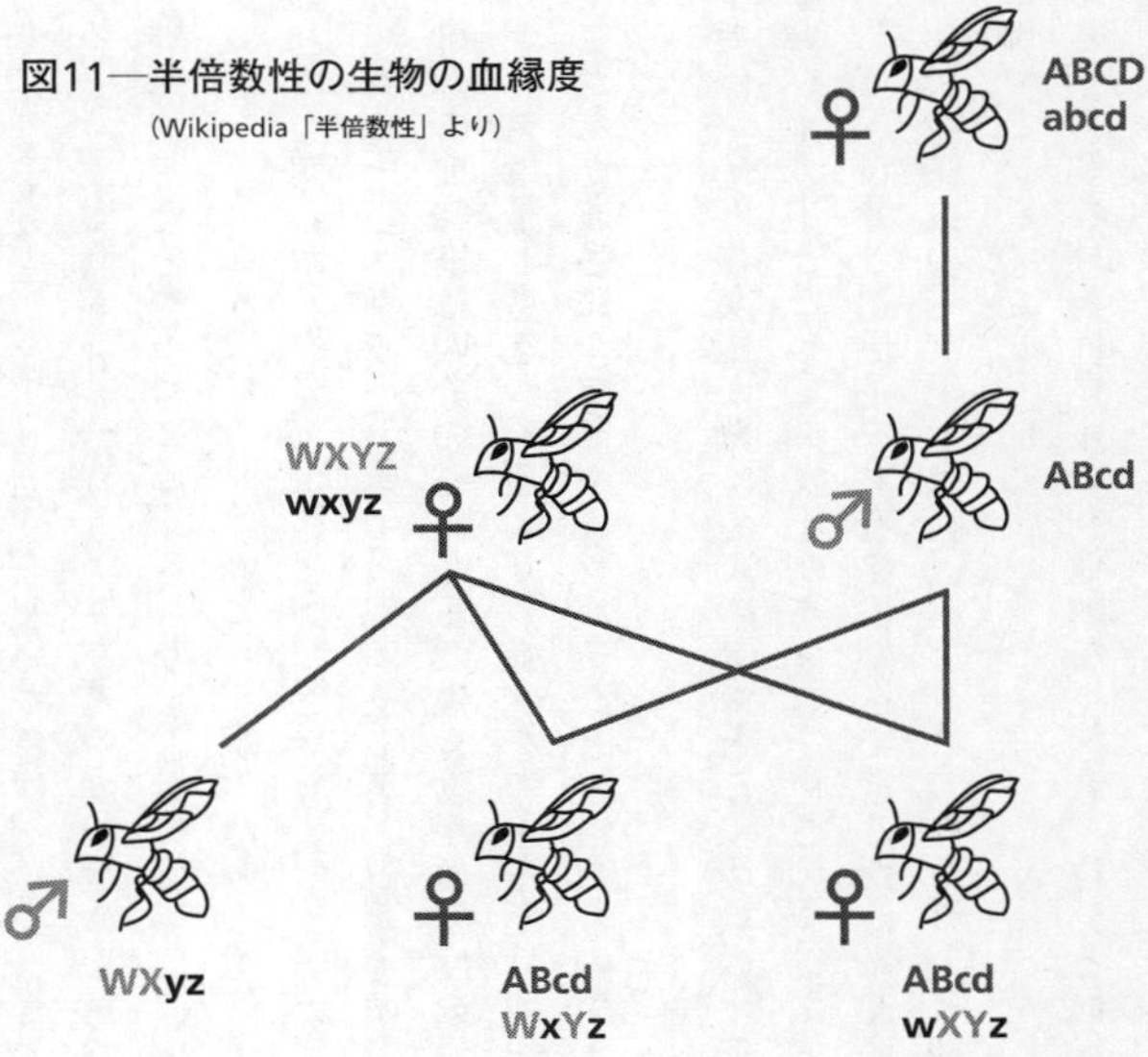

このオスが「WXYZ」「wxyz」という二組のDNAを持つメス（母）と生殖し、「ABcd」「wXYz」および「ABcd」「WxYz」というDNAを持つ二匹のメス（娘）が生まれた。それと同時に、メス（母）はオス（父）とは無関係に「WXyz」というDNAを持つオス（息子）を産んでいる。このとき、娘の八個の遺伝子が姉妹とは六個（四分の三）、兄弟とは二個（四分の一）重複していることがわかるだろう。

このように半倍数性の生き物では、メスにとって自分の子ども（息子や娘）の血縁度が二分の一なのに対し、姉妹の血縁度は四分の三になる。生き物が血縁度を最大化するように進化するとしたら、メスは子どもをつくるよりも姉妹をできるだけ増やそうとするにちがいない。そしてこれこそまさに、アリやミツバチなど半倍数性の生き物がやっていることなのだ。

社会性昆虫のコロニーでは、一匹の女王がたくさんのメスとごく少数のオスを産む。メスは生殖も産卵もしないワーカーとなって、女王がタマゴを産むのをひたすら手助けする。オスは女王と生殖して、自分と遺伝子を共有する娘をできるだけ多く産ませようとする。そう考えれば、社会性昆虫の「女王」は利己的なメスのワーカーと利己的なオスによってつくられた産卵マシンなのだ。

このように、一見すると不可解な社会性昆虫の利他的な生態も、自分と血縁度を共有する個体を増やすという利己性によって完璧に説明できる。これがどれほど大きな衝撃だったか想像できるだろうか。

これまで自然は、人知の及ばぬ神秘的なものだと考えられてきた。しかし現代の進化論は、遺伝の科学と融合して、生き物の生態が数学的に記述できることを示したのだ。――こうして進化論における〝知のビッグバン〟、社会生物学（進化生物学）が誕生した。

5―「政治」と「科学」の文化戦争

現代の進化論は自然選択の原動力を、「できるだけ多く子どもを残すこと」から「できるだけ多く血縁をつくること」へと拡張した。これを包括適応度という。

とはいえ、「生き物は包括適応度を最大化するように進化する」といわれても、なんのことかぜんぜんわからないだろう。だから最初のうちは、社会生物学の衝撃を専門家ですらうまく理解できなかった。

ところが一九七六年、〝進化論の伝道師〟リチャード・ドーキンスが『利己的な遺伝子』を出版してすべてが変わった。[*7]

ドーキンスのアイデアは、現代の進化論の要である包括適応度を理解するのに、個体を中心に考える必要はないというものだった。進化によって最適化されるのは血縁度、すなわち遺伝子を共有する割合なのだから、進化の主役を個体ではなく遺伝子にしてしまったほうがすっきり説明できる。

遺伝子は、自分と同じ遺伝子をできるだけ多く複製するように進化する。そのためには無数のやり方があって、そこから生き物の多様性が生まれる。すなわち、ぼくたち人間を含め、すべての生き物は遺伝子を後世に引き継がせるための「乗り物（ヴィークル）」なのだ。

ドーキンスに対しては、「血縁淘汰や包括適応度を言い換えただけで、学問的にはなんの貢献もしていない」とか、「〝利己的 Selfish〟という言葉で遺伝子を擬人化したことで無用の混乱を招いた」とかの批判がある。だが進化における個体から遺伝子への視点の転換は、天動説から地動説へのコペルニクス的転換に匹敵する衝撃だった。すくなくともドーキンスの登場によって、生物学の専門家ではないぼくたちも「現代の進化論」を理解できるようになったのだ。

プログラムとしての昆虫

ここからは、実際の歴史と前後するけれど、「利己的な遺伝子」を使って一九六〇年代の〝知のビッグバン〟の展開を追いかけてみよう。

社会性昆虫の遺伝子は、オスを半数体にすることで、利己的なワーカーが女王を世話

＊7―この本は、日本では『生物＝生存機械論』というタイトルで一九八〇年に翻訳出版されたがまったく話題にならず、一九九一年に原著〝*The Selfish Gene*〟に合わせた『利己的な遺伝子』と改題して大評判になり、第一次進化論ブームの立役者になった。

して巨大なコロニーをつくるという戦略を実現した。アリやミツバチの社会はものすごく複雑だけど、その背後には「メスの未受精卵からオスが生まれる」という単純な規則がある。ひとたび半倍数性が成立すれば、ほとんどのメスが生殖を放棄し、女王を「産む機械」にしてせっせと姉妹を増やしはじめることは「進化の必然」なのだ。

社会性昆虫のこうした行動は、コンピュータのプログラムにとてもよく似ている。

DNAが四つの記号のデジタルな組み合わせだとわかって、理論生物学者は、生命の秘密をコンピュータのアルゴリズムで解明できるのではないかと考えた。そしてこんどは、社会性昆虫の複雑な行動が血縁度＝遺伝子の複製を最大化するようプログラミングされていることがわかった。そうなれば、生き物の生態を工学的に解明しようというアイデアが出てくるのは時間の問題だ。

イギリスの生物学者ジョン・メイナード＝スミスは、ケンブリッジ大学の工学部を卒業して航空機の設計技師になった生粋のエンジニアで、第二次世界大戦後に大学に入りなおして生物学を学んだ。工学的な発想を叩き込まれていたスミスは、生き物を「遺伝子のコピーの最大化」というゲームを行なうプログラムだと考えた。このときにスミスが使ったのが、ゲーム理論という新しい学問だ。

ゲーム理論については次章で説明するけれど、「ルールが決まれば、合理的なプレイヤーの行動は数学的に予測できる」と考える。メイナード＝スミスはこれを生物学に持ち込んで、生き物はさまざまな戦略で進化というゲームを行なっているのだと論じた。

ゲーム理論はもともと〝超天才〟フォン・ノイマンがポーカーの数学的分析として編み出した手法で、その後は経済学や安全保障の分野で使われていた。でもこれは、ものすごく評判が悪かった。ゲーム理論は血も涙もない「合理的人間」を前提としていて、「俺を殺したら、即座に自分も死ぬとわかっていたら、合理的な敵は俺を殺そうとはしない」みたいなことを大真面目に議論していたのだ（この話は次章で）。

ゲーム理論のどこがおかしいかは、誰だってすぐにわかる。自分のことを虚心坦懐に振り返れば、完全に合理的に行動するなんてあり得ない。ゲーム理論を真っ先に取り入れた経済学は「合理的経済人」を前提にしたけれど、学問の世界でこれほどバカにされ、バッシングされた理論はほかにない。

ところがメイナード＝スミスは、昆虫には「血も涙もない」のだから、彼らこそがゲーム理論どおり合理的に行動するはずだと考えた。「合理的経済人」はいないかもしれないが、「合理的経済虫」はいたるところに存在する。なぜなら進化は、遺伝子の複製を最大化する「合理的な戦略」だけを選択していくのだから――メイナード＝スミスはこれを、「進化的に安定な戦略（ＥＳＳ／Evolutionarily Stable Strategy）」と名づけた。

これは、生物学を根底から変えてしまうものすごい発見だった。

メイナード＝スミスはゲーム理論を駆使し、社会性昆虫だけでなく、鳥や魚、爬虫類から哺乳類に至るまで、さまざまな生き物の行動が数学的に説明できることを次々と示していった。進化が合理的なら自然（生態系）もまた合理的なはずで、だとすれば自然界の出来事はすべて数学的に記述し、アルゴリズムを解析し、コンピュータでプログラミングすることができるはずなのだ。

もっとも黒人らしい白人

ハミルトンの発見から生まれた理論生物学（進化生物学）は、やがてアメリカの生物学界を席巻することになる。その代表がエドワード・オズボーン・ウィルソンで、一九七五年に大著『社会生物学』（翻訳は五巻もある）で生物学に新しい時代が到来したことを宣言した。ウィルソンはこれによって「社会生物学論争」と呼ばれる大騒動に巻き込まれていくのだけど、その話はあとまわしにして、ここではアメリカの進化生物学のもう一人の立役者ロバート・トリヴァースを紹介しよう。

生物学者には面白い経歴のひとが多いけど、そのなかでもトリヴァースは別格だ。

一九四三年にリトアニア系ユダヤ人の家庭に生まれたトリヴァースは、アメリカのベビーブーマー第一世代で、ヒッピーとベトナム反戦運動と「セックス、ドラッグ、ロックンロール」の六〇年代に大学生活を送った。戦争や人種差別や貧困など、世界じゅうの不正義と不公正が許せなかったトリヴァースは、弱者の側に立つためにハーヴァード大学で法律学、歴史学、心理学などの講義を受けたもののどれひとつ満足できず、そのうち神経を病んでなにもかも放り出してしまった。いまでいうなら、自分探しに失敗した典型的な高学歴のダメ学生だ。

そんなときトリヴァースは、たまたまアルバイトで、トナカイについての子ども向けの本のゴーストライターを引き受けた。なにごとも凝り性の彼は、その本の監修をしていた動物学者のところに通い、遺伝学と現代の進化論を教えられた。このとき、生命と自然をまったく新しい視点で解明する学問に魅了されたことが、大学に入りなおして生物学者の道を歩むことを決意させたのだ。

現代の進化論を大胆に取り入れたトリヴァースの〝過激な〟生物学はハーヴァードでは受け入れられず、一九七八年にカリフォルニア大学サンタクルーズ校（ＵＣＳＣ）でなんとか教師の職を得た。

当時、アメリカでは「ブラックパンサー（黒豹）」を名乗る急進的な黒人団体が活動していて、そのリーダーの一人、ヒューイ・Ｐ・ニュートンはＵＣＳＣの卒業生だった。獄中から大学院のコースを取ろうとしていたニュートンがたまたまトリヴァースの授業を申し込んだことから二人は意気投合し、大親友になって七九年にトリヴァースはブラックパンサーに入党している。

ブラックパンサーはマルクス主義や毛沢東、チェ・ゲバラなどから影響を受け、革命による黒人の解放を目指して武装蜂起を呼びかけていた。メンバーは黒のジャケットとズボン、黒のベレー帽というユニフォームで、ショットガンで武装していたから、いまなら過激派どころかテロリスト集団だ。その党員となったトリヴァースは、大学の同僚たちから「もっとも黒人らしい白人」と呼ばれていた（入党のきっかけとなった親友のニュートンは一九八九年、対立する黒人グループの若者によって射殺された。享年四七）。

子育ては投資の回収

進化生物学者としてのトリヴァースの業績は、メイナード＝スミスのゲーム理論を拡張し、生物学に経済学を導入したことだ。

経済学では、合理的経済人は効用を最大化するよう行動すると考える。効用は満足度のことで、「ひとはみんな幸福になるためにがんばっている」という当たり前のことを経済学的にいい換えたものだが、問題は幸福＝効用を数値化する方法がないことだった。数字にしないと計算式は使えないから、困った経済学者は、効用はお金で近似できると勝手に決めてしまった。「貧乏人は不幸でお金持ちは幸福なのだから、これでべつに構わないだろう」というわけだ。

いうまでもなく、この仮定ものすごく評判が悪かった。愛情とか友情とか、ひとびとが大切にしているものを根こそぎ否定しているように思えたからだ。

この話、どこかで聞いたことがないだろうか。そう、トリヴァースは昆虫には愛情や友情は関係ないし、幸福になろうとも思っていないのだから、経済学の理論は人間よりもまず生物界（自然界）にぴったりくるはずだと考えたのだ。

経済学では効用をお金で計算するが、昆虫界では複製した遺伝子の数が効用になる。昆虫は遺伝子のプログラムを搭載した〝機械〟で、この〝効用〟を最大化するように進化していく。これは、コストに対する投資利益を最大化するのと同じことだ。

トリヴァースは、生き物はそれぞれ、子どもをつくる（遺伝子を複製する）のに異なるコストを払っていると考えた。たとえば魚や昆虫のメスはいちどに大量のタマゴを産むから、大きな投資は必要ない。こうしたローコストの繁殖戦略では、タマゴの一部が孵化すればいいだけだから、一所懸命子育てしようなんて思わないだろう。

それに対して哺乳類のメスは、妊娠から出産までの期間が長いし、いちどに産める子どもの数も限られている。これはハイコストの繁殖戦略で、せっかく産まれた子どもは大事に世話して大人にしなければならない。これが、哺乳類が「子育て」をするようになった理由だ。

トリヴァースの「投資理論」は、哺乳類とは大きく異なる進化の道筋を辿ってきたたにもかかわらず、鳥がなぜ子育てするのかを明快に説明できた。鳥はいちどに産めるタマゴの数が限られていて、やはり大きなコストを支払っている。がんばってヒナの世話をしなければ、せっかくの投資を回収できないのだ（爬虫類のなかに子育てをするものもいるが、これも同様に説明できる）。

「親の投資理論」と並んでトリヴァースを有名にしたのが「互恵的利他主義」だ。

肉食の大型魚が口を開けているとソウジウオが近寄ってきて食べかすをきれいにする。その間大型魚は、口を開けたままでソウジウオを食べようとはしない。

アリはアブラムシの糖分の高い排泄物（甘露）を食糧にする代わりに、クモやテントウムシなどの捕食者から保護する。植物の汁を吸って背中から甘露を出すアリノタカラの幼虫は、ミツバアリの巣の中で暮らし、かいがいしく世話をされている。

これまで血縁関係のない生き物のあいだのこうした利他行動はうまく説明できなかったのだが、トリヴァースは食べかすや甘露は〝貨幣〟で、生き物が〝市場取引〟をしているのだと考えた。大型魚とソウジウオや、アブラムシとアリがやっていることは、お金を払って清掃業者やガードマンを雇うのと同じなのだ。

生物学の〝過激派〟であるトリヴァースは、進化を動物だけにとどめておく理由はないと考えた。植物もまた子孫を残すために投資を行なっており、その進化も昆虫や動物と同様に説明可能だ。だとしたら、植物や動物を含む地球上の生態系すべては、進化論と経済学を融合した進化生物学で解明できるだろう——もちろん人間も含めて。

不愉快な科学

ここまでの話をまとめてみよう。

ハミルトンに始まる「現代の進化論」は革命的ではあったものの、ダーウィンの進化論を覆すものではなく、遺伝学の成果を取り入れてその正しさを証明した。最初はびっくりするけど、説明を聞けば納得できるという意味ではコロンブスのタマゴみたいな理屈でもある。

この〝タマゴ〟は、次のように転がっていった。

①　生き物はできるだけ多くの子どもをつくるのではなく、できるだけ血縁を増やすように進化していく。

②　これは、より多くの複製を残す遺伝子が受け継がれていくということでもある。このように考えれば、すべての生き物は「利己的な遺伝子」の乗り物にすぎない。

③　生き物は「遺伝子の複製の最大化」というプログラムを搭載した〝機械〟であり、他の生き物と対立や協調のゲームをしている。その行動はゲーム理論で数学的に記

述できる。

④生き物の戦略は「遺伝子という効用」の最大化でもある。だとすれば、動物や植物の生態系は投資や市場取引として経済学的に説明できる。

これを読んで「おおっ、スゴい！」と感動したひとはどれくらいいるだろうか。たいていのひとは、なんとなく不愉快な気分になったにちがいない。これは現代の進化論が、愛情や友情だけでなく、自然に対する神秘やロマンなどみんなが漠然と抱いている〝大切なもの〟を根こそぎにするように感じられるからだ。なんといっても、すべての生き物は遺伝子を複製するための〝機械〟なのだから。

こうして、アメリカで「社会生物学論争」と呼ばれる〝文化戦争〟が勃発した。

「政治的に正しい」ひとたち

社会生物学論争を理解するには、一九七〇年代から八〇年代にかけてのアメリカの独特な知的雰囲気を知る必要がある。それをもっともよく表わしているのがポリティカル・コレクトネス（Political Correctness／政治的正しさ）で、略して「ＰＣ」という。

ＰＣは人種差別、性差別、障がい者差別、旧植民地国に対する差別など、あらゆる差別に反対する運動のことだ。アメリカで人種の平等を定めた公民権法が成立したのが一九六四年で、一九七五年のサイゴン陥落までは米軍がベトナムで戦争をしていたという時代背景もあって、知識人や左派の学生のあいだで圧倒的な影響力があった。

ＰＣ派は、たんに法律で「平等」を決めただけではなんの意味もないと考える。差別はひとびとのこころのなかにあり、それが社会のあらゆるところに現われて弱者を抑圧している。〝差別のない明るい社会〟をつくるためには、すべてのひとが「政治的に正しい」態度を身につけなくてはならないのだ。

当時のＰＣがどのようなものか、それを揶揄したジェームズ・フィン・ガーナーの『政治的に正しいおとぎ話』（ＤＨＣ）を紹介しよう。

ある日、赤ずきんは森に住むおばあさんの家までおつかいに出かけた。途中でオオカミに呼び止められ、「おちびの女の子が森を一人で歩くなんて危険だよ」といわれた赤ずきんは、次のような「政治的に正しい」反論をする。

「女性差別にあふれた口のききかたで、きわめて不愉快ですね。でも気にしません。あなたたちオオカミは伝統的に社会ののけ者という立場におかれてきましたから、そのストレスのせいで、ものすごく説得力のある世界観をもつようになったのでしょう」

「説得力のある世界観」とは、差別されたひとたちがその境遇によって獲得した歪んだ世界観をＰＣ的にいい換えたものだ。さらには、目の悪いおばあさんは「コウモリのように視覚的にチャレンジされている」ひとで、木こりは「木材燃料提供者」になり、オオカミと赤ずきんは最後に和解し「相互の尊敬と協力に基づいたもうひとつの生活体（アルタナティブ・ハウスホールド）」で幸せに暮らすことになる。

魔法によって美しく着飾り、舞踏会に現われたシンデレラは「男性が女性に望むものをすべて集めたバービー人形」で、白雪姫は「白い色こそ感じのいい魅力的な色で、黒い色は感じが悪くて魅力的ではない、という差別的な考え」からつけられた誤った名前で、彼女が森で出会う小人は「垂直方向にチャレンジされた男たち」だ。

こうしたＰＣの運動によって、アメリカでは「黒人 Black」が「アフリカ系アメリカ人 African American」に、「インディアン Indian」が「アメリカ先住民 Native American」にいい換えられ、「メリークリスマス」はキリスト教を特別扱いしているとして、クリスマスから新年にかけての挨拶は「ハッピーホリデイズ Happy Holidays」に変わった。

この「差別語探し」はとどまるところを知らず、「盲目 Blind」は「サイトレス Sightless」を経て「視覚的にチャレンジされた Visually Challenged」と呼ばれるようになった。「知的障がい者」は「異なる能力を持つ Differently Abled」に、「薄毛」は「頭髪的に不利な Hair Disadvantaged」に、ペットは「動物伴侶 Animal Companion」にいい換えられた。子どものための音楽作品「ピーターと狼」がオオカミへの偏見を与えるから演奏すべきでないとされたり、大リーグのクリーブランド・インディアンスの開幕戦始球式に登場したクリントン大統領が、「ネイティブ・アメリカンへの差別」と見られるのを嫌ってチームの野球帽をかぶらなかったりしたこともあった。

こんなことを大真面目にやっていたなんて信じられないだろうが、PCの運動がすべて間違っていたわけではない。日本でも「看護婦」が「看護師」になったり、「スチュワーデス（スッチー）」が「キャビンアテンダント」に換わったのはPCの影響で、男女の役割を固定化する用語を中立なものに変えていくことには意味がある。問題なのは、PCを主導する左翼知識人が、自分たちを「正義」だと思い込んだことだ。

彼らはあらゆるところに「差別」を見つけて、それを批判し（場合によっては吊るし上げ）、自分たちの道徳的正しさを見せつけることが「社会改革」だと主張した。これは控えめにいっても、とんでもなく偏向した独善的な政治的立場だ。七〇年代のアメリカには（日本にも）、こういうおかしなひとたちがうようよしていた。

そんななか、七五年にE・O・ウィルソンが大著『社会生物学』を刊行したのだ。

文化戦争の勃発

ウィルソンは理論家というよりも自然愛好家（ナチュラリスト）で、アリなどの昆虫の生態に魅了されていた。そのときハミルトンの理論生物学と出会い、社会性昆虫の利他行動を見事に説明していることに感銘を受けて、昆虫から鳥類、哺乳類に至るまで、すべての生き物の社会生物学的な基盤をまとめるという大事業に乗り出したのだ。

このときまでには遺伝と進化の関係は生物学者の共通理解になっていたから、ウィルソンが驚異的な博学によって多くの知見を総合したことは高い評価を得た。だが問題は、この本の第二七章（最終章）を「ヒト——社会生物学から社会学へ」としたことだった。

ウィルソンはここでなにを主張したのか。自伝から本人の言葉で紹介しよう。

人間は、行動と社会構造とを獲得する傾向性、つまり人間性と呼ぶことができるくらい十分に人によって共有されている傾向性を、遺伝的に受け継ぐ。顕著に見られる特性には次のものが含まれる。両性間で労働が分割されること、親と子の間に絆があること、いちばん近い親族に対する利他的姿勢が高められていること、近親相姦が回避されること、その他に倫理的行動が存在すること、見慣れぬ者を疑うこと、同族意識があること、集団内部に支配階層が存在すること、オスが全面的支配権を持つこと、限られた資源を巡ってテリトリー的攻撃行動にでること。[*8]

このような例を挙げたあとに、ウィルソンは、マンハッタンの住人とニューギニア高地人が相互に理解できるのは、共通の祖先から遺伝子を受け継いでいるからだと述べたのだ。

これは、PC派にすれば見過ごすことのできない〝危険な思想〟だった。女性差別は「男性中心主義」という間違った文化が生み出したもので、そのイデオロギーを批判することで男女平等を実現できるはずだ。だがウィルソンは、男女の役割分担やオスの支配権は遺伝的に決まっているというのだ。

ここで注意しておく必要があるのは、ウィルソンは差別の正当化（遺伝なんだからしょうがない）を意図しているわけではないことだ。本人の回想にあるように、ウィルソンは昆虫少年がそのまま大人になったようなひとで、政治にはなんの関心もなくPCのこともまったく知らなかった。生物学者として当たり前のことを書いたら、ある日突然、地雷原の真ん中に立っていたのだ。

＊8―エドワード・O・ウィルソン『ナチュラリスト』（法政大学出版局）

だがそれこそが、ＰＣ派にとってウィルソンがやっかいな理由でもあった。『社会生物学』には、昆虫や鳥やさまざまな哺乳類の複雑で多様な社会行動を遺伝と進化の法則で解明する膨大な例証が集められている。それを読めば誰でも、この法則が動物（哺乳類）の一種であるヒトにも適応できるのではないかと考えるだろう。ウィルソンがやったのはまさにそのことで、「科学」としてものすごく説得力があったのだ。

ＰＣ信奉者にとって、これは科学を乱用した差別の正当化にほかならなかった。こうして、アメリカでもっとも知的な（はずの）ひとたちのあいだで集団ヒステリーが起きた。彼らは社会生物学を、「女は男に従属し、黒人は白人より劣る」という人種差別の科学であり、ナチスによるホロコースト（ユダヤ人絶滅計画）を招いた優生学を現代に蘇らせた悪魔の科学だと言い立てたのだ。

グールド対ドーキンス

進化論はものすごく強力な理論（自然界の根本原理）なので、ダーウィンが『種の起源』を発表すると、それに衝撃を受けたヨーロッパの知識人たちは、たちまち「進化」を生物の世界から人間社会に拡張しようとした。その代表がハーバート・スペンサーの社会進化論とカール・マルクスの唯物史観だ。

スペンサーは、生命が「適者生存」の原理で単純なものから複雑なものへと進化したように、人類の文明も原始的なものから高度な西欧文明へと「社会進化」したと考えた。マルクスは、人間社会は原始的な経済から封建制、資本主義を経て共産主義へと必然的に「進化」していくと論じた。

スペンサー自身は啓蒙主義の時代の自由主義者だったが、その後、適者生存が「強者＝優れた者」による「弱者＝劣った者」の支配のことだとして植民地主義や奴隷制の正当化に使われ、民族の純潔を保ち退化を防ぐために、人為的に劣った遺伝子を減らし、優れた遺伝子を増やすべきだとする優生学につながった。進化論の系譜を引き継ぐ「科学」が、二〇世紀の負の歴史を生み出したことは否定できない。

人種差別やホロコーストが生々しい傷として残る七〇年代の西欧社会で、人間の本性は遺伝的だと主張したウィルソンはあまりにも政治的にうぶだった。その結果、穏健なリベラリスト（自由主義者）だったウィルソンは、南部のアラバマに生まれたというだけで、奴隷制復活を目論む人種差別主義者と罵られることになった。

ウィルソンの社会生物学を「遺伝決定論」「遺伝子還元主義」としてPCの立場から激しく批判したのは、遺伝学者のリチャード・レウォンティンと古生物学者のスティーヴン・ジェイ・グールドだった。奇しくもこの三人は同じハーヴァード大学の教授で、レウォンティンを大学に招くよう教授会を説得したのはウィルソンだった。

論争は当初、ウィルソンとレウォンティンを中心に行なわれたが、その後、グールドが進化をテーマにしたサイエンスエッセイでベストセラーを連発し、『利己的な遺伝子』のリチャード・ドーキンスを批判するようになると、注目はグールドとドーキンスに集まることになった。

グールドが二〇〇二年に死去するまで四半世紀もつづいた論争の経緯は研究者によって詳細にまとめられているので、ここで繰り返すことはしない。いまになって振り返れば、それはかなり空しいものだった。

グールドは現代の進化論（ネオダーウィニズム）を適応万能主義の遺伝決定論だと批判したが、そのような主張をする進化生物学者はウィルソンをはじめ一人もいなかった。彼らはただ、ヒト以外の生き物と同様に、ヒトの行動や生態も遺伝の影響を受けているという当たり前のことをいっただけだ（もっとも、「一般に思われているより遺伝の影響はずっと大きい」とは主張した）。それに対してグールドは、自然選択と適応だけでは進化のすべてを説明することはできないとして、断続平衡説や歴史の偶発性、外適応などの新奇な概念を駆使し、生物学に全体論と多元主義を取り入れようとしたが、それらの理論はいまではまったく相手にされなくなってしまった（一部、主流派の進化論に吸収されたものもある）。

誰が真理の側に立つのか？

社会生物学論争の〝最大の事件〟は、一九七八年にワシントンで行なわれたシンポジウムで起きた。そこでウィルソンとグールドが討論することになっていたのだが、国際人種差別反対委員会（ＩＮＣＡＲ）なる団体が「人種差別主義者ウィルソン、逃げられないぞ、われわれはお前をジェノサイドの罪で糾弾する！」と叫びながらその会場に押しかけてきたのだ。

その当時は「反対する者にも表現の自由は与えられるべきだ」とされていて、司会者が二分間の演説の約束で彼らを壇上に上げた。するとメンバーの一人（若い女性）が水差しを取り上げ、ウィルソンの頭に水を浴びせかけたのだ……。

ウィルソンと並んでＰＣ派の標的にされたのが、カリフォルニア大学のロバート・トリヴァースだった。

トリヴァースは、性の進化は子に対する親の投資で説明できるとして、子育てをするのは「投資額」が大きいからだと論じた。その論理によれば、受精から出産まで九カ月もかかり、生まれてから二年ちかく授乳が必要で、その後も親が世話をしなければ生きていけないヒトの赤ん坊は、生き物のなかでも例外的に巨額の投資を必要とする。親が子どもを愛するのは、進化によってこの投資に見合う子育てをするよう適応したからなのだ。

PC派は当然、トリヴァースのこうした主張にも激しく反発し、「レイシスト(人種主義者)」と罵った。トリヴァースは人種についてなにひとつ語っていないばかりか、武装闘争によって黒人差別とたたかうブラックパンサー党の党員だったにもかかわらず。社会生物学論争に参加した科学者たちのなかでトリヴァースこそが、(差別に反対するという意味で)もっとも過激なPCであることは間違いなかった。だが彼は、社会生物学を擁護して敢然とPC派を批判した。なぜなら、それが「科学的真理」だったから。

けっきょく、グールドなどのPC派は科学ではなく、「政治的に正しい生物学」を求めただけだった。論争も後期になると、進化生物学の研究者たちから膨大な研究や実験データが反論として出されるようになり、科学のレベルでそのエビデンスに対抗することが不可能になっていった。グールドが論文を書かず、エッセイに論争の場を移していったのはこれが理由だ。ずっと前に決着はついていたにもかかわらず、グールドの名声によって空しい罵り合いがえんえんとつづくことになった。

だがそれでも、社会生物学論争にもそれなりの意味はあった。科学と(エセ)道徳が対立したときに、誰が真理の側に立つのかがはっきりしたからだ。

6―原始人のこころで二一世紀を生きる

ここでかんたんなクイズを二つ出そう。

「テーブルの上にA、K、4、7と書かれた四枚のカードが置かれています。カードの裏にも、同じようにアルファベットと数字が書かれています。このとき、〝母音の裏には必ず偶数がある〟というルールが成り立っているかどうかを確かめてください。ただし、カードは二枚しかめくれません」

すぐに解けたひとは、授業で論理学を習ったばかりかもしれない。これは対偶を知っているかどうかを調べる問題だからだ。

〝PならばQである〟という肯定式と、その対偶である〝QでないならばPでない〟という否定式は常に真偽が等しい。出題は「表が母音なら裏は偶数」だから、その対偶は「裏が偶数でないならば表は母音ではない」で、これはすなわち「表が奇数なら裏は子音」のことだ。このルール（命題）が成り立っているかどうかは、母音の〝A〟をめくって裏が偶数であること（肯定式）と、奇数の〝7〟をめくって裏が子音であること（否定式）を調べればわかる。

では次のクイズ。

「あなたは居酒屋の店員で、四人の若者を接客しています。このうち二人は年齢が一八歳と二一歳だと知っていますが、なにを頼んだのかはわかりません。残りの二人はコーラとビールを注文しましたが、年齢は知りません。このとき、店長から〝未成年者に酒を飲ませてはいけない〟といわれたらあなたはどうしますか？　ただし、確認できるのは二回までとします」

これは、すこし考えれば誰でも正解にたどり着けるだろう。ビールを飲んでいる客が成人しているかどうかを調べ、一八歳の若者がなにを飲んでいるかを確認すればいいだけだ。コーラを飲んでいる客の年齢を調べたり、成人している客の飲み物をチェックしてもなんの意味もない。

ところでこの二つのクイズは、実はまったく同じ形式になっている。〝ビールを飲んでいいのは二〇歳以上だけ〟という肯定式の対偶は、〝二〇歳未満ならビールを飲んではならない〟という否定式だから、ビールを飲んでいる客の年齢と、二〇歳未満の客の飲み物を調べればいいのだ。

だが「居酒屋問題」に即答できたひとも、抽象度の高い論理クイズには戸惑ったはずだ。なぜ同じ形式の問題にもかかわらず、ひとつはかんたんで、もうひとつは難しいのだろうか。

それはわたしたちの脳＝こころが、進化の過程のなかでいろいろなプログラムを組み合わせてきたからだ——このように考えるのが進化心理学で、その代表的な研究者であるレダ・コスミデスとジョン・トゥービーの夫婦はともにロバート・トリヴァースの教え子だ。進化心理学は進化生物学の直系で、進化論のこころへの拡張なのだ。

裏切り者感知プログラム

ぼくたちは、進化論とは「キリンの首はなぜ長いのか」とか、「ミツバチはなぜ8の字ダンスで仲間に蜜の場所を教えられるのか」といった〝生き物の不思議〟のことだと思っている。ヒトの進化を語る場合でも、「ギックリ腰や四十肩は四つ足歩行から無理に二足歩行に移行した後遺症だ」とか、「異常に発達した脳を収容するために赤ん坊の頭蓋骨が大きくなって、出産が大変になった」とか、からだの仕組みの話をすることが多い。これはもちろん進化論の一部でじゅうぶん面白いけど、進化心理学者はもっと過激な主張をした。彼らはこういったのだ。

ヒトのからだが進化によってつくられたのと同じように、わたしたちのこころや感情も進化によって生まれた。

ヒトの歴史を振り返れば、二〇〇万年の石器時代があり、一万年前に農耕が始まって文明が興った。ヒトは動物のなかでも長命で世代交代に二〇年もかかるから、遺伝子の大半はいまでも石器時代からほとんど変わっていないはずだ。

ヒト以前には、チンパンジーやボノボ、ゴリラ、オランウータンたちと祖先を共有するさらに長い時代があった。こうしたサル目（類人猿）にも感情（喜怒哀楽）があるのだから、ヒトはそれをも引き継いでいるはずだ。

進化心理学は、ヒトは「進化適応環境（ＥＥＡ／Environment of Evolutionary Adaptedness）」に最適化されていると考える。

こころはブロックを積み重ねたようなもので、このブロック（モジュール）には、そのときどきのＥＥＡ（環境）に合わせたプログラムが組み込まれている。

びっくりすると飛び上がる（血中のアドレナリン濃度が急上昇し、心拍数と血圧が上がり、全身の筋肉が緊張して臨戦態勢になる）というのはものすごく古いプログラムだ。こうした原始的なものから始まって、脳は進化の過程でだんだんと新しいブロックを足していって、もっと複雑な環境にも適応できるようになった。それが石器時代に最適化されているとすれば、ぼくたちは原始人のこころを持ったまま二一世紀を生きていることになる（農耕が始まってから一万年のあいだに脳が進化したかどうかには議論がある）。

ヒトは石器時代からずっと、集団の中で暮らしてきた。利己的な人間の集団に秩序をもたらすには、ルールに違反した裏切り者を素早く見つけて処罰しなければならない。こうして脳は、進化の過程の中で〝裏切り者感知プログラム〟を高度化させてきた。

「居酒屋問題」は、〝ビールを飲んでいいのは二〇歳以上だけ〟というルールがあって、それに違反している者を見つけるというゲームだ。ぼくたちは論理学や対偶などなにひとつ知らなくても、石器時代のプログラムを起動させることで、「裏切り者」をたちまちのうちに探し出すことができる。

ところがカードの問題は、直感的には「裏切り者探し」だとわからないようになっているから、ちがうプログラムを使わないと解くことができない。このモジュールは脳のもっと新しい部分（大脳皮質の前頭葉）にあって、学習などの訓練がないとうまく動かせない。同じ形式の問題でも、無意識のうちに二つの異なるプログラム（モジュール）を起動させるから、ひとつは解けてもうひとつは解けないという不思議なことが起こるのだ。

「愛の不毛」にも理由がある

泣く、笑う、怒るなど、ひとはいろんな感情を持っている。進化心理学では、こうした感情も進化の過程でつくられ、遺伝的にプログラミングされていると考える。

これは一見、奇異な理屈のように思えるかもしれないが、証明するのはかんたんだ。文明とこれまでいちども接触のない伝統的社会（未開社会）のひとたちに、いろんな顔写真を見せてみればいい（七〇年代まではこうした社会がかなり残っていた）。彼らはいともかんたんに、悲しんでいる、喜んでいる、怒っているなど、見たことも会ったこともない白人や黒人の感情を言い当てた。これは、感情がヒトに共通の遺伝的プログラム（ヒューマン・ユニヴァーサルズ）だからだ。——共通するのはヒトだけではない。チンパンジーは地位が上の相手にへつらうときに歯ぐきを見せる。笑顔はここから生まれたのだ。

進化心理学は、こころの謎に迫るものすごく強力な武器だ。でもぼくたちは、まだこの〝大量破壊兵器〟とどのようにつき合えばいいのかちゃんとわかっていない。現代の進化論には、愛情や友情や自己犠牲など、ひとびとが大切と考えるものを根こそぎにして、身も蓋もない「利己的な遺伝子」に還元してしまう冷たさがある。〝リベラル〟なグールドが死ぬまで進化生物学や進化心理学を認めなかったのはこれが理由だ。

進化論的にいえば、愛は異性とセックスをして子孫を残すためにつくられた感情だ。突然変異で愛のない人間が生まれたとしても、異性を獲得できなければ子どもが生まれないのだから、その遺伝子は後の世代には伝わらない。愛は生殖機会を増やすから、遺伝子の生き残り競争に勝てたのだ。

こうした進化心理学の説明は、反発しつつも多くのひとが同意するだろう。だが、ほんとうに不愉快になるのはここからだ。[*9]

男と女では生殖機能がちがう。男の場合は、精子の放出にほとんど労力（コスト）がかからないが、女性は、受精から出産までに九カ月もかかり、無事に子どもが生まれたとしてもさらに長い授乳期間が必要になる。子どもをつくるときの〝投資金額〟がオスとメスでかけ離れているとき、進化論は最適な生殖戦略が性によって異なるはずだと予想する。

ローコストの男がより多くの子孫を残そうとすれば、できるだけ多くの女性とセックスすればいい。すなわち、乱交が進化の最適戦略だ。それに対してハイコストの女性は、

＊9—この話は拙著『（日本人）』（幻冬舎）でも書いたので、既読の方は読み飛ばしてください。

セックスの相手を慎重に選び、子育て期間も含めて男性と長期的な関係をつくるのが進化の最適戦略になる。セックスだけして捨てられたのでは、子どもといっしょに野垂れ死にしてしまうのだ。

男性は、セックスすればするほど子孫を残す可能性が大きくなるのだから、その欲望に限界はない。一方、女性は生涯に限られた数の子どもしか産めないのだから、セックスを「貴重品」としてできるだけ有効に使おうとする。

これまで人類は、文学や音楽、映画などで男と女の「愛の不毛」を繰り返し描いてきた。しかし進化心理学は、恋人同士がわかりあえない理由をたった一行で説明してしまう。すなわち、「異なる生殖戦略を持つ男女は〝利害関係〟が一致しない」のだ。

こんな話を聞かされても、たいていのひとは「人間とほかの生き物はちがうよ」と一笑に付すだろう。でも、ほんとうにそう言い切れるのだろうか。

じつは、男と女の「愛」のちがいは大規模な社会実験によって繰り返し証明されている。それは、世の中に同性愛者がいるからだ。

同性愛者は愛情（欲望）の対象が異性愛者とは異なっていて、男性同士あるいは女性同士でパートナーをつくる。だが彼らの行動が異性愛者とちがうのは相手の性別だけで、「愛し方」はまったく変わらない。――異性愛の男性は生殖能力の高い若い女性に魅かれるが、ゲイ（男性同性愛者）も自分より若い男性を求める。異性愛の女性は（地位とカネがあれば）年上の男性ともつき合うが、レズビアンにはこうした傾向は見られないからより〝純粋〟ともいえる。

地域や文化に関係なくなぜ一定数の同性愛者がいるのかはまだわかっていないが[*10]、性に関する感情もモジュール化されていて、同性愛者はパートナー選択のプログラムだけが異性愛者と異なるのだと考えられている。だとすれば、同性の恋人同士の間には生殖戦略のちがいが存在しないはずだから、お互いの利害が一致した〝純愛〟が可能になるはずだ。

よく知られているように、ゲイとレズビアンの愛情やセックスのあり方は大きく異なっている。

ゲイはバーなどのハッテン場でパートナーを探し、サウナでの乱交を好む。エイズが流行する前にサンフランシスコで行なわれた調査では、一〇〇人以上のセックスパートナーを経験したとこたえたゲイは全体の七五％で、そのうち一〇〇〇人以上との回答が四割ちかくあった。彼らは特定の相手と長期の関係を維持せず、子どもを育てることにもほとんど関心を持たない。

＊10―近年になってゲイ（男性同性愛）に遺伝的な背景と進化論的な理由があることが解明されてきた。詳細は拙著『もっと言ってはいけない』（新潮新書）参照。

それに対してレズビアンのカップルはパートナーとの関係を大切にし、養子や人工授精で子どもを得て家庭を営むことも多い。レズビアンの家庭は、両親がともに女性だということを除けば（異性愛者の）一般家庭と変わらず、子どもたちはごくふつうに育っていく（母子家庭の子どもよりも社会的に成功する比率が高い）。一方、高齢のゲイ同士のカップルというのはほとんどなく、養子をとることもないので、人生の最後は孤独にさいなまれるのだという。

ゲイとレズビアンのカップルは、なぜこれほどまでに生き方がちがうのか。進化心理学だけが、この問いに明快な答を与えることができる。ゲイの乱交とレズビアンの一婦一婦制は、男性と女性の進化論的な戦略のちがいが純化した結果なのだ。[*11]

旧石器時代のダイエット

進化論はそのパワー（説明能力）がとてつもなく強力なので、それに触れたひとをきれいに二分する。「そんな〝科学〟は認めない！」と頭から拒否するひとがいると思えば、その恐るべき力に圧倒されて、世の中のすべてを進化論で解釈しようとするひとたちもいる。

子どもたちに大人気の「妖怪ウォッチ」では、朝寝坊も女の子に振られたのも、イヤなことはすべて「ようかいのせい」だ。進化論はこれに似たところがあって、デートをすっぽかしたり、大切な仕事の締め切りを守れないことも、買い物で借金が雪だるま式に増えていくことも、妻にウソをついて会社の若い女の子に手を出すことも、すべて「いでんしのせい」なのだ。

進化論の誤用の典型は、「トヨタの遺伝子」や「進化したサッカー日本代表」のような使い方だ。すっかり日常語になっているが、組織に遺伝子はないし、進化は進歩や成長のことではない。

こうした乱用の例を挙げれば切りがないが、ここでは日本でも大流行している糖質オフダイエットを取り上げよう。

血糖値が上昇すると、それを下げるためにインスリンが放出され、余った糖を脂肪に変える。体重が増えるのは脂肪がつくからで、やせるには糖分を控えればいいというのが従来のダイエットの常識だった。

なぜこのような仕組みになっているかというと、石器時代は食糧事情がきびしく、ヒトは常に半飢餓状態に置かれていたからだ。とりわけ脳のエネルギーとなり、栄養を脂質として蓄えられる糖は稀少で、ヒトもサルも甘いものを見つけるとできるだけ多く食

＊11―スティーブン・ピンカー『人間の本性を考える――心は「空白の石版」か』（NHKブックス）

べるように進化してきた。砂糖を美味しく感じるのは、こうした進化のプログラムがあるからだ（石器時代の人類は満ち足りた暮らしをしていたとの説もあるが、だったらなぜ甘味を極端に好むようになったかを説明できない）。

だが実際には、甘いものを控えるだけではほとんどダイエット効果がなかった。その謎を解いたのが医師のロバート・アトキンスで、一九六〇年代に、自身のダイエット体験から、砂糖だけでなく炭水化物も制限する方法を提唱した。アトキンスは、炭水化物は糖質と食物繊維でできているのだから、炭水化物の摂取は砂糖を食べるのと同じだと考えたのだ。

その後、一九七五年に医師のウォルター・ヴェグトリンが『ストーン・エイジ・ダイエット』でアトキンスのダイエット法に進化論的な根拠を与えた。炭水化物は、主に米、小麦、トウモロコシなどの穀物から摂取する。農耕以前の石器時代には、人類は大量の穀物を入手することはできず、狩猟採集で得た果物やナッツ、肉・魚などを食べていたのだから、ヒトの遺伝的体質はそれに最適化されているにちがいない。すなわち、炭水化物の大量摂取は一万年前から突然始まった異常な食生活なのだ。

日常に侵食する進化論

現在では、ストーン・エイジ・ダイエットは旧石器時代（Paleolithic）から「パレオダイエット」と呼ばれ、アメリカで熱狂的な支持者を増やしている。彼らはパレオ（旧石器時代）こそが人間のもっとも〝自然〟な姿だと考え、狩猟採集の時代に近い食生活や日常生活を目指している。パレオでは入手が難しかった炭水化物や糖類を避け、肉や魚などのたんぱく質と、野菜や果物を大量に食べるのだ。

日本ではこれまで、太るのは摂取カロリーが消費カロリーより多いからだとされていた。食事を減らし摂取カロリーを少なくして、運動で消費カロリーを増やせば誰でもやせるのだから、これが間違っているわけではない。問題は、モデルや芸能人、スポーツ選手のような体重管理が成功に直結する職業でもないかぎり、きびしいダイエットを続けられないことだ――美味しいものは身のまわりにたくさんあり、それを食べれば幸福な気持ちになれるのだから。

ところが糖尿病患者の食餌療法として糖質制限が導入され、患者の体重が大きく減ると、「糖質オフ」がダイエット業界に注目され、ここ数年はアメリカに劣らぬ大ブームになっている。「炭水化物は人類を滅ぼす」とか、「原始人と同じ生活をしよう」と主張する本が書店に並ぶのもアメリカと同じだ。

どの食品が血糖値を上げるかはかんたんに調べることができ、白米やうどん、食パンなど精製された米・小麦が白砂糖と同様の効果を持つことは間違いない（だから白いごはんは美味しい)。それに対して玄米や黒パンなど精製されていないものは、消化によって糖質に分解するまで時間がかかるからそれほど血糖値を上げない。アルコール類ではビールや日本酒は糖度が高く、焼酎やウイスキーは糖度が低い。

生ビールの一気飲みや牛丼の一気食いは血糖値を急上昇させ、満腹感と満足感が同時に得られるが、こうした食生活が健康によくないことはいうまでもない。イモ類も炭水化物で糖質が多く、これがポテトチップスやフライドポテトなどのジャンクフード／ファストフードが好まれる理由だ。その意味で、糖質制限が間違っているわけではない。

問題は、パレオ派が極端な自然至上主義に陥っていることだ。これは「自然(ナチュラル)であることが素晴らしい」というある種の宗教(カルト)で、かつては過激なベジタリアンがその典型だったが、いまや旧石器時代が目指すべき「自然」になり代わった。

パレオ派は、マラソンやジョギングなどの運動も否定する。旧石器人は、意味もなく四〇キロも走ったりしなかったからだ。パレオ派の生活は、日の出とともに目覚め、日がな一日動き回り、暗くなると眠るというものだ。夜行性の動物が活動する夜は危険なので、旧石器人は夜更かしなどしなかった。[*12]

だがちょっと考えればわかるように、旧石器時代と現代ではあまりにも環境が異なり、パレオの暮らしをすることなど不可能だ。鶏や牛、豚などの家畜は交配(遺伝子操作)

によって〝自然〟では生存できない動物になっている。野菜や果物も同じで、一万年前のリンゴはミニトマトくらいの大きさだった。

それに、パレオ派のいうように農耕以降の生活が〝自然〟に反する異常なものだったとしても、人類はそれで一万年以上、ちゃんと生きている（おまけに平均寿命も大幅に伸びている）。そう考えれば、旧石器時代が健康にいいとはとうていいえない。

けっきょくパレオ生活とは、暴飲暴食せず、油ものやジャンクフードを避け、玄米や黒パンなど精製度の低い穀類と適量の野菜・果実・肉・魚を食べ、早寝早起きをしてこまめに身体を動かす、という常識的な健康法になってしまう。しかしこれではインパクトがないので、進化論の「権威」をマーケティングに利用して消費者を駆り立てているのだ。

現代の進化論はものすごく強力な説明原理で、そのうえ相対性理論や量子力学とちがってぼくたちの生活に直接かかわってくる。ここでは糖質オフダイエットを例にあげたが、そもそも「なぜダイエットに失敗するのか」ということがいまでは進化論で説明されている。食欲はヒトのもっとも根源的な欲望で、石器時代には食べなければ死んでしまうのだから、意志の力で生存への欲望を抑えつけることなどできるわけはないのだ。[*13]

*12―マーリーン・ズック『私たちは今でも進化しているのか？』（文藝春秋）

さらに進化論は、行動経済学やビッグデータ（3章）、脳科学（4章）と結びついて、強力なマーケティング技術を生み出すようになった。企業は利益の最大化を目指しているだけだとしても、そうした個々の営業努力の積み重ねである（複雑系としての）市場では、進化の過程でつくりあげられた脳のプログラムを利用して、利益率の高い（高カロリー低コストの）食品が大量販売され、次にその罪悪感をあおることでダイエット食品を売りつけ、最後には進化論的に正しいダイエット法を解説した本がベストセラーになるのだ。*14

糖質オフダイエットの流行は、現代の進化論が日常を侵食する時代の象徴なのだ。

＊

NHKの人気番組「ダーウィンが来た！」のように、日本では進化論が「生き物の不思議」「自然の驚異」として楽しまれている。アメリカには進化論そのものを「聖書に書いてない」という理由で拒絶するひとがものすごくたくさんいることを思えば、この〝啓蒙度〟の高さは素晴らしいことだ。

だが現代の進化論は、生き物の不思議に驚くだけでなく、その不思議の背後には単純な規則があり、それは数学的に記述できると考える。これは巨大な〝知のビッグバン〟だけど、社会生物学論争を見ればわかるように、一部のひとたちは（スティーヴン・グールドのようなきわめて知的なひとまでもが）「道徳的に間違っている」として否定しようとした。それは、進化生物学や進化心理学が突きつける「科学的真実」がきわめて不愉快だからだ。

ぼくたちは、この〝知のパラダイム転換〟をどのように受け止めればいいのだろうか。

ここでもういちど、マンデルブロ集合を思い出してほしい。それはきわめて単純な規則から生み出される、ものすごく複雑で魅惑的な図形だ。それと同じように、進化がコンピュータで解析できるような単純なアルゴリズムだとしても、その単純なルールからは目くるめくような多様性と驚くべき数々の物語が生まれる。

現代の進化論が、自然や社会やこころの謎をものすごい勢いで解明していることは間違いない。だがそれでも、複雑で多様なこの世界は常に、ぼくたちに未知の驚きを与えてくれるのだ。

＊13―ロイ・バウマイスター／ジョン・ティアニー『WILLPOWER　意志力の科学』（インターシフト）
＊14―マイケル・モス『フードトラップ　食品に仕掛けられた至福の罠』（日経ＢＰ社）

ブックガイド

現代の進化論については、専門家によるすぐれた入門書がたくさん出ている。進化生物学では長谷川眞理子『進化とはなんだろうか』（岩波ジュニア新書）、進化心理学では長谷川寿一、長谷川眞理子『進化と人間行動』（東京大学出版会）、進化論全般については佐倉統『進化論という考えかた』（講談社現代新書）に必要なことはすべて書いてある。

現代の進化論を代表する啓蒙家リチャード・ドーキンスの著作では、サイエンスライター吉成真由美編集の『進化とは何か』（ハヤカワ・ノンフィクション文庫）が入門書として最適。その後は、代表作『利己的な遺伝子』（紀伊國屋書店）から順に読んでいってもいいし、『ドーキンス自伝Ⅰ　好奇心の赴くままに──私が科学者になるまで』（早川書房）や『祖先の物語──ドーキンスの生命史』（小学館）など最近の著作から遡ってもいいだろう。ドーキンスのライバルだったスティーヴン・ジェイ・グールドは、五億年前のカンブリア紀の不思議な生物たちを紹介した『ワンダフル・ライフ──バージェス夏岩と生物進化の物語』（ハヤカワ・ノンフィクション文庫）が代表作。

進化生物学のパイオニアたちの著作も主要なものは翻訳されている。そのなかでもっともお薦めなのはロバート・トリヴァースが学部生向けに書いた『生物の社会進化』（産業図書）。多数の図版（残念ながら白黒写真）を駆使して現代の進化論の説明能力の高さを存分に見せつける。数学が得意なひとはジョン・メイナード＝スミスの『進化とゲーム理論──闘争の論庫）がある）。

ていくことがわかるだろう（数式を使わずに書いた入門書としては『生物学のすすめ』〈ちくま学芸文

理』『進化遺伝学』（いずれも産業図書）を。生き物の生態が単純な規則で見事に解き明かされ

彼らが巻き込まれた騒動の詳細は、当時、ハーヴァード大学の大学院生だったウリカ・セーゲルストローレが『社会生物学論争史――誰もが真理を擁護していた』（みすず書房）としてその経緯をまとめている。二巻本だが、個性的な登場人物が次々と現われて活劇のように面白い。論争のきっかけをつくったウィルソンがたんなる〝被害者〟ではなかったこともわかるだろう。

吉川浩満『理不尽な進化――遺伝子と運のあいだ』（朝日出版社）は、グールドとドーキンスの論争を題材に、現代の進化論がどれほど〝スゴい〟かを論じたとても面白い本。さらに興味のあるひとはダニエル・C・デネットの大著『ダーウィンの危険な思想――生命の意味と進化』（青土社）に挑戦してほしい。進化心理学のわかりやすい入門書としては、スティーブン・ピンカー『人間の本性を考える――心は「空白の石版」か』（NHKブックス）を挙げておく。

ここで「動物行動学者」竹内久美子についても言及する必要があるだろう。

一九八〇年代から九〇年代にかけて、進化生物学や進化心理学を日本に広めたのが『浮気人類進化論――きびしい社会といいかげんな社会』（文春文庫）など竹内の一連の著作で、週刊誌の連載も人気を博した。だがこれらの著作は、現在では「進化論の乱用」としてきびし

い批判にさらされている。

動物生態学・比較生態学の泰斗、伊藤嘉昭は『新版　動物の社会――社会動物学・行動生態学入門』(東海大学出版会)で、竹内の著作を「世界で一番大胆といえる社会生物学の悪用」として以下のように述べている。

「竹内はこれらの本(『浮気人類進化論』など)で自分を「動物行動学の一学徒」と称し、社会生物学の普及とある側面の発展で功績のあったR・ドーキンスの『利己的な遺伝子』の説を採用するならば、男の浮気は当たり前だから「お偉方に複婚(特に一夫多妻)の合法化を提案してもらう」(『そんなバカな!』)とか、福祉は「〈子だくさんを望む〉〈貧乏人の〉遺伝子をふやす」だけだから悪である(同上)とか、「特権階級は……最高で最善のシステム」だから「君主制が絶対正しいと私は思う」(『男と女の進化論』)などと書き散らしている。

竹内は、京大大学院にはいたものの、そこが中心だった日本動物行動学会で発表したことは一度もなく、研究論文も全く書いていないと思われるので、動物行動学者とはとうていいえない。そして社会生物学の理論をねじまげ、全く反対のことまでいう」

これは学者としてはきわめて異例の、罵詈雑言にちかい批判だ。伊藤がここまで書いたのは、竹内が日本の動物行動学の草分けで、瑞宝重光章を授与された京都大学の日高敏隆の門下生で、多くの共著を出していることから、専門家・研究者が日高に遠慮して「進化論の乱用」を指摘できないことに危機感を抱いたからだろう。

竹内は進化論を「悪用」して、一夫多妻制や福祉制度廃止、君主制待望など独自の政治イデオロギーを展開した。これは、現代の進化論が「右派」の主張と重なる部分を持つことを示している。その一方で、伊藤の批判の背景には明らかに「一夫一妻制」や「民主政」が正しいというリベラルなイデオロギーがある。竹内が反論すればきわめて興味深い論争になったかもしれないが、沈黙を守ったことで、現在はアカデミズムの世界では彼女の著作は存在しないものと扱われている。

3

ゲーム理論

7──合理性とＭＡＤ

一九六二年一〇月一六日の朝、ホワイトハウスで新聞に目を通していたジョン・Ｆ・ケネディ（ＪＦＫ）は、安全保障担当の大統領補佐官から緊急の連絡を受けた。ソ連がキューバに、核弾頭を搭載できるミサイルを持ち込んでいるというのだ。ソ連共産党のフルシチョフ第一書記からは、「キューバにミサイルを配備しない」との親書がケネディ宛に届けられていたにもかかわらず……。

このときから米ソの緊張は一気に高まり、世界は核戦争の瀬戸際まで追い詰められた。現在ではアメリカだけでなく旧ソ連側の資料も公開されているが、このとき両国首脳はいずれも、核を使用せざるを得ない状況を覚悟していた。

自然界や人間界で起こるさまざまな相互作用（対立と協調）を数学的なゲームとして説明するゲーム理論は、そのとてつもなく強力な説明能力で現代の知の風景を一変させた。このキューバミサイル危機は、ゲーム理論における「チキンゲーム」の格好の教材となった。

人類滅亡ゲームのはじまり

〝チキン〟はアメリカでは臆病者を意味する俗語だ。不良同士の喧嘩でビビった方が「チキン野郎」としてバカにされる。

ジェームズ・ディーンが主演した一九五五年のアメリカ映画『理由なき反抗』には、崖に向かってフルスピードで車を走らせる不良たちのチキンゲームが出てくる。ジェームズ・ディーンは崖の手前で飛び降りるが、相手の不良はジャケットがシフトレバーにからまって車ごと崖から転落してしまう。

キューバ危機は、ケネディとフルシチョフが〝人類の生存〟を懸けたチキンゲームだった。なぜこんな愚かしい（本来なら〝気狂いじみた〟という表現が適切だが、この言葉は「政治的に不適切」とされている）ことが起きたのか。「それは、アメリカもソ連も合理的（理性的）だったからだ」というのが、ゲーム理論の答だ。

当代最高の知性が狂気へと突き進んでいく経緯を語る前に、現代史をざっと振り返っておかなくてはならない。

広島と長崎に投下された原子爆弾は核兵器の恐怖で全世界を震撼させた。そのすさまじい破壊力を目の当たりにしたソ連は、核で武装しなければアメリカに支配されてしまうと考えた。アメリカも当然、このことはわかっていたから、より強力な核兵器を開発して軍事的優位を保とうとした。こうして一九五二年に人類初の水爆実験が行なわれ、すでに原爆実験に成功していたソ連も翌五三年、これにつづいた（その後の検証で真の水爆ではないとされているが、当時はソ連がアメリカに追いついたと信じられていた）。

水爆という〝最終兵器〟を手に入れると、次は米ソのミサイル開発競争が激化した。五七年にソ連が人工衛星スプートニク一号の打ち上げに成功し、核兵器を爆撃機に搭載するのではなく、核弾頭を積んだロケットを敵国に撃ち込めることを示した。ソ連に先行されたアメリカも五九年に大陸間弾道ミサイル（ＩＣＢＭ）を実戦配備し、これによって世界は「核の傘」に覆われることになった。キューバ危機が起きた一九六二年には、米ソ両大国は世界の大半を破壊しつくすのにじゅうぶんな核とＩＣＢＭを保有していた。――ソ連の核ミサイルはアメリカだけでなく、米軍基地のあるヨーロッパ諸国や日本をも標的にしていた。

アメリカとソ連という超大国が核兵器を持ってにらみあう状況は「相互確証破壊 Mutual Assured Destruction」と呼ばれた。これは、どちらか一方が先制核攻撃をしても、核による報復攻撃を招き、最終的には双方が完全に破壊されることが確実な状況のことで、頭文字をとってＭＡＤと呼ばれた。ゲーム理論では、現在の戦略をどちらも変更する余地がない（ちがうことをやろうとするともっとヒドいことになる）状態を「均衡」

という。米ソの冷戦とは、MAD（狂気）による均衡のことだった。

キューバ危機では双方がシグナリングに失敗したことでこの均衡が揺らぎ、ケネディとフルシチョフは望んでもいないチキンゲームへと追い立てられていった。

シグナリング

ゲーム理論でのシグナリングとは、相手に自分の意図を（言葉ではなく）シグナルで伝えることだ。就職活動において、学歴や資格で「自分は高い能力を持っている」という情報（シグナル）を送るようなケースをいう。

ポーカーは五枚の手札でハンド（役）の強さを競うカードゲームで、最強のロイヤルストレートフラッシュから同じ数字の札が二枚揃っただけのワンペアまで九つの役がある。プレイヤーは自分の手札を見て賭け金（ベット）を増やしたり、ゲームから降りたりするのだが、面白いのはブラフ、すなわちウソが認められていることだ。

典型的なブラフは自分の手札が弱いにもかかわらず強気で賭け金を吊り上げることで、これを見て他のプレイヤーがドロップ（棄権）すれば場の賭け金はすべて手に入る。これは偽のシグナリングによって有利な状況をつくり出そうとする戦略だ。

ポーカーでは、自分の手札がいいときでもそれを正直にシグナリングしない。確実に負けるとわかれば、相手は賭け金を積み上げる前にさっさと棄権してしまうだろう。ロイヤルストレートフラッシュが揃っても表情を変えず、ブラフに失敗して降りたくても降りられなくなったように見せかけて、他のプレイヤーの賭け金を最大にするようにもっていくのがポーカーの達人なのだ。——そもそもゲーム理論は、天才フォン・ノイマンがブラフを含む複雑なポーカーゲームを数学的に分析しようとして考え出したのだった。

キューバ危機の前に、アメリカとソ連はどのようなシグナルを送りあっていたのだろうか。

一九五三年に独裁者スターリンが死去すると、熾烈な権力闘争を経て、現実主義者のニキータ・フルシチョフが最高権力者（共産党中央委員会第一書記）の座を射止めた。ソ連を対独戦勝利へと導いたスターリンは、秘密警察（ＫＧＢ）が国民を監視し、政敵を一人残らず流刑・粛清するグロテスクな強制収容所国家を生み出した。フルシチョフはスターリンの個人崇拝と独裁を批判し、ソ連の指導者としてはじめてアメリカを公式訪問するなど、冷戦下の「雪どけ」を演出した。

だが一九五六年、ハンガリー全土で言論の自由や民主化を求めた民衆のデモが起きると、フルシチョフは態度を豹変させ、首都ブダペストにソ連軍の戦車が侵攻して民主派を弾圧、傀儡政権を樹立した（この戦闘でハンガリー人一万七〇〇〇人が死亡し、二〇万人ってこの危機を見事に回避した。

が難民となって亡命した）。これは、ソ連の影響下にある東ヨーロッパで民主運動はいっさい認めないという断固たる意思表明で、欧米諸国もこれを追認した（というか、東側の出来事になんの関心も抱かなかった）。

一九六一年にケネディが四三歳で米国大統領に就任したとき、米ソ外交の懸案は、アメリカの裏庭カリブ海で起きたキューバ革命と、旧ドイツ帝国の首都ベルリンの扱いだった。ベルリンは東ドイツ内に位置したが、ドイツ降伏時に米英仏が市の西側地区を占領したため、ソ連（東側地区）との共同統治になっていた。だがこの〝抜け穴〟を利用して年間数万から数十万人の東ドイツ市民が西ドイツに亡命するようになり、ソ連は反発を強めていた。

西ヨーロッパでは、「ソ連はいずれ武力で西ベルリンを占領する」との悲観論が大勢だった。アメリカは「西ベルリンへの武力侵攻はアメリカへの攻撃と見なす」と警告し、〝世界最終戦争〟はベルリンから始まるとの恐怖が高まっていた。だがフルシチョフはケネディ就任直後の六一年八月、西ベルリンを壁で囲い込み東側から分断する奇策によってこの危機を見事に回避した。

危険なギャンブル

フルシチョフがベルリンで大きな外交成果をあげたのと逆に、ケネディは就任直後のピッグス湾事件によっていきなり窮地に立たされた。

フロリダの南一五〇キロに位置するキューバは、一九〇二年にスペインの植民地からアメリカの援助によって独立したものの、実際にはアメリカの「属国」扱いで、製糖や葉巻など主要産業は米国資本に支配され、マフィアがカジノを経営し、米軍はグアンタナモ湾を永久租借して海軍基地を置いた。軍事クーデターによって権力を握ったバティスタ政権は独裁と腐敗の典型だったが、アメリカ政府はキューバでの権益を守るためにバティスタを支持し、民衆の反米感情を放置した。こうして一九五九年一月、フィデロ・カストロやチェ・ゲバラによる武力革命でキューバは「解放」されることになる。

アメリカの裏庭で起きた革命に対し、フルシチョフのシグナルは「米国の軍事介入を黙認する」というものだった。これはもちろん、ハンガリーの民衆蜂起に戦車を送り込んだからで、米軍のキューバ侵攻を非難すれば自らの手足を縛ることになってしまう。

ところが当時のアイゼンハワー大統領は軍の投入を嫌い、亡命キューバ人を傭兵として送り込み、カストロを打倒してアメリカの傀儡政権を樹立するという陰謀にのめり込んだ。ケネディが大統領に就任したとき、この作戦計画はすでに軍と政府のあいだで合意されており、覆すことはできなかった。こうして六一年四月、ピッグス湾にキューバ人傭兵部隊が上陸するが、わずか三日間の戦闘でキューバ革命軍に撃退されてしまう。このピッグス湾事件のみじめな失敗によって、フルシチョフは若いケネディを〝チキン〟だと考えるようになる。

キューバのカストロはもともと共産主義革命を目指していたわけではなく、当初はアメリカとの友好関係を望み、新政権の承認を求めていた。だがアイゼンハワーがこれを拒み、ケネディがピッグス湾事件を起こすと、急速にソ連への傾斜を強め、フルシチョフに対して核兵器の配備を求めるようになる。

その当時、中距離弾道ミサイル（ＩＲＢＭ）のトルコへの配備をめぐって米ソの角逐が起きていた。黒海に面したクリミア半島のセヴァストポリを拠点とするソ連海軍が地中海に出るにはイスタンブール沖のボスポラス海峡を通らなくてはならず、トルコにとってソ連の南下は常に大きな脅威だった。そのためトルコはアメリカの核兵器を進んで受け入れ、ソ連の反発にもかかわらず核ミサイル基地の建設が強行されたのだ。

フルシチョフはこれを、ソ連がキューバに核兵器を配備したとしても、米国はこれを容認するとのシグナルだと考えた。ソ連側の状況認識では、アメリカの無謀な核戦略によりＭＡＤ均衡は崩れかけており、キューバにミサイル基地を建設することでその均衡が回復されるのだ。

このように、ケネディとフルシチョフがお互いのシグナルを誤って解釈したことで、キューバへの核兵器搬入という危険なギャンブルが始まった。

コミットメント

ゲーム理論において、シグナリングと並んで重要なのがコミットメントだ。ポーカーで毎回ブラフをかけるような戦術は、たちまち誰からも信用されなくなってしまう。それに対して、「強い手のときにしか勝負しない」との評判が確立していれば、相手はブラフを信用して降りるだろう。これがコミットメントで、「どんな犠牲を払っても実行する」と信じさせることだ。

キューバでのソ連の活動を警戒したケネディは、「米本土に到達する長距離ミサイルの配備は認めない」と繰り返し表明していた。だがフルシチョフは、このシグナルにはコミットメントがないと考えた。ケネディは〝チキン〟なのだから、極秘裏にミサイル配備を完了してしまえばなにもできないだろうと見下されたのだ。

アメリカがソ連の抗議を無視してトルコに核ミサイルを配備したように、キューバが承認している以上、当時の国際法に照らしてソ連がキューバに核ミサイル基地を建設することは完全に合法だった。カストロはフルシチョフに対し、核の配備を公表するよう強く求めたが、フルシチョフは先に既成事実をつくる戦略を選んだ。この判断が正しかったかどうかは歴史家のあいだでも議論があるが、これによってケネディに「だまし討ち」との非難を許し、交渉において劣勢に立たされることになったのは間違いない。

キューバ危機に直面したケネディ政権のスタッフは、弟のロバート・ケネディが当時三六歳、国防長官のロバート・マクナマラが四六歳、大統領補佐官のマクジョージ・バンディが四三歳で、彼らは「ベスト・アンド・ブライテスト（@デイヴィッド・ハルバースタム）」と呼ばれる神童の集まりだった（マクナマラは弱冠四四歳でフォード・モーター社長、バンディは三四歳で史上最年少のハーヴァード大学学部長に就任していた）。彼らはこれがチキンゲームであることと、自分たちには先に車から飛び降りる選択肢がないことを理解していた。

軍部の強硬派は、奇襲攻撃でキューバのミサイル基地を破壊すべきだと主張した。ケネディも当初は軍事行動もやむなしと考えていたものの、スタッフたちとの議論のなかでこの提案を却下する。

理由のひとつは道義的な問題で、宣戦布告なしにキューバを攻撃すれば、真珠湾攻撃と同じになってしまう。米国は日本をだまし討ちと非難し、国民も太平洋戦争は正当な報復だと信じていたが、この「正義の物語」が大きく傷つくのだ（キューバがアメリカの施設を攻撃していない以上、宣戦布告はできなかった）。

もうひとつは軍事上の理由で、空軍からは、空爆だけでキューバ各地に配備されているミサイルすべてを破壊することは困難との報告があがってきた。そうなると陸軍をキューバに上陸させなければならず、紛争がエスカレートして収拾がつかなくなる恐れがあった（実際、米軍が上陸作戦を強行すれば、劣勢のソ連守備隊は戦術核兵器を使用する予定だった）。

ケネディ政権が抱えていた問題は、軍事行動なしで、（アメリカ側には先に車から飛び降りる選択肢はないという）コミットメントをフルシチョフに明確に伝えるにはどうすればいいか、というものだった。そこで彼らは、ふたつの戦略を組み合わせた。

ひとつはケネディが国民に向かってテレビ演説し、キューバにソ連が核ミサイルを秘密裏に運び込んでいることを知らせるとともに、キューバの核がアメリカの安全を脅かすような事態はぜったいに認めないと約束することだった。大統領が国民にコミットメントし退路を断ったことで、フルシチョフはケネディが〝チキン〟になる望みはないと認めざるをえなかった。

それと同時にケネディは、当初の措置として、キューバに向かうすべての艦船を「隔離」すると宣言した。これは「海上封鎖」のことだが、これでは戦争行為になってしまう。そこで「隔離」という曖昧な言葉を使うことで、アメリカ側からは紛争を拡大するつもりがないとのメッセージを伝え、退く機会をフルシチョフに与えたのだ。

ソ連の艦船は公海上を航行しているのだから、隔離（という名の海上封鎖）は明らかな国際法違反だ。そこでケネディ政権は、キューバを除く北中米、南米、カリブ海諸国で構成される米州機構（ＯＡＳ）の緊急会合を開催した。ＯＡＳにはアメリカに批判的な（キューバに同情する）加盟国もあったが、これらの国を含め全会一致で隔離が支持されたことで、アメリカはかろうじて正当性を確保した。――誰も核戦争の引き金を引きたくなかったのだ。

それに加えてアメリカに有利だったのは、国連のウ・タント事務総長がフルシチョフに対し、アメリカがキューバに軍事侵攻しないと約束することと引き換えにミサイルを撤去するよう求めたことだった。

ケネディが米国民にコミットメントしたことで、アメリカ側に妥協の余地がないことが明らかになった。だとすれば、核戦争の危機を回避するにはソ連が譲歩する以外にはない。もともとキューバは、アメリカの軍事攻撃を防ぐために核ミサイル配備を求めたのだから、アメリカがキューバの国家転覆工作を放棄すればミサイルを保有する理由もなくなるというのは、誰が考えてもこの問題の唯一の落としどころだった。

国連事務総長の提案は、フルシチョフにとっても渡りに船だった。ケネディに対し「地対地ミサイルあるいは攻撃用兵器を配置することはない」と再三にわたって約束していたことは否定できず、交渉は最初から不利な立場に置かれていた。だがこれで、「核戦争を避けるという全世界の願いにこたえてミサイルを撤去する」という大義名分が立つようになったのだ。

こうして一〇月二六日、フルシチョフはケネディに対し、アメリカによる海上封鎖は「死ぬ前に全世界を滅ぼし、破壊することを望んでいる狂人か自殺者」のやることだと非難しつつも、「米国大統領がキューバ攻撃に加わらず、封鎖を解除する保証を与え」ることを条件にキューバ内の核兵器を撤去するとの書簡を送った。

だが、これで一件落着というわけにはいかなかった。ロバート・ケネディが「最悪の一日」と述懐するほんとうの危機が、この直後にやってきたのだ。

人類滅亡寸前

翌二七日、最初の書簡から一二時間後に、フルシチョフから新たな書簡が送られてきた。

この第二の書簡をめぐって、ケネディ政権は大混乱に陥った。そこには、ソ連がトルコの内政に干渉しないと約束することと引き換えに、トルコにあるアメリカの核ミサイルを撤去せよとの条件が加えられていた。

ケネディ政権のスタッフたちには、フルシチョフがわずか半日で態度を変えた理由がわからなかった。政変によって、ソ連軍部の強硬派が実権を握ったという最悪のケースまで検討された。もしそうなら、戦争を覚悟しなければならない。

新たな提案は、きわめて悩ましいものだった。その頃には原子力潜水艦に核ミサイルを搭載できるようになっており、トルコのミサイル基地は無用の長物になっていた。それが撤去できなかったのは、ソ連に対する抑止力の象徴としてトルコが存続を求めたためだった。

だがアメリカは、安易にソ連の要求に応じることはできなかった。フルシチョフの脅迫に屈してトルコの防衛を放棄したとなれば、NATO（北大西洋条約機構）が崩壊する恐れがあったからだ。その一方で、新提案を拒否すればソ連に妥協の余地がなくなるかもしれない……。

現在では、この第二の書簡もフルシチョフの発案だったことがわかっている。もともとケネディ政権内では、キューバのミサイル撤去と引き換えにトルコのミサイルを撤去するとの妥協案が検討されていた（西ベルリンを放棄する案まであった）。それを受けてホワイトハウス関係者（これが誰かはわからないが、おそらくはロバート・ケネディ）がソ連のエージェントに情報を流し、相手の意図を探ろうとした。フルシチョフはその報告を受けて、トルコのミサイル撤去を交換条件にしてもケネディは断れないだろ

う と考え直したのだ。

フルシチョフの二通目の書簡に加えて、この日には北極圏上にいた米軍の偵察機が誤ってソ連領内に侵入し、ソ連の戦闘機がスクランブル発進するという事件が起きた。さらに、キューバのミサイル基地を撮影していた偵察機一機が所定の時間になっても帰還しなかった。

ケネディ政権は、米軍機がキューバ上空で撃墜された場合は報復の空爆を行なうと決めていた。いまや、この軍事作戦を実行するかどうかの判断も求められていた。

このとき〝ベスト・アンド・ブライテスト〟が考えついた戦略はきわめて巧妙なものだった。ケネディはキューバへの報復は行なわず、回答の困難な二通目の書簡を無視して、一通目の書簡に対してその提案を受け入れるとフルシチョフに伝えた。それと同時にロバート・ケネディをソ連のエージェントに接触させ、三年以内にトルコのミサイルを撤去するという密約を提案したのだ。

キューバ上空の米軍偵察機の撃墜は、フルシチョフにとっても予想外のことだった。事態がエスカレートすることを恐れ、高高度の偵察機に発砲しないよう命令していたからだ。

現在ではこの事件は、地対空ミサイル発射台のソ連人指揮官（大佐）の独断によるものだったことがわかっている。偵察機の機影をとらえた大佐は司令部の判断を仰いだが、駐留ソ連軍総司令官と連絡がとれず、ミサイル基地が撮影されるより撃墜したほうがマシだと判断したのだ（事件後、この大佐はキューバ政府から戦争英雄の勲章を授与されている）。

こんどはフルシチョフが疑心暗鬼になる番だった。この撃墜をアメリカ側が意図的なものだと判断すれば、報復の空爆を決行するかもしれない。戦争を避けるには、ケネディの密約を受け入れ、キューバのミサイルを撤去する以外にもはや選択肢は残されていなかった。

事態がどれほど切迫していたかは、フルシチョフがケネディに書簡を送るだけでなく、その内容をモスクワ放送を通じて発表するよう命じたことからも明らかだ。フルシチョフは、ケネディが返信を受け取る前にキューバへの攻撃を命じるかもしれないと恐れたのだ。

＊

こうして、全世界を賭け金にした〝チキンゲーム〟は終わった。

世界がまだ存続しているのは、アメリカとソ連の指導者が理性的な合理主義者として戦争を避けようと努力したからであり、いくつかの偶然に助けられたからでもあった。キューバ革命の指導者カストロは、アメリカの植民地になるくらいなら自国を核の戦場にしようと決意しており、米ソが全面核戦争に突入して人類が滅亡することになってもかまわなかった――カストロがこのように考えていたことも、現在ではフルシチョフとの書簡などから明らかになっている。

キューバ危機のソ連側の主役であるフルシチョフは六四年に失脚し、モスクワ郊外の別荘で軟禁生活を送ったあと七一年に病死した（享年七七）。生前に、共産党の反対を押し切ってアメリカで回顧録を出版している。

アメリカ大統領ジョン・ケネディはキューバ危機の翌六三年一一月二二日にテキサス州ダラスで暗殺された（享年四六）。弟のロバート・ケネディは兄の遺志を継いで民主党の大統領指名候補選に出馬したが、一九六八年六月、遊説先のロサンゼルスで暗殺された（享年四二）。

フルシチョフとの〝チキンゲーム〟に勝ちキューバのミサイルを撤去させたことで、ケネディはピッグス湾での失敗を挽回し支持率を大きく回復させた。ケネディ政権の副大統領でのちに大統領になったリンドン・ジョンソンは、その功績を高く評価して〝ベスト・アンド・ブライテスト〟のスタッフをほぼそのまま留任させた。

彼らによって、アメリカはベトナム戦争の泥沼へと引きずり込まれていくことになる。

「合理性への信仰」の時代

第二次世界大戦が終わり、世界の中心がヨーロッパから米ソ両超大国に移ると、「合理性への信仰」の時代がやってきた。

ソ連は人類史上はじめて「科学的社会主義」を掲げて誕生した人工国家で、中央指令型計画経済が資本主義市場経済を乗り越えると宣言した。マルクス経済学によると、私的所有が資本と労働を分離したことで資本による労働の搾取が起こり、この矛盾が本来の生産力を大きく毀損していた。社会主義革命によって私的所有を廃止すれば、資本と労働のあいだの矛盾は解消され、生産力の爆発的な拡大がはじまるのだ――ぜんぶウソだったけど。

とはいえ一九五〇年代まではスターリンの恐怖政治の実態もよくわかっておらず、人工衛星スプートニクを打ち上げたり（一九五七年）、ガガーリンが人類史上初の有人宇宙飛行を成功させたりしたこともあって（一九六一年）、ソ連の〝科学的〟な政治・経済体制はけっこううまくやっていると思われていた。アメリカで一九五〇年代に赤狩り＝マッカーシズムの嵐が吹き荒れたのは、ソ連の脅威がとてつもなく大きかったからだ。

そのアメリカでも、ソ連以上に科学と合理主義がもてはやされた。その大きな理由は、政治家・知識人から国民までが「第二次世界大戦では科学の力がファシズムを打ち倒した」と信じていたことだ。

連合軍は積極的に科学者に協力を求め、その技術や知識を戦略・戦術に活用した。ドイツの潜水艦Uボートの攻撃から輸送船を守るにはどのように護送船団を組めばいいか、日本の都市を爆撃・破壊するもっとも効率的な方法は何かが数学的・統計学的に解析され、そこからオペレーションズ・リサーチという科学的意思決定モデルが誕生した。しかしなんといっても決定的なのは原爆の開発で、この〝超未来兵器〟によってアメリカ軍兵士を犠牲にすることなく日本に壊滅的な打撃を与え、戦争を終わらせたのだ（と誰もが信じていた）。

「半神半人」と呼ばれた男

数学者ジョン・フォン・ノイマンと経済学者オスカー・モルゲンシュテルンによる大著『ゲームの理論と経済行動』（ちくま学芸文庫）が一九五三年に発売され、専門書としては異例のベストセラーになったのはこんな時代背景があった。*15

成功したユダヤ人銀行家の長男として一九〇三年にハンガリーの首都ブダペストで生まれたノイマンは、幼い頃からずば抜けた記憶力を持つ神童として知られていた。

ノイマン家ではホームパーティの余興に、ジョニー（ノイマンはこう呼ばれていた）に電話帳を使った芸をさせた。客が電話帳のページを適当に選ぶと、ジョニーはそれを二、三回読んで客に返す。たったそれだけで、客が名前を読み上げると電話番号を正確に答えることができた。

後年、ある人物がこの伝説的な記憶力を試そうと、チャールズ・ディケンズの『二都物語』の冒頭部分をいってみてくれと頼んだところ、ノイマンは即座に第一章を暗唱しはじめ、もういいというまで一〇分か一五分暗唱しつづけた。夫人は、「夫は昼食になにを食べたかは思い出せなかったけれど、一五年前に読んだ本を一言一句思い出すことができました」と証言している。

ノイマンは「コンピュータの父」とも呼ばれ、プログラムをデータとして記憶装置に格納し、順番に読み込んで実行する計算機（ノイマン型コンピュータ）の開発を手がけたが、彼自身が人間計算機だった。ある日、コンピュータの試作品に「二を次々と累乗していったとき、その結果出た数のうち右から数えて四番目がはじめて七になるのは何乗のときか」という問題をやらせてみた。実験に立ち会った助手によると、ノイマンはコンピュータと同時にこの計算にとりかかり、先にさっさと答を出してしまった。

ノイマンはプリンストン高等研究所やランド研究所、ペンタゴンや原爆開発のマンハッタン計画などさまざまな学術・政府機関に招聘されたが、そのすべてで生きた伝説と

＊15―ノイマンがポーカーからゲーム理論を思いついたのは一九二八年で、その論文を読んだモルゲンシュテルンが経済学に応用できると考え、共著を完成させたのが一九四四年。一九五三年版はその第三版だった。

なり、同僚たちから「フォン・ノイマンは人間ではない。人間について詳しく研究し、人間を完全に真似ることができた半神半人だ」といわれた。

当時、プリンストン高等研究所には相対性理論のアインシュタインや数論理学の金字塔・不完全性定理を導き出した数学者クルト・ゲーデルなどがいたが、ノイマンはこうした孤高の天才とは異なり、大のパーティ好きで、下品なジョークを飛ばし、ゲームやオモチャに目がなく、「愉快なジョニー（Good Time Johnny）」と呼ばれていた。そしてなぜか、いつも銀行家のようなスーツを着て、胸ポケットからハンカチをのぞかせていた。

ノイマンは一九五七年、わずか五三歳でがんによって死亡するが（原爆実験の際の被曝が原因ともされる）、その影響力は死の直前まで絶大で、病院のベッドはこの天才から対ソ戦の戦略を聞こうとする国防長官や米軍幹部たちに囲まれていたという。[*16]

ジャンケンに必勝法はあるのか？

ノイマンとモルゲンシュテルンの『ゲームの理論と経済行動』が大評判になったのは、著者たちが目論んだ「経済問題の数学的定式化」に読者が興味を持ったからではなく、「戦略」を数学的に解析する方法を期待したからだ（ポーカー必勝法が書いてあると思ったひとも多かったらしい)。

ゲーム理論では、利害関係のある相手と取引する状況を「戦略的環境」とし、そのなかで最適な戦略はなにかを考える。これが「均衡」で、そこでは「自分も相手も現状より多くを獲得することができない」という意味でお互いに満足している。――自分だけが最適で相手が満足していないなら、相手はちがう戦略をとろうとするから均衡しないのだ。

ここで注意しなければならないことが三つある。

ひとつは、均衡は平等とはかぎらない(というか、不公平なことの方が多い)ということだ。相手が圧倒的に強いなら、奴隷のように扱われても我慢しなければならない。そんな人生は不満だろうが、死ぬよりはマシでほかに選択肢がないのなら、ゲーム理論的にはちゃんと均衡しているのだ。

ふたつめは、均衡がみんなにとって最適になるとは限らない、ということだ。これが有名な囚人のジレンマで、二人のプレイヤーが利己的に最適な戦略をとるとヒドいことになってしまうのだが、この話は5章に回そう。

＊16―ウィリアム・パウンドストーン『囚人のジレンマ――フォン・ノイマンとゲームの理論』(青土社)、エド・レジス『アインシュタインの部屋――天才たちの奇妙な楽園』(工作舎)。マンデルブロがノイマンの最後のポスドクだったことは先に記したとおり。

三つめは、どんなゲームにも必ずひとつは均衡があるし、複数の均衡があることも多い、ということだ。均衡がなければ永遠に不安定なままで、そんな状況はちょっと考えづらいから、「どんなゲームもいずれは落ち着くところに落ち着く」というのは直感的にも理解できるだろう。だが、「複数の均衡」とはいったい何だろう。

じつはチキンゲームにも複数の均衡があるのだが、その前にもっとかんたんなジャンケンで頭の体操をしておこう。

ジャンケンは、（いずれは）どちらかが勝ってどちらかが負けるゼロサム（勝ち負けを足すとゼロになる）ゲームだ。しかし誰でもわかるように、確実にジャンケンに勝つ唯一の戦略（これを「純戦略」という）はない。――グーばかり出していれば、相手はパーを出すようになるだろう。

ジャンケンでは、①相手がパーならチョキを出す、②相手がチョキならグーを出す、③相手がグーならパーを出す、という三つの戦略がある。だったら、グー、チョキ、パーをどんな順番で出せばいいんだろう。

ゲーム理論では、確率的にしか戦略を決められないことを「混合戦略」という。証明は省略するけど、ジャンケンの場合、最適な混合戦略はグー、チョキ、パーを三分の一ずつランダムに出すことだとわかっている。

ランダムというのは三つを順番に出すことでもなければ、「グーを二回続けたから次はパーにしてみる」ことでもない。手元にサイコロを用意しておいて、「一か二が出たらグー」「三か四が出たらチョキ」「五か六が出たらパー」と決めておき、サイコロの目のとおりに機械的にプレイすることだ。もしかしたらグーが五回続くことがあるかもしれないが、それはそれでかまわない、というのが「ランダム」の意味だ。――ジャンケンの回数が増えれば結果的にグー、チョキ、パーは三分の一ずつになるだろうが、どのような配分になるかは事前にはわからず、運を天に任せるしかない。

混合戦略がスゴいのは、相手がちがう戦略（ちょっとチョキを多目に出すとか）をとった場合、最初は勝負が拮抗するかもしれないが、長期的には確実に勝てることが数学的に証明されていることだ。もちろんジャンケンを何百回もするひとはめったにいないだろうが、スポーツの場合、混合戦略が使える場面はけっこうある。

直球とカーブの二種類を投げるピッチャーがいるとしよう。バッターは、次にどちらの球が来るかを予想して待ち構えている。このときは、ピッチャーが直球とカーブを二分の一ずつランダムに投げ分けるのが最適な混合戦略だ。実際はピッチャーの球種はもっと多いし、高め、低め、外角、内角のコースもあれば、三回はボールにする（ストライクゾーンの外に投げる）こともできるからもっと複雑だが、コンピュータを使えば「数学的に正しい」ピッチングが計算できるだろう。

もっとわかりやすいのが、テニスのファーストサーブを左右どちらのコートに打つか、だ。

右に打てば相手のフォアハンド、左に打てばバックハンドだとすると、バックハンド側を狙った方が勝率は高そうに思えるが、当然、相手もそれを読んでリターンエースを狙うだろう。この場合も、右と左をランダムに二分の一ずつにする混合戦略がゲーム理論的には最適解だ。

だが、数学的に正しいからといって、テニスプレイヤーはほんとうにそんなことをしているのだろうか。それを実際に調べてみた研究者がいる。

素人は、自分が得意な方ばかり狙ったりするから、ぜんぜん最適戦略にはなっていない。プロでもランキングが下の方だとやはり二分の一にはならない。ところがトッププロだけに限定すると、ゲーム理論どおり、ちゃんと左右に半分ずつ打ち分けているのだ。――ただし、完全にランダムとはいえなかった。コイン投げのようなランダムな結果と比べると、「二回右に打ったら次は左」というように、同じ方向が続くことが少なく前回の結果に影響されていた[*17]（この話はあとでもういちど出てくるから覚えていてほしい）。

ナッシュ均衡

それではいよいよ、キューバ危機のチキンゲームを読み解いてみよう。

図12―MAD均衡の利得表

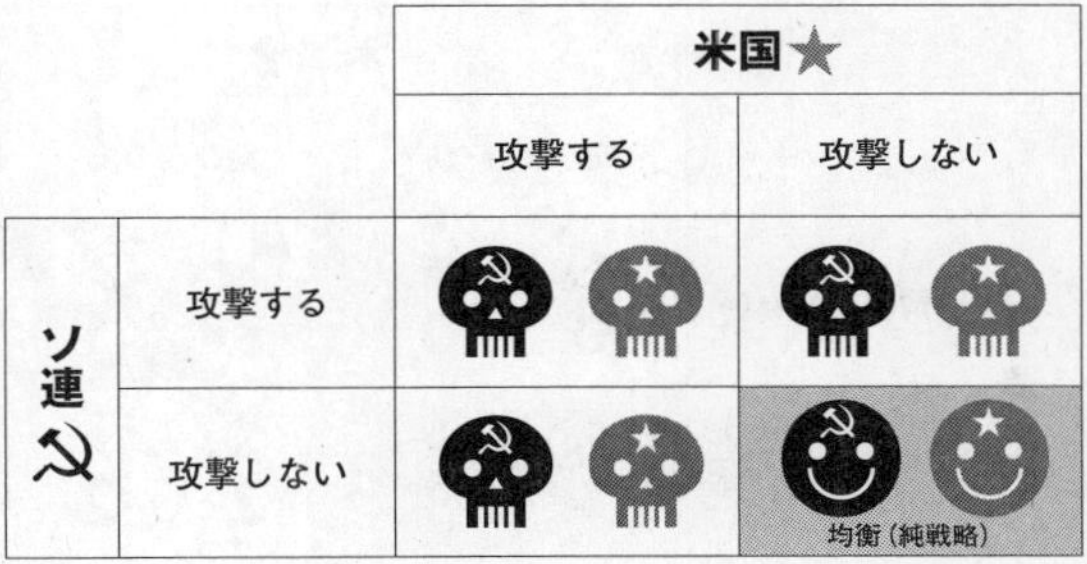

米国★
攻撃する
攻撃しない
ソ連
攻撃する
攻撃しない
均衡(純戦略)

まずは相互確証破壊のMAD均衡。図12は利得表と呼ばれる戦略図で、一対一のゲームでは図の左側(横列)と上側(縦列)にプレイヤーを置き、左側のプレイヤーのポイントを先(左)に、上側のプレイヤーのポイントを後(右)に書く。ふつうは数字で表わすが、わかりやすいようにイラストにしてある。

核兵器を保有する両超大国には「攻撃する」「攻撃しない」の二つの選択肢があり、この組み合わせでぜんぶで四つの戦略ができる。図を見ればわかるように、どちらも「攻撃」を選べばお互いに何百発もの水爆を打ち合って国民の大半が死亡する(おそらく人類も絶滅する)。

だったら、自分だけ先制攻撃して相手が攻撃しない、という戦略はどうだろう。「相互確証破壊(MAD)」とは、こういう都合のいい話がないことを

*17―川越敏司『行動ゲーム理論入門』(NTT出版)

図13—チキンゲームの利得表

		米国★	
		飛び降りない	飛び降りる
ソ連☭	飛び降りない	☭ 0　★ 0	☭ 3　★ 1　均衡
	飛び降りる	☭ 1　★ 3　均衡	☭ 2　★ 2

あらかじめはっきりさせておく（コミットメントする）ことだ。先に攻撃しても相手は確実に報復してくるのだから、その結果はやはり絶滅だ。

そう考えれば、ＭＡＤには「どちらも攻撃しない」というたったひとつの均衡（純戦略）しかないことがわかるだろう。これが「核の恐怖による平和」だ。

では次に、チキンゲームの利得表を見てみよう（図13）。こちらは両者の利得を数字で表わしている。「利得ってなに？」と疑問に思う人がいるだろうが、ここでは（自分にとっての）都合のよさの順番だと考えてほしい。

最低なのは、両者ともに車から飛び降りるタイミングを逸して崖から落ちてしまうことだから0ポイント。次に最低なのは、相手より先に飛び降りることで、生きてるだけマシとはいえるが、ゲームに負けた以上、相手のパシリ（手下）としてへいこらするしかない。だから1ポイント。

それよりも多少マシなのは、両者が同時に車から飛び降りることで、これなら生命も助かるしパシリになることもない。でも考えてみれば、状況は以前となにひとつ変わっていないのだから、怖い思いをしただけ、ともいえる。これは2ポイント。いちばんいいのは、相手よりも長くアクセルを踏みつづけ、崖の手前で飛び降りることで、ゲームに勝っていい思いができるから3ポイントだ。

このチキンゲームの利得表で、どこが均衡になるだろうか。

ここで、ゲーム理論における均衡の定義を説明しよう。それは「他のプレイヤーの戦略を所与とした場合、どのプレイヤーも自分の戦略を変更することによってより高い利得を得ることができない戦略の組み合わせ」で、このことを見つけた数学者の名前をとって「ナッシュ均衡」と呼ばれる。

ゲーム理論の金字塔となった最初の論文（「n人ゲームにおける均衡点」）を書いたとき、ジョン・フォーブス・ナッシュは弱冠二一歳で、プリンストン大学数学科の学生だった。その後、二五歳までに「交渉問題」「非協力ゲーム」「二人協力ゲーム」の三本の論文を発表し、その功績によって六六歳でノーベル経済学賞を受賞する。しかしナッシュを有名にしたのは、三〇代で統合失調症を発症し、入退院を繰り返しながら長い闘病生活を送り、六〇代になって奇跡的に回復したことだった。

精神障害による奇怪な数霊術の妄想にとらわれているあいだ、ナッシュはプリンストン大学数学部（ファインホール）とファイヤーストーン図書館の資料室に入り浸り、廊下の黒板に難解な数学を使った意味不明のメッセージを一心不乱に書いた。そこからさまざまな都市伝説が生まれ、学生たちはナッシュを「ファインホールの幽霊」「ファイヤーストーンの狂気の天才」と呼ぶようになる（大学はナッシュを終身教授にしていたから、その間も給与を払いつづけた）。

数学者としての輝かしい成功と、「幽霊」と化した絶望の日々、精神病の克服からノーベル賞受賞に至る数奇な人生はジャーナリスト、シルヴィア・ナサーの評伝『ビューティフル・マインド――天才数学者の絶望と奇跡』（新潮文庫）で描かれ、ラッセル・クロウ主演で映画化された。この映画がアカデミー賞作品賞、監督賞などを受賞したことで、それまで無名にちかかったナッシュの業績は多くのひとに知られるようになった。*18

――ちょうどこのパートを書いているとき（二〇一五年五月二三日）、ナッシュは空港から帰宅途中、乗っていたタクシーが交通事故を起こし、夫人とともに車外に投げ出されて死亡した。享年八六。

敗者しかいないゲーム

ナッシュが見つけた「ゲームの均衡」とはどのようなものだろうか。それを知るには、ゲームの利得表で自分の利得（ポイント）をよくする戦略がほかにあるかどうか調べてみればいい。

チキンゲームでは、崖に突っ込んで死んでしまうという戦略はポイント0だから、ポイント1からポイント3までのその他の戦略はすべてマシだ。だからこれは均衡解ではない。同様に、先に飛び降りるのも（ポイント1）、同時に飛び降りるのも（ポイント2）、よりマシな戦略があるのだから均衡解にならない。それに対して、相手が飛び降りてから自分も飛び降りる戦略は3ポイントゲットできるから、いずれの戦略よりも利得が大きい。だから、これがナッシュ均衡になる（プレイヤーは、それ以外の戦略に変更してもより高い利得を得ることができない）。

ところで、このように考えるのはアメリカもソ連も同じだ。だからチキンゲームには、アメリカにとっての最適戦略と、ソ連にとっての最適戦略の、二つの均衡があることになる。――いったん相手に有利な均衡が成立してしまえば、事態を改善しようとして「飛び降りない」を選択すると二人とも死んでゼロポイントになることを確認してほし

＊18―『グラディエーター』でローマの剣闘士を演じた〝肉体派俳優〟ラッセル・クロウが天才数学者を演じることに疑問の声もあったが、若き日のナッシュは「ギリシア彫刻のよう」と形容される肉体美を誇った。

い。

ここでもういちどMAD戦略の利得表を見てみよう（図12）。ここではアメリカにとってもソ連にとっても、「攻撃しない」のが最適戦略（純戦略）だった（それ以外の選択は人類滅亡なのだ）。それに対してチキンゲームは均衡が複数（二つ）あり、アメリカもソ連も自分にとっての最適戦略（飛び降りない）を選択するほかはない。だが両者が最後まで勝ちにこだわると、人類滅亡という最悪の結末が待っている。キューバミサイル危機でケネディとフルシチョフがはまり込んだのは、ゲーム理論的にはこのような状況だった。

チキンゲームに勝つにはどうすればいいのだろうか。ここで重要なのがコミットメントだ。

もしも相手が「ぜったいに先に飛び降りない」とわかっているのなら、ポイント0よりポイント1の方がマシなのだから、自分が飛び降りるしかない。すでに述べたように、ケネディは国民にコミットメントすることで、自ら退路を断ったことをフルシチョフに伝えた。人類にとって幸運だったのは、フルシチョフがこのメッセージを正確に理解できるほど「ゲーム理論的に合理的」だったことで、あとから振り返れば勝負はここで決まっていた。残されたのは、フルシチョフの面子をどうやって立てるかという裏交渉だけだ。

だがこれは、「アメリカ（ケネディ）の勝利」という話ではない。もともとMAD均衡で安定していた状態を、不安定なチキンゲームにしてしまったことが間違いなのだ。いったんチキンゲームが始まってしまえば、「必ずこうなる」という純戦略はなくなるのだから、最後は運を天に任せるほかなくなる。ゲームを始めたのはフルシチョフで、だからこそ先に降りざるをえなくなったのだが、そこまでにはアメリカとソ連がお互いに間違ったシグナルを送り、相手のシグナルを読み誤るという経緯があった。ケネディはのちに「キューバ危機に勝者はいない」と述べたが、チキンゲームを始めた時点で米ソ両国が「敗者」になったことをちゃんと理解していたのだ。

合理性の罠

――ところで、ここまでの話に納得できないひともいるんじゃないだろうか。人類を絶滅させる危険なギャンブルなんて馬鹿げている。アメリカとソ連が話し合って、核兵器をなくせばいいのに……。

たしかに、これがいちばん優れた選択肢であることは間違いない。冷戦当時もそう考えたひとはたくさんいて、米ソ両国に対して核兵器廃絶の平和運動を行なった。でも

「戦略的思考」で考えるゲーム理論家は、平和を願うひとたちに、「そんなムシのいいことは不可能だ」と繰り返し説いた。なぜなら、核兵器の廃棄をコミットメントする手段がないから。

画期的な軍縮交渉が締結され、アメリカがすべての核を処分したとしよう。だがこれは実はソ連の策略で、アメリカ全土を破壊するだけの核兵器を隠し持っていたとすると、圧倒的に有利な立場に立てる。この誘惑はものすごく大きいから、もしもソ連が合理的であれば、核兵器廃絶の約束を守ろうとは思わないだろう。もちろんソ連も、アメリカが合理的なら裏切りが最適戦略になるとわかっているから、先に核を手放そうとは思わない。その結果、世界じゅうのひとたちが核の廃絶を願って平和運動に参加したとしても、核の恐怖から逃れることはできないのだ（これはゲーム理論的には、典型的な「囚人のジレンマ」状況だ）。

たしかにここまでは、完璧に合理的な論理だ。でもそうなると、こんな疑問を感じないだろうか。

「MAD均衡で平和を維持する合理性っていったいなに？」

これは、核兵器の登場によって人類が「合理性の罠」にとらわれてしまったということでもある。MAD均衡とは、合理性がMAD（狂気）になる、ということなのだ。

8—「行動ゲーム理論」は世界の統一理論か？

ゲーム理論はポーカーの数学的分析を経済学に応用しようと始まったものだから、経済学の一分野だと思われている。でも実際には、最初に大きな影響力を持ったのは安全保障や国際関係論の学問世界だった。

ゲーム理論は米ソが核兵器を抱えて対峙する冷戦の構造を見事に説明しただけでなく、孫子の兵法やマキャベリの『君主論』、クラウゼヴィッツの『戦争論』など、古今東西の戦略書を片っ端から分析できることを示した。

孫子の兵法にある「背水の陣」は、「兵は死地において初めて生きる」という。これをゲーム理論で解釈すれば、味方に対しては「戦わなければ死ぬしかない」とインセンティブ（動機づけ）を明快にし、敵に対しては「ぜったいに後には引かない」とコミットメントする戦術だ。——このように、戦争や競争の戦略についてゲーム理論はものすごい説明能力を持っている。

一九七〇年代になると、生き物の生態がゲーム理論で読み解けることがわかってきた。

知能も感情もない生き物は進化論的に合理的な〝機械〟なのだから、「効用＝自己の遺伝子の複製」を最大化する戦略をせっせと実行しているだけだ。昆虫や魚、鳥や哺乳類、チンパンジーからヒトまで、あらゆる生き物をゲーム理論という〝統一原理〟で説明できるのはものすごい発見だった。——あまりにカゲキすぎて、この知のブレイクスルーを受け入れられないひととのあいだで社会生物学論争が起きたのは前章で述べたとおりだ。

ところが肝心の経済学においては、ゲーム理論はいまいちぱっとしなかった。サミュエルソンなどによって数理経済学が完成され、ゲーム理論を必要としていなかったということもあるが、いちばんの問題は、戦争の戦略や生き物の生態のようにはゲーム理論が圧倒的な説明力を見せつけられなかったことだ。市場取引において、プレイヤーである人間は、ゲーム理論が前提とするように常に合理的に行動するとは限らないのだ。

新車をもっとも安く買う方法

ところでなぜ、ゲーム理論は戦争の戦略には使えて、経済行為ではうまくいかないのだろうか。この疑問も、進化論的な説明が可能だ。

ひとつは、戦争は生きるか死ぬかの究極のゲームだから、冷酷かつ合理的でなければ生き残れない、ということ。でもそれよりわかりやすいのは、長い進化の過程でヒトが「権力ゲーム」に習熟しているからだろう。

このことを劇的に示したのは霊長類学者フランス・ドゥ・ヴァールで、オランダ・アーネムの動物園で暮らすチンパンジーの群れを観察し、そこで三国志やシェークスピアの史劇にも出てきそうな権力闘争が行なわれていることを報告して世界じゅうを驚嘆させた。裏切りと和解、欲望と復讐が織り成す残酷で魅力的なチンパンジーたちの政治ドラマは、これまで「人間的」とされていた要素をすべて含んでいたのだ。[*19]

チンパンジーですら「ゲーム理論的に正しい」選択ができるのなら、同じ進化の系統樹にある人間に同様のことができないはずはない。ヒトは権力ゲームの状況では、進化の過程で組み込まれたプログラムを起動させて「合理的」に行動することができるのだ。

それに対して貨幣による市場取引が始まったのは農耕開始以降で、それ以前は互酬制（親切にしてもらったらお返しをし、やられたらやり返す）による単純な交換しか存在しなかった（こうした互酬制はチンパンジーでも観察できる）。そのためヒトは、複雑な経済取引では即座に合理的な選択肢を見つけることができず、非合理的に振る舞ってしまうの

＊19―興味のあるひとはフランス・ドゥ・ヴァール『政治をするサル――チンパンジーの権力と性』（平凡社）を読んでほしい。

だ。

もっともこれは、「ゲーム理論は現実社会では無力だ」ということではない。それどころかゲーム理論は超強力なので、一定の条件を満たせばゲームの結果は完全に予測可能だ。これを「戦略を支配する」というが、そうなれば相手を思うがままに動かすことができる。

「そんなバカな」というひとのために、「新車をもっとも安く買う方法」でゲーム理論の威力を確認しておこう。

ポーカーに限らず、どんなゲームでも相手に手の内を読まれたら勝負は負けだ。ゲームの必勝法は、「自分の情報を相手に与えず、相手の情報だけを手に入れること」だ。

したがって、自分からカーディーラーにのこのこ出かけて行くのは最悪の戦略になる。ディーラーは自分の手の内を見せることなく客の情報（いくらまでなら支払う気があるか）をなんなく手に入れて、予算の上限までふっかけるだろう。

ところで、ディーラーにいっさい情報を与えずに車を買うことなどできるだろうか。次のような方法を使えば、不可能が可能になる。

まず、車雑誌やインターネットで調べて、どの車を買うかを、装備も含めてあらかじめすべて決めておく。

次に、自分が住んでいる地区のディーラーをできるだけたくさんリストアップする。

そのうえで、順番にディーラーに電話をかけ、購入したい車種と装備の詳細を伝えたあとで、次のようにいう。

「この条件でいくらなら売ってくれるのか、あなたの最低価格を教えてください。その価格を次に電話するディーラーに伝えて、すべてのディーラーのなかでもっとも安いところから購入します。なお、購入する場合はその金額にぴったりの現金しか持って行きません」

これでディーラーは、顧客の情報をなにひとつ知ることができないままに、最低価格を提示するほかなくなる。これはゲーム理論的に完全な「支配戦略」なので、ディーラーに顧客と駆け引きする余地はまったくない。[*20]

じつはこの「買い物必勝法」は、インターネットでぼくたちがいつもやっていることでもある。

パソコンを購入するときは、電器店の店員にいちいち相談するのではなく、あらかじめスペックを決めてネットの価格比較サイトなどでいちばん安い店を検索するのが当たり前になった。こうした消費者の行動は「ゲーム理論的に正しい新車の買い方」とまったく同じなので、それぞれの店は掛け値なしの最低価格を提示するしかなくなる。こう

＊20―ブルース・ブエノ・デ・メスキータ『ゲーム理論で不幸な未来が変わる！――21世紀のノストラダムスがついに明かした破綻脱出プログラム』（徳間書店）

して、ネットで価格を比較可能な商品はどんどん値下がりしていくのだ。

情報の非対称性

このように一定の条件を満たせば、ゲーム理論は経済取引を完璧にモデル化できる。困るのは、市場には理論の前提を満たさないケースがいくらでもあることだ。

数学的に完璧な「新車の買い方」も、中古車を買うときには役に立たなくなる。中古車市場では車の状態についての情報はディーラーが独占的に握っていて、買い手はディーラーが正直者なのか、事故車を高い値段で押しつけようとしているのか判断できない。これを「情報の非対称性」というが、このゲームでは最初から買い手が不利になっている。

情報の非対称性による市場の非効率は、消費者が情報を独占していて、企業がそれを知ることができないときにも発生する。

煙草を吸うと肺がんになる確率が上がるから、喫煙者は非喫煙者より生涯の医療費が高くなる。保険会社が顧客を喫煙者と非喫煙者に分ければ、煙草を吸わないひとには安い保険料で健康保険を提供できるだろう。

だが実際には、非喫煙者割引はうまく機能しない。かんたんなニコチン検査では正確な判定ができず、ネットを見れば「二週間の禁煙で検査をパスした」というような体験談がいくらでも載っている（加入の条件は一年以上の禁煙）。

偽りの告知（情報提供）で安い保険に加入した喫煙者は、煙草を止めるつもりなどないのだから、保険会社が想定する以上に肺がんの患者は増えるだろう。そうなれば保険の収支は悪化して保険料が値上げされ、非喫煙者には加入しつづける魅力がなくなってしまう。彼らが保険を解約すれば加入者は喫煙者ばかりになり、保険料はさらに値上げされることになる。これが「逆選択」で、企業が消費者の情報を正しく知る術がないと、まっとうな消費者（この場合は正直な告知をした非喫煙者）が貧乏くじを引くことになってしまうのだ。

新古典派経済学の「効率的市場」では、すべての市場参加者があらゆる情報を同時に知ることができる完全情報が前提とされてきた。しかし現実の市場には情報の非対称性が溢れているから、理論どおりにいかないことはいくらでも起きるのだ。

もっとも、ここまでならまだ従来の経済学の枠組みで対処できる。情報の非対称性を理論に組み込んでモデルを修正すればいいからだ（その功績でジョセフ・スティグリッツ、ジョージ・アカロフ、マイケル・スペンスの三人の経済学者が二〇〇一年にノーベル経済学賞を受賞した）。

ところがここに、経済学の根底を揺るがす批判が現れた。それが行動経済学だ。

不合理な選択

心理学者のダニエル・カーネマンとエイモス・トベルスキーは、新古典派の経済学が前提としている「合理的経済人」に強い不満を持っていた。市場を数学的にモデル化する際には、生産者も消費者も市場のすべての情報を入手し、あらゆる選択肢を比較検討したうえで、自らの効用を最大化するよう合理的に行動することになっている。だが心理学者でなくても、こんなコンピュータみたいな人間が現実にいないことはすぐにわかる。

これに対して経済学者は、「経済学は市場を近似的にモデル化するものだから、ひとびとがだいたいにおいて利己的で合理的な選択をしていればそれでじゅうぶんなんだよ」と反論した。そこでカーネマンとトベルスキーは、大学生を集めてさまざまな心理実験を行なって、ある条件の下ではひとは常に非合理的な選択をする（すなわち、合理的経済人という前提は近似的にも成り立たない）ことを示した。――カーネマンはこの功績によって、二〇〇二年のノーベル経済学賞を受賞している（トベルスキーは一九九六年に死去）。

行動経済学についてはすでに多くの入門書があるから、ここでは代表的なプロスペクト理論を紹介しておこう。まず、次の二つの質問を考えてほしい。

質問一　あなたには以下の二つの選択肢があります。どちらを選びますか。
選択肢Ａ　一〇〇万円が無条件で与えられる。
選択肢Ｂ　コインを投げ、表が出たら二〇〇万円が与えられるが、裏が出たら何も手に入らない。

質問二　あなたは二〇〇万円の借金を抱えています。そのとき、以下の二つの選択肢が提示されました。どちらを選びますか。
選択肢Ｃ　無条件で負債が一〇〇万円減額され、負債総額が一〇〇万円になる。
選択肢Ｄ　コインを投げ、表が出たら負債が帳消しになるが、裏が出たら負債総額は変わらず二〇〇万円のまま。

この実験はとてもかんたんなので、欧米だけでなく世界じゅうで行なわれているが、文化のちがいに関係なく、質問一では圧倒的に選択肢Ａ（一〇〇万円が無条件で手に入る）を選ぶひとが多い。ところが選択肢Ａを選んだほぼ全員が、質問二では選択肢Ｄ（コイン投げで表が出たら負債は帳消しになるが、裏が出たら借金はそのまま）を選択する。

でもこれは、「合理的経済人」の行動としてはものすごくヘンなのだ。

AからDまでの四つの選択肢は、期待値が一〇〇万円でリスクだけが異なっている。選択肢Aでは、確実に一〇〇万円が手に入る（当せん確率一〇〇％）。それに対して選択肢Bは二分の一の確率で二〇〇万円が当たるのだから、賭けの期待値は同じ一〇〇万円だが（二〇〇万円÷2）当せん確率は五〇％だ。選択肢Aと選択肢Bでは期待値に損得はないから、リスクを避けたいひとは確実な一〇〇万円を選ぶだろうし、ギャンブルを好むひとは二〇〇万円が手に入るチャンスに賭けるだろう。

質問二は、「二〇〇万円の借金」という前提をいったん忘れれば、質問一とまったく同じだ。選択肢Cでは無条件で一〇〇万円が与えられ、その結果、借金が一〇〇万円に減額される。選択肢Dでは二分の一の確率で二〇〇万円が当たるから、賭けに勝てば借金が帳消しにできるし、負ければなにももらえないのだから借金もそのままだ。

このように考えると、質問一で確実な一〇〇万円を選んだリスク回避的なひとは、質問二でも確実な一〇〇万円を選択するはずだ。経済学が前提とする合理的経済人は選好（好み）が一貫していなければならないから、（かたちを変えた）同じ質問に違う答をするはずがない。だが実際には、借金の有無というくじとは無関係の条件だけで、ひとびとの選択はまったく逆のものになってしまうのだ。

進化適応環境

ひとはなぜ、このような不合理な選択をするのだろう。その理由は、彼らが質問をどう解釈したかを考えればわかる。

質問一は「利益を得る」という設定で、この場合は不確かな利益よりも確実な利益の方が価値が高い。

質問二は、二〇〇万円の負債を抱えていながら、質問一と同じく「利益を得る」状況だ。でも多くのひとは、この質問をそのようにはとらえない。無意識のうちに、「確実に一〇〇万円損するか（選択肢C）、二分の一の確率で損がなくなるか（選択肢D）の問題」と読み替えるのだ。そして多くのひとは、確実な損を嫌い、損失を解消できる可能性がある選択肢Dを好む。

ひとがこうした選好を持つ理由は、進化心理学で明快に説明できる。

進化適応環境（EEA）である石器時代には、そもそも「負債」などという概念はなかった。原始人が知っていたのは、獲得する（利益を得る）か、奪われる（損をする）かの二者択一だ。そのうえ原始時代には、富を蓄える手段がほとんどなかった。獲得するものの多くは生の食料で、たくさんあっても腐らせるだけでほとんど役に立たなかった。

大事なのは大量に獲得することではなく、確実に獲得することなのだ。

それに対して、損をする＝獲物を奪われることはただちに死を意味した。ぜったいに損をしないことが生存の条件で、万が一損をしたらただちに取り返さなければならない。そう考えれば、「生きる望み」のある選択肢Dが選好されるのは当然だ。

「プロスペクト理論」は、ひとは得をするときと損をするときで「プロスペクト（見通し）」が大きく異なることを示した。このような「非合理性」が生じるのは、進化の過程のなかで、利益を好み損を嫌うプログラムが強化されてきたからだ。

カーネマンは、ひとにはファスト思考（速い思考）とスロー思考（遅い思考）の二種類の思考経路があるという。これはかんたんにいうと、直感と理性のことだ。[*21]

スロー思考は、たとえば二桁の掛け算を暗算で解くときに必要となる能力だ。

「17×24＝?」

これを暗算しようとすると、筋肉が硬直し、血圧や心拍数が上がる。これは心理的にも生理的にも負荷が高い不快な状態だ（正解は408）。

直感的に答の出せるファスト思考はわかりやすくて快適だ（負荷が低い）。そのためひとは、直感で解くことのできない問題に遭遇したときも、不愉快なスロー思考を避けてファスト思考に頼ろうとする。プロスペクト理論は、ほとんどのひとが数学的な問題をスロー思考で考えるのではなく、ファスト思考で「損得の話」に読み換え、直感で答を出すことを示したのだ。[*22]

カーネマンとトベルスキーの行動経済学は、従来の経済学だけでなくゲーム理論に対しても重大な異議申立てとなった。ゲーム理論におけるプレイヤーは、どのような場合もスロー思考で数学的に正しい選択をし、均衡に至ることが前提とされていたのだ。

リンダ問題

ミクロ経済学は、市場参加者を家計（消費者）と企業（生産者）に分け、需要と供給から市場の構造をモデル化しようとした。それに対してノイマンとモルゲンシュテルンは、ゲーム理論を使えばこれと同じことがもっと洗練されたやり方で説明できることを示した。

ミクロ経済学では需要と供給が一致する点で価格が決まると考えるが、これはゲーム理論の均衡のことだ。すなわち、ミクロ経済学はゲーム理論によってすべて書き直すこ

＊21―ダニエル・カーネマン『ファスト&スロー――あなたの意思はどのように決まるか？』（ハヤカワ・ノンフィクション文庫）
＊22―この話は110ページの脳のモジュール性と同じで、カードを使った問題ではスロー思考が必要になるが、居酒屋での「裏切り者」探しではファスト思考が使えるのだ。

とができる。これが、「ゲーム理論が経済学に革命を起こした」といわれる所以だ。

だが行動経済学のいうようにプレイヤーの選択に一貫性がないのなら、不合理なものを数学で扱うことはできないのだから、ゲーム理論はまったく役に立たなくなってしまう。これはたしかに重大な挑戦だ。

ところで、ひとのファスト思考(直感)はほんとうに非合理的なのだろうか。ここでカーネマンとトベルスキーの提示した有名な「リンダ問題」を考えてみよう。

質問　リンダは三一歳、独身で、意見を率直に言い、また非常に聡明です。彼女は哲学を専攻していました。学生時代、彼女は差別や社会正義の問題に深く関心を持ち、反核デモにも参加していました。彼女についてもっともありそうな選択肢をチェックしてください。

選択肢
1. リンダは銀行の出納係である。
2. リンダは銀行の出納係であり、フェミニスト運動の活動家である。

この質問に対し、多くのひとが「2」と答える。だがこれは、「銀行の出納係」という集合のなかに「出納係で、かつフェミニスト」という集合が含まれるのだから明らかに間違いだ。リンダはフェミニストかもしれないし、そうでないかもしれないが、どちらの場合も「1」の集合には入るのだ。

行動経済学では、この勘違いを「ヒューリスティクス」で説明する。聞きなれない言葉だが、ヒューリスティクスは、複雑な問題を時間をかけて（スロー思考で）考えるのではなく、直感的に（ファスト思考で）瞬時に解こうとする「短絡傾向」のことだ。回答者は、質問にある「差別や社会正義に深く関心を持つ」「反核デモに参加している」という文章からリンダのひととなりを想像した。そのイメージが選択肢の「フェミニスト運動の活動家」にぴったりだったので、小学生にもわかる集合論の基本を無視して間違った答に飛びついてしまったのだ。これもまた、「合理的経済人」に対する有力な反証だとされている。

だが友人や会社の同僚と会話をする現実の状況を考えてみると、別の解釈が可能になる。

あなたが人事部の管理職で、部下から採用面接をした女性についての報告を受けたとしよう。そのときあなたが重要視するのは、「リンダの前職は銀行の出納係だった」という確実性の高い情報ではなく、「リンダはフェミニスト運動の活動家かもしれない」という確実性の低い推定のはずだ。

現実の人間関係においては、確実な情報より不確実な推定のほうが価値が高いことはいくらでもある。リンダ問題に正答できるひとは、ビジネスの現場では「使えない奴」

る、という話ではないのだ。

判断した方がうまくいくことはいくらでもある。もちろん、直感に従って大失敗することはもっとたくさんあるだろう。だからこれは、どちらが正しくてどちらが間違ってい

数学的な合理性（スロー思考）で考えるのではなく、ヒューリスティクスで直感的に

と見なされるだろう。*23

行動ゲーム理論の登場

行動経済学はしばしば「人間の不合理についての理論」だといわれる。でも実は、ひとは二つの合理性――数学的合理性と進化論的合理性――を使い分けている。

あらゆる場面で、ぼくたちは自分なりに合理的な判断をしようとしている。ただ無意識のうちにファスト思考に頼るため、行動経済学のさまざまな実験が示すように、非常にしばしば数学的合理性と乖離してしまう。

とはいえ、これは仕方のないことでもある。日常生活では、ひとは常に瞬時の判断を求められている。数学的に正しい解を見つけようといつもスロー思考を使っていたら、無限の寿命が必要になるだろう。

カーネマンやトベルスキーが行動経済学で実験したのは一種の引っ掛け問題で、現実

世界ではほとんど遭遇しないものばかりだ。そういう不慣れな状況で失敗したからといって、「合理性」をまるごと捨ててしまうのはあまりにももったいない。

不合理なものは数学的に扱うことができない。だが進化論的に合理的なら、その「合理性（数学的合理性からすると間違え方）」は一貫しているはずだ。そしてここが大事なのだけど、一貫しているものは数学的に扱えるのだ。

このようにして、ゲーム理論に大きな知のブレイクスルーが生まれた。そこではコンピュータのような超人類（合理的経済人）ではなく、進化論的には合理的だが数学的にはしばしば不合理な行動をとる、ぼくやあなたのようなごくふつうの人間をモデルに市場や経済を考える。これが「行動ゲーム理論」だ。

ここでは行動ゲーム理論のほんのさわりしか紹介できないけれど、その特徴は大きく次の三つだ。

①（従来の経済学では利己的で合理的な個人を前提とするが）市場ゲームのプレイヤーは利己的だけど限定合理的だと考える。

＊23―ゲルト・ギーゲレンツァー『なぜ直感のほうが上手くいくのか？――「無意識の知性」が決めている』（インターシフト）

② 限定合理的なプレイヤーは、常に同じ間違いをするのではなく、ゲームを繰り返すことで学習していく。

③ この学習によって、限定合理性から始めても、ゲームはひとつの均衡へと収斂していく。その均衡は、一般にナッシュ均衡と同じだ。

限定合理性はアメリカの経済学者・心理学者のハーバート・サイモンが一九四七年に唱えた概念で、人間の計算能力には限界があるのだから、すべての問題に対して効用を最大化するよう合理的に振る舞うことは不可能だ、と考える。その場合、ひとはある程度目標を達成すれば満足し、それ以上の成果を求めなくなるだろう。

この限定合理的なプレイヤーは、たとえばテニスを習いはじめた初心者みたいなものだ。誰もが錦織圭になりたいわけではないだろうが、いつまでもへたくそなままでいいとも思わない。すなわち、自分なりの目標に向けて学習するのだ。

ここで、テニスのサーブの話を思い出してほしい。サーブをどちらに打つかはゲーム理論の混合戦略で、ナッシュ均衡はコートの右と左をランダムに二分の一ずつ狙うことだった。でも実験してみると、初心者は自分の得意な方だけを狙ったりして「均衡」とはぜんぜんちがう行動をしている。これがアノマリー（異常値）と呼ばれるもので、従来のゲーム理論では上手く説明することができなかった。

だが行動ゲーム理論は、このアノマリーから出発する。それはいわば、ロールプレイングゲームみたいなものだ。

同じ方向にだけサーブを打っていれば、相手はかんたんに球筋を読んで打ち返してくるだろう。そこで、自分が苦手な方向にもサーブを打ってみる。それがうまくいけば、学習のレベルはひとつ上がる。

もちろん、逆方向にサーブを打ちつづければ、相手はすぐにそれに慣れてしまう。そこで、左右にサーブを打ち分けることを試してみる。これでまた、レベルがひとつ上がる。

そこから先は、どちらにサーブを打ち込むかの相手との駆け引きになる。このゲームを繰り返してトッププロになる頃には、二分の一の確率でサーブを左右に分散させるところまで学習が進み、ナッシュ均衡にきわめて近くなるはずだ（ただし、トッププレイヤーでも完全にランダムにサーブを打ち分けることまではできなかった）。

行動ゲーム理論では、限定合理的なプレイヤーはアノマリーから出発して、学習によってゲームに習熟しレベルアップしていくが、ナッシュ均衡に到達するとはかぎらない（その手前で満足するかもしれない）と考える。これが「ロジット均衡」と呼ばれるもので、プレイヤーのレベルに応じてゲームの均衡は複数ある。ナッシュ均衡はロジット均衡のひとつで、プレイヤーの習熟度が最大のときの均衡なのだ。

これはものすごく単純な例だけど、行動ゲーム理論が従来のゲーム理論を拡張したことがわかってもらえただろうか。そしてこれが、経済学の地平を大きく押し開くことになった。

世界はゲームの集合体

行動ゲーム理論は、ミクロ経済学やゲーム理論の成果を取り入れながら、「合理的経済人」の非現実的な前提に頼らず、実験によって確認されたさまざまなアノマリー＝進化論的合理性を取り込んで、限定合理的なプレイヤーが市場ゲームを学習していく数学モデルをつくろうとしている。

行動ゲーム理論によって書き換えられたミクロ経済学では、常に合理的に行動するわけではないプレイヤーたちが出会い、自分にとって（主観的に）もっとも有利な選択をし、さまざまなゲームの均衡で取引が成立する。市場ではこうしたゲームが無数に繰返され、それによって自生的に秩序が形成されていく。マクロ経済学における一般均衡というのは、こうした市場の自己組織化によって生まれるのだ。

もちろん市場は抽象的な空間からつくり出されるわけではない。そこでは利己性や互恵性といった人間の本性（ヒューマン・ユニヴァーサルズ）だけでなく、歴史や文化、制度といったそれぞれの社会に個別の要因も重要になるだろう。そうなると行動ゲーム理論は、社会学や文化人類学、歴史学などと融合することになる。

ゲーム理論はもともとポーカーを数学的に記述するというアイデアから始まって、それが戦争の戦略論に転用されて冷戦下で大きな影響力を持つようになり、生物学に転じて生き物の生態系を分析し、進化の謎を解く道具として使われた。そしていま、限定合理性（進化論的合理性）という現実的な前提のもとに経済学を書き換え、社会科学全般に影響力を広げようとしている。これほど分野横断的な一般性を持つ理論は、社会科学では他に類を見ない。

ゲーム理論が超強力なのは、（生き物を含む）この世界がゲームの集合体だからだ。植物も、動物も、そして人間も、与えられた条件や環境の下で、自らの能力を最大限に使って利得（遺伝子の複製だったり、子孫の数だったり、お金の量だったり、幸福だったりする）を最大化しようとさまざまなゲームを行なっている。それを現実的な設定のままモデル化できたら、人類はついに世界を統一的に記述できるようになるかもしれない。ゲーム理論は、そんな壮大な射程を持っているのだ——と大風呂敷を広げたところで、そんなにうまくはいかないという話もしておこう。

9―統計学とビッグデータ

経済学に対する根強い批判に、「予測が当たらない」というものがある。数理経済学がモデルにしているニュートン力学は、月食や日食から数百年後の惑星の軌道まで未来を正確に予測できる。ところが経済学は、この予測にこれまで繰り返し失敗してきた。

それに対して経済学者は、「経済学は占いではなく、市場の構造を分析するものだ」と反論する。市場は物理世界よりも複雑だから、因果論ではなく確率的にしか記述できないのだ。

だがこの説明も、いまではほとんど信用されなくなってしまった。マクロ経済学のすべてのモデルは世界金融危機を予見できなかったし、リーマンショック後の株価大暴落はあらゆる確率論を完膚なきまでにぶち壊してしまった。――統計的には宇宙開闢（かいびゃく）以来いちども起こらないはずのことが毎日起きたのだ。

アベノミクスをめぐる論争を見ればわかるように、マクロ経済学の大きな特徴は専門家同士が罵詈雑言を浴びせ合うことだ（ちなみにミクロ経済学ではこんなことはない）。

いうまでもなく科学に論争はつきもので、お互いに感情的になることもあるだろう。だが科学論争は、最後は実験や観察によって理論を反証できるかどうかで決着がつく。——社会生物学論争では、「政治的に正しい」科学者たちは、進化生物学者や進化心理学者が提出する膨大なエビデンスに反証できずに消え去っていった。

マクロ経済学は科学ではない

それではなぜ、アベノミクスをめぐって賢いはずの経済学者同士が口汚く罵り合っているのだろうか。この疑問に、マンデルブロならたったひと言でこたえるだろう。それは、「マクロ経済学は科学ではない」からだ。

複雑系では、ミクロな出来事が集まってマクロな組織ができると「ミクロ—マクロ問題」が生じる。原子を集めれば分子ができ、分子が集まればアミノ酸になり、アミノ酸やそのほかの化学物質から生きた細胞が生まれ、細胞が集まって脳のような複雑な器官ができ、こうした器官が集まってヒトという知的生命体ができあがる。この説明はどこも間違ってはいないが、なぜ下位の階層(スケール)から上位の階層に移行(創発)するのかを因果論で説明することはできない。なぜなら、この過程がものすごく複雑だから。

社会や経済も同様のミクロ—マクロ問題を抱えている。

市場とは、膨大な数のプレイヤーが利益の最大化を目指すゲームを行ないながら、相互にフィードバックし合う複雑な世界だ。その動きはどのような高速コンピュータの計算の限界も超えるから、市場をモデル化することは原理的に不可能だ。

このことを理解するには、株式市場を考えてみればいい。

株式取引は、ある価格に対して「売り」と「買い」（および「なにもしない」）の選択肢しかないきわめて単純なゲームだ。プレイヤーがどのように行動したかはコンマゼロ秒単位でサーバーに記録され、数十年に及ぶ取引の膨大なデータが蓄積されている。これほど科学的な検証に適した研究対象はないが、現在に至るまで誰一人として株式市場をモデル化し、将来の株価を正確に予測できたひとはいない（なぜこういいきれるかというと、もしそのような人物が存在すれば、彼は地球上の富のすべてを独占しているはずだからだ）。

ひとびとの思惑が衝突し国家（政府）が介入する市場経済は株式市場よりずっと複雑で、それを包み込む社会全体になると複雑さの度合いはさらに高くなる。もっとも分析が容易なはずの株価予測ですら、サルにダーツを投げさせるのと同じ程度にしか当たらないのだから、行動ゲーム理論によって個々のプレイヤー（個人や企業）のミクロな行動を記述できたとしても（これだけでもスゴいことだ）、複雑系の極致である市場や社会をモデル化できるわけはないのだ。

だったら、世界を知るためにどうすればいいのだろうか。

理論なしで正しい答を導く

水の分子構造を精密に記述しても、ビーカーのなかの水を熱したときの分子の位置を予測することはできない。だから水や気体の分子の運動は、一つひとつの分子の性質を帰納的に足し合わせるのではなく、全体の動きを計測する統計力学（統計物理学）によって解明されてきた。

同様に経済学においても、個人の選択（ゲーム）の集合として全体を記述できないとすると、「必要とされているのは経済版の統計力学だ」という主張が現われるのは時間の問題だった。

もちろん、経済学への統計的手法の導入はけっして目新しいものではない。それが最近になって注目されるようになったのは、テクノロジーの進歩によって大量のデータを収集し、瞬時に解析することが可能になったからで、これがいわゆる「ビッグデータ」だ。

統計学の最大の特徴は、理論がなくても正しい答を導けることだ。

一九世紀初頭には、出産直後の女性が高熱を発して死んでいく産褥熱が大きな社会問題になっていた。ハンガリー出身の医師イグナッツ・ゼンメルワイスはウィーンの産院で詳細な統計調査を行ない、検死解剖室を出てきたばかりの医師見習いが診察した女性の死亡率がきわめて高く、診療所の医師や看護師が患者を診る前に塩素入り石灰水で手を洗うと死亡率は一二％から二％に急激に下がることを発見した。

こうした統計データからゼンメルワイスは、妊婦の生命を奪う恐ろしい病が感染すると考えた。これが一八四〇年代で、ロベルト・コッホが細菌（炭疽菌）を発見したのは一八七六年だから、ゼンメルワイスはなぜ手を洗うと病気が防げるのかを理論的に説明することはできなかったが、それでも統計から正しい答（手を洗う）を見つけ出したのだ。

ところが当時の医師たちは、科学的な根拠がないとしてゼンメルワイスの提言を拒否したばかりか、彼をクビにしてしまった。医師が患者を殺している、と批判されたと思ったのだ。偉大な発見をしたにもかかわらず、ゼンメルワイスは神経衰弱を病み、精神病院で四七歳の生涯を閉じた。[*24]

統計学の考え方は、現在でもこの時代と変わっていない。統計データの解析からまず正解を発見し、なぜそうなるのかの理論はあとで考えればいいのだ。

大相撲の八百長を見破る

統計学を経済学に応用して手品のようにさまざまな〝真実〟を発見してみせたのが、アメリカの経済学者スティーヴン・レヴィットだ。レヴィットの名は、大相撲の八百長を統計学的に予測してみせたことで日本でも知られるようになった。

レヴィットは、八番以上白星を上げれば（勝ち越せば）番付が上がるという大相撲のルールに注目した。七勝七敗の力士にとっては千秋楽の一番に勝てるかどうかは大問題だが、八勝六敗とすでに勝ち越しを決めている力士はそうでもないだろう。だとすれば、八百長によって星を売買する経済的なインセンティブが働くはずだ。

そこでレヴィットは、千秋楽に七勝七敗の力士と八勝六敗の力士、および九勝五敗の力士が対戦した数百番の取組を調べてみた（千秋楽に一〇勝以上あげている力士は、技能賞や敢闘賞などの対象になるから八百長に応じる可能性は低いと考えたのだ）。

瀬戸際の力士とひと安心の力士が千秋楽で当たるのはまったくの偶然で、彼らは別の場所では異なる状況で勝負しているはずだ。こうした八百長のインセンティブがない取

＊24──イアン・エアーズ『その数学が戦略を決める』（文春文庫）

組の勝率と、切羽詰まった千秋楽の取組の勝率を比較すると、驚いたことに、ふだんの対戦では五割弱しか勝てない瀬戸際の力士は、千秋楽では八勝六敗の力士に八割の確率で勝っているのだ（九勝五敗の力士に対しても勝率七三・四％）。

もちろんこれは、火事場の馬鹿力のせいかもしれない。そこでレヴィットは次に、千秋楽で当たった（八百長疑惑のある）力士同士の翌場所の成績を調べてみた。すると瀬戸際の力士の八割だった勝率は、次回の対戦では四割まで下がってしまった。この現象のもっとも納得のいく説明は、前場所の借りを今場所で返した、というものだ。――この二人が翌々場所に対戦すると、勝率は約五割に戻っている。星の貸し借りは次の場所で清算されるようだ。

さらにレヴィットは、相撲部屋別の勝率も計算している。A川部屋に七勝七敗の瀬戸際の力士がいて、B山部屋の八勝六敗の力士に勝ったとしよう。B山部屋にも同じ瀬戸際の力士がいて、その後、A川部屋の八勝六敗の力士と対戦したとすると、A川部屋の勝率はとても低い。この現象のもっとも納得のいく説明は、相撲部屋同士で千秋楽の星をやり取りしているということだ。

レヴィットが大相撲の八百長を統計学で予測した『ヤバい経済学――悪ガキ教授が世の裏側を探検する』（東洋経済新報社）が日本で翻訳出版されたのが二〇〇六年五月で、当時はほとんど話題にならなかったが、二〇一一年二月、野球賭博に関与した力士の携帯メールに白星を数十万円でやり取りした記録があることが発覚し、春場所の開催が中止されるとともに、二〇人以上の力士が引退・解雇される大騒ぎになった。レヴィットは大相撲のことなどほとんど知らなかったが、星取表を統計的に分析するだけで五年も前に八百長を見つけ出したのだ。

レヴィットがやったことは膨大なデータ（大相撲の星取表）を集め、そこから相関関係（七勝七敗の力士の千秋楽での勝率が異常に高い）と因果関係（八勝六敗の力士と勝ち星の売買をしている）を導き出すことだ。これは統計解析の説明能力の高さを十二分に見せつけたが、現代の統計学はなんのデータもないところから最適解を見つけ出すこともできる。

インターネット通販を始めたが、どの商品が売れ筋になるのかまったくわからないとしよう。そんなとき、これまでは街頭に調査員を立たせて消費者の声を集めたり、コンサルタントみたいなひとに高いお金を払ってマーケティング資料をつくったりしていたけど、もうそんなムダなことをする必要はない。商品を二つ無作為に選んで、それをホームページのいちばん目立つところに置いてみればいい。

二種類のホームページは、最初はなんの情報も持っていないけれど、それを見たユーザーが商品を購入したり、その詳細を確認したりするごとに、それにもとづいて重みづけを少しずつ変えていく。これをすべての商品でひたすら繰り返すと、売れ筋の商品がもっとも目立つところに並ぶ最適なホームページができあがる。*25

こうした手法は「ランダム化対照実験」と呼ばれていて、現在では医学や社会学、経済学などさまざまなところで使われている。とりわけビジネスの現場では、専門家の役割を大きく変えてしまった。もはや社運を賭けて当たるかどうかわからないテレビＣＭを打たなくても、どうすればいちばん上手くいくかは統計が教えてくれるのだ。

ちなみに、こうしたビッグデータを統計解析するのではなく、コンピュータに「深層学習」させたのがＡＩ（人工知能）だ。この場合は、どのようなロジックで正解（囲碁や将棋の名人を打ち破る名手）を導き出したかはブラックボックスで、ＡＩの開発者にもわからない。

億万長者になれる経済学？

映画『マネー・ボール』では、ブラッド・ピット演ずるメジャーリーグの貧乏球団アスレチックスのゼネラルマネージャーが、野球選手をデータと統計で評価して強豪チームへと立て直していく。原作はマイケル・ルイスの同名書（ハヤカワ・ノンフィクション文庫）で、そこではたとえば、「投手の被安打率に意味はあるのか？」という問いが立てられる。

ぼてぼてのゴロでも安打になることはあるし、会心の当たりでも野手の正面をつくこともある。野手のエラーは被安打に含まれないが、なにをエラーとするかの基準はあいまいだ（エラーしたくなければ、難しい捕球を見送ればいい）。そう考えると、投手の責任といえるのは与四球と被ホームラン数だけで、フェアゾーンに飛んだ打球が安打になるかならないかは「運」で決まるともいえる。――実際、このふたつの基準に奪三振数を加えると、投手の実力をより安定して計測できる。こうして、「運」が悪いだけで低く評価されていた投手を格安で獲得し、戦力に加えることができるのだ。

アスレチックスが実践したのが「（統計的）根拠に基づいたベースボール」だとするならば、「根拠に基づいた医療（EBM／Evidence-Based Medicine）」では、医師の個人的な判断（私の経験ではこの薬が効く）や権威への盲従（この病院では外科手術を選択することになっている）ではなく、最新の論文や医学的な知見のデータベースに基づいて、その治療法を選択した理由を患者に示すことが求められる。医療過誤の三分の一は医師の診断ミスなのだから、臨床結果や実験結果、患者の病歴などをもとにもっとも可能性の高い病名のリストをコンピュータに選ばせれば、誤診を防ぐのに大きな効果がある。

＊25―データがない状態から試行錯誤で正解を導こうとするこの方法を、一八世紀のイギリスの数学者トーマス・ベイズから「ベイズ統計学」という。

医師は自分の診断とコンピュータの診断が異なる場合、より慎重に患者の症状について考えるようになるだろう（そしてほとんどの場合、コンピュータの診断が正しい）。ハリウッドでは、大作映画の大コケを防ぐために統計学を活用している。データによれば、映画がヒットするかどうかは監督や俳優ではなく脚本の良し悪しで決まる。脚本をデータベースに入力すると、興行成績を七割ちかい確率で予測するばかりか（従来の映画会社の重役による予測は三割程度しか当たらなかった）、「舞台になる都市が多すぎて観客が混乱する」など、脚本の欠陥まで教えてくれるのだ（最近のハリウッド映画が成功した作品のリメイクばかりになったのはこのデータベースの影響かもしれない）。

統計学は、より私的な場面にまで影響を及ぼしている。アメリカには、人格はホルモン（エストロゲン、テストステロン、ドーパミン、セロトニン）によって決まるという理論に基づいてデータベースから相性を検索するサービスがある。またスマートフォンの位置情報や通話状況などを継続的にモニターし、いつ誰に声をかければデートに誘える確率が高いかを教えるサービスも計画されている（恋人と別れたあとは生活パターンが大きく変わるのだ）。

このように、ネットビジネスや医療だけでなく、労務管理（企業は従業員の行動のビッグデータを持っている）や選挙（政治家はどの有権者にどのように働きかければ票になるか知りたいだろう——これはトランプの米大統領選で実際に使われた）、テロとの戦い（監視情報や金融取引履歴からテロリストをあぶりだす）まで、さまざまな分野でビッグデータの統計解析やAIによる深層学習が活用されている。[*26]

マンデルブロがいうように市場が複雑系のネットワークだとしたら、どれほど高度な数学を駆使しても市場を完全にモデル化することはできない。だが複雑系はたんなる無秩序（カオス）ではなく、そこではいくつもの安定した系が折り重ねられているはずだ。ビジネスに成功するには、そうした系のなかから自分にとって有利な因果関係を見つけられるかどうかだ。「成功の法則」は未来永劫続くわけではないが、グローバル市場はあまりにも巨大なので、ちょっとした発見で凡人を億万長者にするくらいの〝奇跡〟はいくらでも起こせるのだ。

億万長者になる方法がデータの山のなかに隠されていることがわかって、アメリカから数年遅れで、日本にも〝ビッグデータ〟の大ブームがやってきたのだ。

＊

「合理的経済人」の仮定のうえに精緻な理論を組み上げてきた近代経済学はいま、行動ゲーム理論と統計学（ビッグデータ）によってその基盤を掘り崩され、書き換えられつ

＊26―イアン・エアーズ、前掲書。スティーヴン・ベイカー『NUMERATI（ニューメラティ）ビッグデータの開拓者たち』（CCCメディアハウス）

つある。

行動ゲーム理論では、市場は「限定合理的」な現実的な人間をプレイヤーとして、多種多様なゲームを繰り返しながら自己組織化していく。この「新しいミクロ経済学」では、社会は進化論的に合理的なひとや企業が織りなすゲームの集合体なのだ。

ただし市場や社会の複雑性によって、個々のゲームから全体を理解することはできない。そこで登場したのが統計学とビッグデータで、真理や理論の探究ではなく、問題に対する実用的・効率的な解決法を導くツールとして大きな影響力を持つようになってきた。この「新しいマクロ経済学」が真っ先にビジネスの現場で受け入れられたのは当然で、理由はどうあれ、なにがよりよい結果をもたらすのかを教えてくれるのだ。

ゲーム理論も統計学も、もちろん完全無欠ではない。だがいまや、拡張されたゲーム理論とテクノロジーによって強化された統計学・AIが、経済学をはじめとする社会科学全般に大規模な「知のパラダイム転換」を引き起こし、世界の風景を一変させつつある。

ブックガイド

キューバ危機については、当事者であるロバート・ケネディの回顧録『13日間——キューバ危機回顧録』(中公文庫)が第一級の資料だが、叙述は淡々としていて盛り上がりに欠ける。概要を知るなら、これを原作とした映画『13デイズ』(ケビン・コスナー主演)がお薦め。最新資料に基づく国際関係論の格好の入門書としてドン・マントン、デイヴィッド・A・ウェルチ『キューバ危機　ミラー・イメージングの罠』(中央公論新社)がある。

冷戦時代のMAD均衡については、スタンリー・キューブリック監督『博士の異常な愛情』、シドニー・ルメット監督『未知への飛行』の二本の映画が必見。これらの作品にはゲーム理論にもとづいてMAD均衡を説くマッドサイエンティストが登場するが、そのモデルがハーマン・カーン。「死の道化師」と呼ばれたこの政治学者・戦略家と彼が所属した米空軍のシンクタンク、ランド研究所についてはアレックス・アベラ『ランド　世界を支配した研究所』(文藝春秋)が詳しい。第二次世界大戦後に「合理性への信仰」がどのように奇妙な発展を遂げたかわかるだろう。

ゲーム理論に関しては膨大な入門書、専門書、ビジネス向け関連本が出ている。定番の入門書は松井彰彦『高校生からのゲーム理論』(ちくまプリマー新書)、梶井厚志『戦略的思考の技術——ゲーム理論を実践する』(中公新書)、大学生やビジネスマンには梶井厚志、松井彰彦『ミクロ経済学　戦略的アプローチ』(日本評論社)、アビナッシュ・ディキシット、バリー・ネイルバフ『戦略的思考とは何か　エール大学式「ゲーム理論」の発想法』（阪急コミュニケーションズ）。このあたりを読めばゲーム理論の考え方がわかるはずだ。

限定合理性によってゲーム理論を拡張した行動ゲーム理論については、川越敏司『行動ゲーム理論入門』（NTT出版）が入門書の決定版。より専門的な議論を知りたいひとはハーバート・ギンタス『ゲーム理論による社会科学の統合』（同）、サミュエル・ボウルズ『制度と進化のミクロ経済学』（同）を。ゲーム理論が経済学・社会科学をどのように書き換えようとしているかわかるだろう。

行動経済学も大量の入門書・専門書が出ているが、ここでは友野典男『行動経済学――経済は「感情」で動いている』（光文社新書）、ダニエル・カーネマン『ファスト&スロー――あなたの意思はどのように決まるか？』（ハヤカワ・ノンフィクション文庫）を挙げておく。

ビッグデータや絶対計算などITと統計学の融合については西内啓『統計学が最強の学問である――データ社会を生き抜くための武器と教養』（ダイヤモンド社）が優れた入門書。統計とランダム化対照実験によってマクロ経済学を書き換える試みは『ヤバイ経済学――悪ガキ教授が世の裏側を探検する』（東洋経済新報社）などスティーヴン・レヴィットの一連の著作と、ウリ・ニーズィー、ジョン・A・リスト『その問題、経済学で解決できます。』（同）が楽しく読める。ビッグデータがアメリカのビジネスを席巻する様子はイアン・エアーズ『その数学が戦略を決める』（文春文庫）、スティーヴン・ベイカー『NUMERATI（ニューメラティ）――ビッグデータの開拓者たち』（CCCメディアハウス）などで描かれている。

4 脳科学

10―哲学はこれまでなにをやってきたのか？

フランシス・クリックは一九五三年にジェームズ・ワトソンらとともにDNAの二重らせん構造を発見し、科学の歴史に巨大な足跡を残した（一九六二年ノーベル生理学・医学賞受賞）。一九七〇年代になるとクリックは、イギリスのケンブリッジからカリフォルニアに拠点を移し、脳科学というまったく新しい分野で一から研究を始める。頂点を極めた科学者の、六〇歳の再挑戦だった。

一九九四年、クリックはこれまでの研究成果をまとめた『驚異の仮説（*The Astonishing Hypothesis*）』を出版する。[*27]

クリックは冒頭で「驚異の仮説」を宣言する。

あなた――つまりあなたの喜怒哀楽や記憶や希望、自己意識と自由意志など――が無数の神経細胞の集まりと、それに関連する分子の働き以上の何ものでもない。

意識（こころ）は脳のニューロンのネットワークと、その電気的・化学的反応から生じ、そこになんら神秘的なものはない。――いまだと「なんだ、そんなことか」と思うかもしれないが、この究極の無神論は、国民の九割以上が神の存在を信じているアメリカではじゅうぶんにスキャンダラスだった。

だがクリックは、そこからさらに先へと進む。

当時（そしていまも）、意識の問題は哲学が独占的に扱うものと考えられていた。その意識が脳のはたらきだとしたら、哲学の役割はどこにあるのだろうか。

クリックは次のようにいう。

　哲学者だけが意識の問題に取り組める、という考えには何の根拠もない。何しろ哲学者は二〇〇〇年という長い間、ほとんど何の成果も残していない。

こうしてクリックは、宗教だけでなく、哲学の死をも宣告したのだ。

しかしこの「驚異の仮説」は、出版当時はほとんど話題にならなかった。大言壮語のわりには、えんえんと視覚の話（霊長類の視神経がどうなっているか、とか）が書いてあ

＊27――この本は日本では『ＤＮＡに魂はあるか――驚異の仮説』（講談社）として翻訳出版された。クリックの名前とＤＮＡをかけたのだろうが、本文中にＤＮＡの話はまったく出てこない。

るだけなのだ。いったい、意識や魂の謎はどこにいってしまったんだろう。

じつは意識はあまりにも複雑すぎて、当時の脳科学の水準ではまったく歯が立たなかった（それはいまでもたいして変わらない）。そこでクリックはもっとも研究の容易な視覚に的を絞ったのだが、錯視や網膜の盲点のようなこれまでの研究成果を羅列するだけで、「見える」という意識がどこから生まれるのか満足な仮説すら提示できていない。羊頭狗肉というか、「大山鳴動して鼠一匹」というか……。

宗教家や哲学者はこれを見て鼻で笑っただろう。——なんだ。エラそうなことをいっておきながら、こんなかんたんなことも説明できないのか。

でもそれから二〇年たって、脳科学はものすごい進歩を遂げた。いまだに意識の謎は解けないものの、「神」や「哲学」をリングのコーナーに追いつめるくらいのところまではきたのだ。——クリックは二〇〇四年に八八歳で死去したから、自らの予言がどこまで実現したのかを知ることはできなかったが。

〝スーパー知識人〟デカルト

クリックから「二〇〇〇年間何の成果も残していない」と罵倒された哲学は、意識をどのように考えてきたのだろうか。

古代ギリシア時代に、すでにヒポクラテスは脳と意識が密接に関係していることに気づいていた。ところがその後、アリストテレスが心臓を「感覚の起点」とし、脳髄を血液を冷却するための器官と定めたことから、「心は心臓にある」との説が定着していく。中世は人体解剖が禁止されていて、教会公認のアリストテレス説を検証することなどできなかった。

ギリシア文明を引き継いだイスラームの影響でヨーロッパにルネッサンスと啓蒙主義が興ると、一四世紀のイタリアでふたたび人体解剖が始まり、フランスの哲学者・科学者ルネ・デカルト（一五九六～一六五〇）が登場する頃には、意識の座が脳にあることまではわかっていた。だが、この灰色のぐにゃぐにゃした臓器のどこに「こころ」が隠されているのだろう。

脳は左右対称の臓器で、右脳と左脳を脳梁がつないでいる。その解剖図を見ながら、デカルトは考えた。

「右脳のどこかにこころがあるとすれば、それと同じものが左脳にもあるはずだから、こころがふたつになってしまう。これは矛盾だから、意識は脳のなかにひとつしかない部位に宿っているにちがいない」

こうして見つけたのが脳の中央にある松果体で、デカルトはここを「心の座」に認定した。――これをまったくの勘違いと笑うことはできない。あとで述べるように、現在では右脳と左脳に異なる「人格」が存在することがわかっている。デカルトはけっこういい線いっていたのだ。

デカルトは近代黎明期のスーパー知識人で、哲学だけでなく近代科学の祖でもあった。その方法論は、徹底した還元主義だ。

自然科学者としてのデカルトは、小さな部品が組み合わされて精巧な機械ができるように、世界もより小さな部分（要素）に還元できるはずだと考えた。人体を一個の機械と考えれば、そのなかに意識を生み出す脳という機械があり、それをさらに還元すれば、意識の基となる松果体に至る。ニューロンを知らなかっただけで、その方法論はクリックとまったく同じだ。

その一方で哲学者としてのデカルトは、器官としての脳ではなく、意識そのものを基本要素に還元しようとした。

自分が経験したことや、本から得た知識についてよくよく考えてみると、それがぜったいに確実とはいえない（もしかしたら間違っているかもしれない、という疑いが常に残る）。そうやってあいまいなものをすべて捨て去って、意識をどんどん還元していくと、最後にどうしても疑えないものが残る。それが、いままさに自分の意識を疑っている〝わたし〟で、これが有名な「コギト・エルゴ・スム（我思う故に我あり）」だ。

ところで、「心の座」である松果体と、意識の最小単位であるコギト＝わたしはどのような関係になっているのだろう。

こうしてデカルトは、主観（意識の還元）と客観（脳の還元）の対立という近代哲学の最大の難問にたどり着いた。これが「心身二元論」とか「心脳問題」と呼ばれているもので、一七世紀初頭のスーパー知識人によって提示され、現在に至るまで解決されていない。すなわち、科学も哲学も「四〇〇年間何の成果も残していない」のだ。

フッサールの現象学

近代以降、哲学はずっと科学の進歩・発展を羨望の思いで眺めてきた。

コペルニクスやガリレオは、太陽が地球のまわりを回っているという素朴な経験論を否定し、太陽を中心に地球などの惑星が周回していることを観測によって証明した。ニュートンの万有引力の法則は日食や月食、惑星の軌道を完璧に予測し、熱力学は機関車や蒸気船など〝夢の機械〟を次々と生み出した。

その圧倒的な成功を見て、理性の限界を批判的に思考したカントも、ユークリッド幾何学とニュートン力学をアプリオリ（先験的）な総合判断、すなわち〝普遍的な真理〟として特別扱いせざるを得なかった。

哲学が科学に屈服する姿を見て「こんなことではいかん」と決意したのが、一九世紀から二〇世紀への変わり目にオーストリアで活躍した哲学者エトムント・フッサールだ。「科学の世紀」である一九世紀には、心理学も科学的・数学的に記述するのが当然とされていた。だが、どうすれば意識（こころ）を科学することができるのだろうか？

デカルトは意識を「コギト＝考えるわたし」にまで還元したが、ここで問題になっているのは「わたしとは何か」だ。そこでフッサールは、「考えるわたし」をさらに還元して、意識の基本単位を見つけようとした。これはデカルト的な還元に対し、「現象学的還元」と呼ばれている。

フッサールはそのために、「エポケー」という奇妙な操作を思いついた。エポケーは「停止」「中止」を意味する古代ギリシア語で、現象学では客観世界をいちどカッコに入れて（客観世界が存在するという信念をいったん停止して）、直観によって意識に現われてくるものだけをとらえることをいう。エポケーと本質直観によって取り出されるのが〝純粋意識〟で、要するに意識の基本単位だ。フッサールはこの純粋意識に「超越論的主観性」という仰々しい名前をつけて、そこから意識を記述することで「人文諸科学の基礎」となることを宣言した。

そのあとフッサールは難しい本をたくさん書いていて、その翻訳や解説書もたくさん出ているからあとはそちらを読んでもらえばいいのだが（もし興味があれば）、ここでのポイントは、現象学というのは「科学に対する哲学の最後の挑戦」だった、ということとだ。

近代科学の最大の武器は還元主義だ。その科学に対抗する以上、フッサールが「意識の還元主義」を唱えたのは当然のことだった。

脳はかんたんにだまされる

ところで、意識をエポケーして本質直観でどんどん還元していくと、ほんとうに〝純粋意識〟なるものにたどり着くのだろうか。

結論から先にいおう。

「そんなわけないでしょ！」

現象学が最初の一歩から間違っているのは、次のようなかんたんな実験で証明できる。

図14では、むかしなつかしいパックマンみたいなのが三つ、ばらばらに置かれている。次は図15。同じ図形の角度を変えただけだが、白い三角形がくっきりと見えるはずだ。

これは錯視の単純な実験だ。この白い三角形は実在しないのだが、どれほどエポケーしても、どんなに〝本質直観〟を駆使しても、パックマンの角度によって〝純粋意識〟

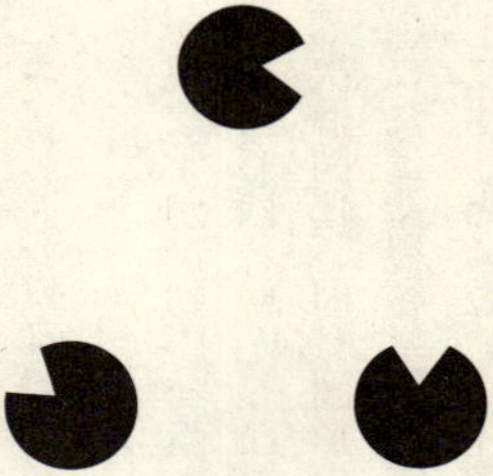

図14

図15

に現われたり消えたりする。

現象学でこの錯視を説明しようとすると、純粋意識をさらに還元して〝超純粋意識〟を探さなくてはならない。そんなかったるいことをするより、視覚の仕組みからこの現象を調べたり、進化論からなぜこんな見え方をするのかを考えた方がずっと手っ取り早い。要するに、現象学じゃなくて自然科学で扱えばいいのだ。

視覚の話はちょっと面倒だからあとまわしにするとして、進化論的にはなぜこの錯視が起こるのかはすっきり説明できる。意識はとてつもなく複雑だけれど、その背後には進化の過程でつくられた単純な規則（コンピュータのＯＳに相当するもの）があるのだ。

ウサギを追いかけるライオンを想像してほしい。逃げるウサギが岩の陰に入ったとして、このときライオンがエポケーによって現象学的還元を行なったとしたら、純粋意識からはウサギは消えているのだから、獲物がいなくなったと思って追うのをやめるだろう。だが現実には、こんなことは起こらない。ライオンは、岩によって一時的にウサギの姿が視界から失われても、反対側から飛び出してくることを正確に知っていて、回り込もうとするはずだ。視野から消えた客体が同一の状態を保持していること（同一性）と、それが一定のスピードで移動すること（慣性の法則）は、ライオンの脳のプログラムにプレインストールされているのだ。

このことは、生まれたばかりの赤ん坊を使った実験でかんたんに証明できる。ベビーベッドの前に衝立を置き、右からボールを転がして、衝立の裏側を通過したボールが左側から出てきても赤ん坊は驚かない。だが左側からボールが二つ出てきたり（同一性の破綻）、右側からボールが出てきたりすると（慣性の法則の破綻）、赤ん坊は目を見開いて驚く。進化の歴史を考えれば、ヒトがライオンの脳と同じOSを共有しているのは当たり前なのだ。

図15の正しい認識は、平面上にパックマンが三個、たまたま特定の方向で置かれている、というものだ。でも脳のプログラムはそこからパターンを読み取って、黒い三つの丸が白い三角形と重ね合わされていると認識する。なぜなら、草むらに隠れた獲物や敵を瞬時に見つけるには、平面（二次元）の模様ではなく立体（三次元）のパターンを認識できた方がはるかに有利だから。こうした〝生き延びるための錯視〟はものすごくたくさん見つかっていて、それを利用すると脳がいともかんたんにだまされることがわか

っている。純粋意識がこんなにいい加減では、ぜんぜん役に立たないだろう。フッサールは意識について一所懸命考えて難解な本をたくさん書いたけど、どんなにエポケーしても〝諸学の基礎〟になるような確実なもの（超越論的主観性）は意識のなかには見つけられない。なぜなら、そんなものは最初からないのだから。これではどんな壮大な理論も、土台のない大伽藍と同じだ——残念でした。

リンゴはなぜ赤いのか？

フッサールの現象学は、最後の大哲学者ハイデガーに引き継がれた。ハイデガーの『存在と時間』はフッサールよりさらに難しくて、日本でも〝秘教（カルト）的理論〟が大好きなひとたちに人気がある。でも現象学はそこからどんどん先細りになっていって、いまではほとんど顧みられることもない。自然科学の立場から意識を研究するひとたちも、デカルトにはしばしば言及するがフッサールやハイデガーは完全無視だ。これは、「意識の還元」という方法論が行き詰まって、どこにも発展しようがない袋小路に落ち込んでいるからだ。

とはいえ、「哲学の最高峰をパックマン三つで否定するのはあんまりだ」と思うひともいるだろう。そこで次に、現象学的還元などしなくても、進化生物学によって意識の謎が鮮やかに説明できることを示そう。

リンゴを現象学的に還元すると、「赤」という純粋意識を取り出すことができる。では、リンゴはなぜ赤く見えるのだろうか。実はこの問いは、フッサールが思いもかけなかった方法で解くことができる。

植物にとっての最大の制約は地面に固定されていることだ。自分の周囲でだけ繁殖を続けていては近親交配の弊害が避けられず、（山崩れなど）大きな環境の変化によってかんたんに絶滅してしまう。進化は、この難問をなんらかのかたちで解決した遺伝子を自然選択したはずだ。

風媒花は花粉を風に乗せて遠くに飛ばし、虫媒花は蜜で昆虫を呼び寄せて受粉を媒介させようとする。それに対してリンゴなど果実を実らせる植物は、鳥や哺乳類などに種子を含む果実を食べさせ、遠く離れた場所で糞をさせることで、自らの遺伝子を遠くまで運ぶ戦略を採用した。

植物が効率的に種子を拡散するには、よりたくさんの果実を食べてもらわなければならない。同時に果実食の動物たちは、森のなかで効果的にエサをみつける能力を身につけたはずだ。すなわち、（ここでは）植物と動物の利害は一致している。

植物が、エサがあるというシグナルを動物に送るもっともシンプルな方法は、嗅覚と視覚を刺激することだろう。こうして多くの果実は熟すと甘い匂いを発するようになるが、色で目立つにはどうすればいいのだろうか。

植物は光合成のため多くの葉を茂らせなければならず、森の背景色は常に緑になる。そのときにもっとも目立つのは、緑の反対色（補色）である赤やオレンジだ。

このようにして、植物は種子がじゅうぶんに育つと果実を赤く変色させ、動物たちを誘うように進化した。動物たちは、マズくて栄養価の低い緑色の果実を避け、甘く熟した赤い果実だけを素早く見つけて食べるよう進化した。この〝共進化〟によってリンゴはますます赤くなり、（ヒトを含む）果実食の動物は色覚を発達させてそれを〝赤〟と識別するようになった。*28

これは進化論の強力な説明能力を示す見本で、フッサールの現象学では（というか、いかなる旧来の哲学でも）こんな論理を導き出せないし、そもそも「リンゴはなぜ赤いのか？」という問いを立てること自体、思いつくことができない。ところが進化論は、これ以外にも、「ひとはなぜ老いるのか？（思春期に生殖能力を最大化するため）」「病気はなぜあるのか？（ウイルスと免疫の〝軍拡競争〟）」「神はなぜいるのか？（脳のシミュレーション機能の自然への拡張）」など、哲学が問うことすらできなかった問題に次々と「回答」を与えている。*29

クリックは「哲学者は二〇〇〇年間、ほとんどなんの成果も残していない」と宣告したが、その理由は、（因果論と直観でつくられた）古いパラダイムで考えられることが、ソクラテスや仏陀や孔子の時代にすべて考えつくされているからだ。進化論や脳科学が切り開いた新しいパラダイムを知らなければ、そこから先へと進むことはできない。

視覚がなくても見える

「見る」という意識はどこから生まれるのだろうか。

眼球というレンズがリンゴのかたちや色、質感を光の反射によってとらえ、網膜のニューロンを刺激する。この視覚情報を脳へと運ぶのが視神経だが、これはたんなる情報のやりとりなので、この過程では「意識」はどこにも発生しない。視覚情報は後頭葉にある視覚野（V1、V2、V3など）に送られるが、ここも「見る」という意識とは関係がない。これは不思議に思うかもしれないが、夢を考えればすぐにわかるだろう。

眠っているときは目を閉じているのだから、視神経にも視覚野にもなんの情報も送られてこない。それでもひとは、鮮やかな色とはっきりとした質感をもった夢を見ること

＊28―ダニエル・C・デネット『解明される意識』（青土社）

＊29―ランドルフ・M・ネシー、ジョージ・C・ウィリアムズ『病気はなぜ、あるのか――進化医学による新しい理解』（新曜社）、パスカル・ボイヤー『神はなぜいるのか？』（NTT出版）

ができる。網膜はもちろん視覚野すらなくても、「見る」という意識は生まれるのだ。

眼球から網膜、視神経を伝わって一次視覚野（V1）に入力された情報は、その後、二つの視覚処理システムに分かれる。V2およびV3を経由して下側頭皮質と紡錘状回に至る「下の経路」と、頭のうしろから始まって後部頭頂葉の視覚運動領域へと至る「上の経路」だ。

この二つの経路の役割は、「失認症」の患者の研究から明らかになった。

ある失認症の患者は、一酸化炭素中毒事故で脳の視覚部位の一部が酸素不足になり、その部位のニューロンが死滅していた。すると、ものが見えているのだが、それがなにかわからないという奇妙な混乱に陥ってしまうのだ。

患者は、テーブルの上のリンゴをつかむことができるが、自分が持っているものの名前をいうことができない。コーヒーの入ったマグカップを持ったり、郵便物をポストの狭い口に投函するというもっと複雑なこともできるが、なぜ自分がそうできるかもわからない。これは事故のために、「上の経路＝運動制御のためのシステム」は傷つかずにすんだものの、「下の経路＝ものを認識するためのシステム」が損傷したからだ。

こうした失認症の研究から、視覚が意識と無意識のふたつの領域で処理されていることがわかってきた。「下の経路」が損傷した患者は、ものを「無意識で見る」ことはできるが、「意識して見る」ことができなくなってしまうのだ。

これもとても不思議なことのように思えるが、考えてみれば当たり前でもある。眼球は、一秒間に数回という頻度でせわしなく動いている。これをサッカード（衝動性眼球運動）というが、視野が安定しているのはこの振動を「意識」が自動的に補正しているからだ。しかし無意識の視覚は、サッカードから得た視覚情報で意識の外の動きを常時モニターしている。

暗い夜道を歩いているとき、脇道になにかの気配を感じてびっくりすることがある。これは意識が見ていないのに、無意識が異物を見て、危険を感じて反応するからだ。こうした無意識の視覚システムが進化の過程でつくられた理由は説明するまでもないだろう。肉食獣が潜んでいるときに、いちいち藪のなかを覗き込んで、そこにライオンが隠れていることを〝意識〟してから逃げ出したのではぜんぜん間に合わないのだ。

無意識でも見える

そうなると、「見る」という意識は注意に関係するのだろうか。「注意とは外界に意識のスポットを当てること」というのはわかりやすい定義だが、じつはこれもあやしい。無意識は「見た」ものを記憶することもできるのだ。

ものを見ているにもかかわらず意識にのぼらないようにする方法はいくつかあるが、

連続フラッシュ抑制では、(たとえば)左目にさまざまな図形を連続して表示させ、それによって右目で見ているものを意識から消す。

ある実験では、被験者の右目に男性と女性のヌード写真を提示し、これを連続フラッシュ抑制で意識できなくした。

それと同時に、このときの被験者の脳の活動をｆＭＲＩ(機能的磁気共鳴画像法)で観察した。これは、脳内の血液供給の変化でニューロンの活動を計測する脳科学の最新機器だ。

被験者は男性と女性で、男性には同性愛者も含まれていた。ｆＭＲＩの画像によれば、彼らの脳は、提示されたヌードの性別によって明らかに異なる反応を示した。

男性異性愛者の被験者は、女性のヌード写真を(無意識に)見たときだけ、視覚野のほかに、感情刺激に対応する扁桃体や大脳皮質の一部に反応が見られた。男性のヌード写真ではこうした反応は起こらなかった。

女性の被験者と、男性同性愛者の被験者の場合は、男性のヌード写真を(無意識に)見たときに脳が反応し、女性のヌード写真では反応が計測できなかった。

被験者は、自分がヌード写真を見ていることをまったく意識していない(たんに無意味な図形の連続を見ていると思っている)。それにもかかわらず、無意識の視覚システムは見えないはずのヌード写真の性別を正確に見分け、(自分にとっての)性的対象に注意を集中したのだ。[*30]

こうした研究結果から、クリックと共同研究者のクリストフ・コッホは、高次処理された視覚情報と前頭前皮質とのあいだの情報のフィードバックによって「見る」ことが意識されるのだと考えた。「見る」という意識は、視覚皮質の高次領域（下の経路）と前頭前皮質を結ぶ太いニューロンの束（ピラミダルニューロン）で生じているのだ。

脳内の意識の座をここまで特定できたのは大きな進歩だけど、もちろんこれだけでこころの謎が解けたわけではない。だが脳科学や認知科学、進化生物学がその秘密を着実に解き明かしつつあることも確かだ。

それに対して、「意識の哲学」はこれまでなにをやってきたのだろうか。現象学的還元から一〇〇年間なんの進歩もなく、「哲学者」を名乗るひとたちは進化論も脳科学もいっさい無視してフッサールやハイデガーの難解な書物の訓詁学的解釈をひたすら繰り返してきた。同じ「還元主義」なら、エポケーなどという荒唐無稽な方法で意識を還元するよりも、自然科学の正統な手法で脳を還元し、ニューロンの活動を研究した方が一〇〇〇倍マシなのだ。

とはいえ、ここでフッサールばかりを責めるのはかわいそうだ。ワトソンとクリック

＊30——失認症と無意識の記憶の実験例はクリストフ・コッホ『意識をめぐる冒険』（岩波書店）より。

がDNAの二重らせんの謎を解いたのは一九五三年、神経がニューロンでできていることがわかったのは一九五五年で、フッサール（一九三八年没）はこの科学上の大発見に立ち会えなかった。MRIやfMRIという最新テクノロジーで脳の活動が観察できるようになったのはつい最近のことだ。

こうした制約を考えれば、「魂」と「脳」との心身二元論を突破するためにフッサールが「こころ」の還元に挑んだのには学問的な意味があった。——一〇〇年たっても同じことをやっているひとたちのことはよく知らないけど。

ゾンビの世界

心脳問題を解決するには、意識を還元するか、脳を還元するかしかない。このうち意識の現象学的還元はなんの成果ももたらさなかったから、あとは自然科学によるニューロンの研究、すなわち唯物論しか残されていない。——これがクリックの主張だが、じつはほんとうにややこしい問題はここから始まる。

ニューロンの仕組みはほぼ完全に解明されていて、それが電気信号と化学反応による情報伝達の仕組み、要は配線のことだとわかっている。これはたんなる物理現象だから、エネルギー保存の法則やエントロピー増大の法則などの物理法則に完全に従うはずだ。

その物理現象がものすごくたくさん集まったからといって、なぜそこから「意識」という奇妙なものが生じるのか。これが心脳問題における最高度の難問＝ハード・プロブレムだ。

もっとも、この心脳問題はずっと前から知られていた。ライプニッツは一七一四年に次のように書いている。

視覚や聴覚などの感覚意識、それをもとにしてつくられるより高次の意識が、どのような力学的な仕組みから形成されるのかについては、はっきり言って説明不可能だと言わざるを得ない。

ものごとを考え、世界を意識的に知覚する仕掛けをもった機械があるとする。その機械を全体的に同じ割合で拡大してやれば、風車小屋のなかにでも入るように、そのなかに入ることができるはずだ。

たとえそんなことができて、機械の内部を探ってみたとしても、目に映るものといえば、部分部分が互いに動かしあっている姿だけであり、意識的な知覚がどのように生じるのかについて説明してくれるようなものは何も発見できないだろう。[*31]

＊31―引用はクリストフ・コッホ、前掲書より。引用者が適宜改行。

脳のニューロンはONとOFF（1と0）からなるデジタルな情報伝達システムだ。しかしぼくたちは、美味しそうなリンゴだったり、真っ青な空だったり、あらゆる場面から「いきいきとした感じ」を得ている。色や匂い、味覚や触感など、意識にのぼるものはすべてこの「感じ」を持っている。これが「クオリア」で、もともとは「質」を意味するラテン語だが、それが「質感」の意味で使われるようになった。

心脳問題は、「デジタルな情報交換からなぜクオリアが生じるのか」と言い換えることができる。もちろんこれでなにかが解決するわけではないが、すくなくとも手がかりにはなる。それは、事故や脳の病気によってクオリアを失うひとがいるからだ。

アーサーは三一歳のハンサムな青年で、ヴェネズエラの元外交官の息子だ。自動車事故で頭部をフロントガラスに強打し、三週間も昏睡状態がつづいたものの、奇跡的に意識を回復し、集中的なリハビリ療法によって以前と同じように歩いたり話したりできるようになった。だが、退院後のアーサーにはひとつ問題があった。外見はすっかり正常に戻っているのに、両親が偽者だと言い張るのだ。

そのため、精神科医とアーサーとの会話は次のような珍妙なものとなる。

「アーサー。この病院まで、だれに連れてきてもらいましたか？」

「待合室にいる男性です。僕の面倒を見てくれている老紳士です」

「つまりあなたのお父さんですか？」

「いいえ、先生。あの人は僕の父じゃありません。似ているだけです。彼は――あれは何といいましたっけ――かたりだと思います。人に害をあたえるつもりはないと思いますが」

この特異な症状はカプグラ症候群と呼ばれ、精神病患者にも生じるが、現在では三分の一以上の症例がアーサーのように脳の外傷性障害によるものだとわかっている。

脳では、認識に関する領域と情動（感情）に関する領域が分かれている。正常な脳では、側頭葉にある認識領域から情報が辺縁系に送られ、特定の顔に対する情動反応を促進する。

ところがなんらかの理由でこの経路が切断されてしまうと、患者は父親や母親、妻や子どもなど親しいひとの顔を認識するものの、それにともなってわいてくるはずのあたたかさや愛おしさを感じることができなくなる。そのため、父や母（妻や子ども）を見てもそっくりな他人だと判断し、自分がなにかの陰謀に巻き込まれたか、相手がゾンビだと思うようになってしまうのだ。

カプグラ症候群よりもさらに悲惨なのは、コタール症候群と呼ばれる症状だ。患者は自分が死んでいると断言し、腐敗した肉のにおいがすると言い張る。

精神科医は、死人には血が出ないということを納得させたうえで、実際に患者を針で刺して血が出るところを見せたりする。だが患者はひどく驚くものの、実は死人も血が出るのだと結論を変えるだけで、妄想を捨てて自分が生きていると考えるようにはならない。妄想がいったん固着してしまうと、それに反する証拠がいくらあっても、妄想を正当化するよう捻じ曲げてしまうのだ。

現在ではこのコタール症候群も、脳の外傷性障害だと考えられている。両親をゾンビと考えたアーサーの場合は視覚と情動が切り離されていたが、コタール症候群ではすべての認識が情動から切断されている。そのため患者は、どのような体験からも生の実感(クオリア)を得ることができず、自分が実は死んでいるのだと結論づけるしかなくなる。カプグラ症候群の患者はゾンビの世界に住んでいるが、コタール症候群では自分自身がゾンビになってしまうのだ。[*32]

脳死と昏睡

脳の外傷性障害によるこうした悲劇は、ひとの判断には理性よりも感情が圧倒的に大きな影響力を持つことを示している。論理的に正しいとわかっていることでも、感情がそれを否定すれば、その事実を受け入れることができないのだ。

こころというのは、視覚や聴覚、触覚などによって外界を認識する機能のことではない（これならロボットでもできる）。あらゆる知覚に「生き生きとした感じ」がともなって、ひとははじめて自分が生きていると「意識」することができる。

クオリアだけでなく意識そのものを失うケースでも、現代の脳科学はかなりのところまで解明できるようになった。

脳は大脳と小脳にわかれているが、先天性の障がいや病気などで小脳の機能がほぼ失われても意識にはほとんど影響がない（発話や歩行などの運動機能に障害が出る）。前頭葉はヒトが他の動物と異なる脳の重要な部位だとされているが、ロボトミー（統合失調症の治療法。現在は原則として禁止されている）で前頭葉の一部を切除しても意識は失われない（そのかわり人格が変容する）。

その一方で、意識が完全に喪失する部位もわかっている。左右の脳のちょうど真ん中あたりにある網様体賦活系と髄板内核群を損傷すると、それが角砂糖ほどのダメージであっても、意識は永遠に失われてしまう。

脳の損傷による意識の低下・喪失には脳死状態、植物状態、最小意識状態がある。脳死状態では意識は完全に消失している。最小意識状態では、患者は意識レベルを保

＊32―V・S・ラマチャンドラン、サンドラ・ブレイクスリー『脳のなかの幽霊』（角川文庫）、V・S・ラマチャンドラン『脳のなかの幽霊、ふたたび』（同）。ちなみに、ラマチャンドランもクリックの研究メンバーの一人だった。

っている。問題なのはその中間の植物状態で、患者は目を開けたりうめいたりするし、睡眠・覚醒の周期も残っているため、家族はきわめてつらい状態に追い込まれる。永続的植物状態ではほとんどの場合、意識は完全に失われていて回復の見込みはなく、身体が無意識の反射行動をしているだけなのに、治療をあきらめることができないのだ。

しかしいまでは、fMRIを使って植物状態の患者とコミュニケーションできるようになった。どのような刺激にも身体的な反応が見られない患者をfMRIスキャナーのなかに横たえ、ヘッドフォンを使って母親が、たとえばテニスをしているところを想像するよう呼びかけると、健常者が目を閉じて同様の状況を想像したときと同じ脳の部位に活動が見られたのだ。[*33]

この診断技術が普及すれば、植物状態の患者を抱える家族は安楽死・尊厳死を決断しやすくなるだろう。さらには、患者本人の意思を確認することすら可能になるかもしれない。青い空を思い出したときと、テニスをしている自分を想像したときの脳の活動を記録しておいて、安楽死を望むなら青い空を、治療の継続を希望するならテニスを想像するように訊いてみる、というように。

もっとも、この手法にも問題がないわけではない。

事故や病気で身体のすべての部位（眼球すらも！）を動かせなくなったひとがどのような気持ちでいるのか、ぼくたちは想像することすらできない。彼らは指示を理解していても、自分の置かれた状況にあまりに絶望していて、そんなことをやろうと思わないかもしれない。あるいは脳の損傷で失語症になり、指示を正確に理解できないかもしれない。

そうなると、患者は意識があるにもかかわらず「脳死」と判定されて、移植用の臓器を摘出されることになる。これは生きながら棺おけに閉じ込められ、地中に埋められるのと同じで、想像を絶する恐怖にちがいない。

こうした悲劇を避けるには、患者の反応を観察するのではなく、客観的に意識を計測する方法が必要だ。はたしてそんなことが可能だろうか。

意識の統合情報理論

さまざまな脳科学のテクノロジーがニューロンのはたらきや脳の仕組み、意識との関係を解明してきた。これは大きな進歩だが、だからといって最大の難問――意識がなぜ生じるのか――に光明が見えたわけではない。それでもいまでは、ふたつの有力な仮説が提示されている。

＊33―クリストフ・コッホ、前掲書

ひとつは、心脳問題は原理的に解決不能だというもの。脳という物理的存在から意識（こころ）が生じていることは間違いないが、対象がそれ自身を理解することは原理的に不可能なのだから、そこでなにが起きているかをヒトが解明することはできない。物理現象から意識が生じる過程にこれまで知られていない力がはたらいていたとしても、それは人間の知的能力の限界を超えているのだ。——将来、ゲーデルの不完全性定理のように、こころの不完全性定理が証明されたとしても驚きはない。

もうひとつは、脳は自己組織化する複雑系のネットワークで、意識はその複雑さから創発してくるというもの。

大脳は一六〇億以上ものニューロンでつながった巨大ネットワークで、それが（逐次処理のコンピュータとは異なり）並列的な情報処理を行なっている。ニューロンは先端の樹状突起でデータのやりとりをしているが、そこには数千カ所のシナプス（神経細胞間の接合部位）があるから、情報のやり取りは一〇〇兆もの場所で行なわれていることになる。そのうえさらに、ニューロンはコンピュータのマイクロチップのように規格化された素子からできているのではなく、興奮性ニューロンや抑制性ニューロンなど役割の異なる一〇〇〇種類くらいの神経細胞がある。

脳はとてつもなく巨大なスケールで情報処理を行なうが、そこではさらに多種多様なニューロンがグループをつくり、それらのグループ同士でも情報交換が行なわれる多層構造になっている。そう考えれば、脳の活動の想像を絶する複雑さがわかるだろう。脳のネットワークは典型的な自己組織化する複雑系のスモールワールドで、意識はこの複雑性から創発してくるのだ。

この立場では意識の唯物論は維持されていて、そこに神秘的な秘密はなにもない。一〇〇兆カ所の脳の活動をすべて計測すればこころの謎を解くことができるが、それは技術的な計算の限界を大幅に超えているため、けっきょく「還元論では意識は説明できない」という結論になるのだ。

だが意識そのものを知ることはできないとしても、意識の複雑さなら計測できるのではないだろうか。こう考えるのが「意識の統合情報理論」だ。

特定の行動をするようハトを条件づける方法はよく知られている。ある実験では、水を表わす模様がついたキーを押せばエサがもらえると教えたところ、葉上の水、湖、グラスの水など、これまでまったく見たことがなくても、水に関係するキーならどんなものでもつつくようになった。球体をつつくよう条件づけると、小石、ネジ、真珠、ボタンのなかから球体の真珠をつついた。ハトは、「水」や「球」といった抽象的な概念を理解できるのだ。

アレックスという名のオウムは、二年二カ月の訓練で九つの名前、三つの色に関する形容詞、二つのかんたんなかたちを示す語句と「NO」の使い方を学習した。見慣れたものを見せられて、「色はなに?」「かたちはなに?」と聞くとアレックスは八〇%以上の確率で正答し、差し出されたものを拒絶するときには「NO」というようになった。アレックスは、「意味」を理解したのだ。[*34]

コンピュータはヒトの脳を上回るデータを瞬時に演算でき、チェスの世界王者を打ち負かすほどの能力を持っているが、明らかに意識はない。それに対してチンパンジーはもちろん、イヌやネコ、鳥ですら意識を持っている(ように感じる)。このちがいはいったいどこにあるのだろう。

イタリアの脳科学者マルチェッロ・マッスィミーニとジュリオ・トノーニは、意識が成立するにはデータの量だけでなく、それがどのように統合されているかが重要だと考えた。小脳には大脳を大きく上回る八〇〇億ものニューロンが集まっているが、意識には関係しない(小脳を摘出しても、運動機能に障害が起きるが意識は変わらない)。なぜなら小脳のニューロンは、入力された刺激に素早く反応するために独立したモジュールになっていて、統合されていないからだ。それに対して〝意識の座〟と考えられる大脳の視床―皮質系は緊密にネットワークされた複雑系のスモールワールドで、わずかな刺激によってさまざまな部位で多様な反応を引き起こす。

コンピュータがどれほど高性能になっても意識を持たないのは、プログラムが逐次処理されて全体が統合されていないからだ。それに対して鳥や哺乳類などは、脳内のデータ量はわずかでもネットワークが統合されているため、その複雑さに応じて「意識」を有している。

情報統合理論では、意識はヒトだけが特権的に持っているのではなく、ネットワークに固有の性質なのだ。*35

iPhoneは意識を持つようになるか？

マッスィミーニとトノーニは統合情報理論を検証するため、意識の複雑さを計測する方法を考案した。磁気を使って脳内の特定の部位だけを活性化し、視床―皮質系にどのような変化が起きるのかを脳波によって調べたのだ。

この実験は、興味深い結果を生み出した。意識のある状態では、刺激に対して大脳皮

＊34―ドナルド・R・グリフィン『動物の心』（青土社）、レスリー・J・ロジャース『意識する動物たち――判断するオウム、自覚するサル』（同）。動物の知能の実験では「賢馬ハンス」の失敗例がある。一九世紀末に加減乗除と分数の計算ができるとして有名になった馬だが、その後の検証で、ハンスは正解を指差すときの調教師の（無意識の）微妙な表情や行動の変化を観察していたことがわかった。ここで紹介したハトやオウムの実験は、ハンスと同様なことが起こらないよう慎重に統制されている。

＊35―マルチェッロ・マッスィミーニ、ジュリオ・トノーニ『意識はいつ生まれるのか――脳の謎に挑む統合情報理論』（亜紀書房）

質のさまざまな部位が一斉に異なる反応を示す（複雑さが高い）が、睡眠中は脳波が大きく反応するものの、それは他の部位に広がっていかないのだ（複雑さが低い）。

そこで次に、最小意識状態と脳死状態の患者に同じ検査をしてみた。すると、四肢は麻痺しているものの眼球などで意思疎通できる最小意識状態の患者の脳は複雑な反応を示したが、脳死状態の患者の脳は睡眠中と同じく一様な反応しか表われなかった。大脳皮質の物理的な欠損で、刺激を受けても情報を統合することができなくなっているのだ。

だがもっと驚くのは、昏睡状態の患者を検査したときだ。磁気による刺激で複雑さの反応を示した患者は、その後、意識を回復した。それに対して複雑さが見られなかった患者は、意識を取り戻すことなく脳死と判定されたのだ。

磁気パルスは脳の特定の部位を刺激することしかできないが、現在では、脳に光をあてることで個々のニューロンを活性化する技術も開発されている。光感受性のタンパク質を遺伝子操作でニューロンに埋め込み、スイッチを切り替えるだけで特定のニューロンをオン・オフすることができるようになった（ショウジョウバエやマウスで実際に行なわれている）。こうした高度な実験方法が確立すれば、将来はすべての生き物の〝複雑さ〟の度合いが計測可能になるだろう。

統合情報理論では、意識を持つのは生き物だけとは限らない。脳がどのように情報を統合しているかがわかれば、それと同じ機能を搭載する新世代のニューロコンピュータが開発されるかもしれない。イヌやネコと同程度の複雑さで統合されたコンピュータは、動物と同じ「権利」を持つのだろうか。その複雑さがヒトと同じレベルになったら、ロボット（レプリカント）の「人権」はどうなるのだろう。――これはまさに映画『ブレードランナー』の世界だ。

統合情報理論の魅力は、「意識の発生」という難問を回避できることだ。だがその一方で、脳の神経系だけでなくあらゆる種類のネットワークが統合度（複雑さ）に応じて「意識」を持つことになるのだから、iPhoneにも低いレベルの意識があることになる。これが統合情報理論が汎心論だといわれる理由で、ほとんどのひとには受け入れがたいだろう。

とはいえぼくたちのような一般人が、宇宙や生命の起源と並ぶきわめつきの難問＝「こころの謎」について真剣に考えたところで得るものはあまりない。そういうことは専門家に任せて、大事なことだけをちゃんと理解しておけばいいのだ。

で、大事なことって？

それは、脳科学によって「わたし」がものすごい勢いで解明されてきていることだ。

そこで次に、脳科学が心理学をどう変えてきたのかを見てみよう。

11—フロイトの大間違い

一九九〇年、現職警官が悪魔崇拝で有罪を宣告されるという衝撃的な事件が全米を驚かせた。熱心なクリスチャンで共和党地方本部の代表者でもあったポール・イングラムは、娘のエリカから次のように告発されたのだ。

父親は、角のついたバイキングハットに似た帽子をかぶりガウンを着ていた。母親を含めた悪魔崇拝の教徒たちが、全員で生後半年ぐらいの赤ん坊を順番にナイフで突き刺し、女性の教徒が死体を穴に埋めた。

乱交パーティが催された。父は私に、ヤギや犬とセックスするように強制した。母も動物とセックスをし、その様子を父がカメラに撮っていた。母は、棒で娘の性器に傷をつけた。一〇〇回くらいは暴行を受けたが、ある時は、その後で父親と母親が彼女の体のうえに脱糞した。

生贄にされた赤ん坊は二五人以上目撃した。また彼女が身ごもった赤ん坊を教徒がハンガーでかき出し、手足をもぎ取ってその血まみれの死体を彼女の裸にこすりつけた。

（矢幡洋『危ない精神分析――マインドハッカーたちの詐術』亜紀書房）

アメリカの裁判所は、なにひとつ物的証拠がないにもかかわらず、この荒唐無稽な娘の訴えだけを根拠に悪魔崇拝の罪で父親に有罪を宣告した。なぜこんな馬鹿げたことが起きたかというと、アメリカがじつは、国民のほとんどが悪魔や地獄を信じている非科学的な〝迷信社会〟で、その悪魔恐怖症に科学の衣をまとったもうひとつの迷信が火をつけたからだ。

「トラウマ理論」という災厄

その迷信とは、幼児期の虐待のような〝こころの傷〟が長期（場合によっては何十年）の潜伏期間を経てうつ病や自殺衝動、犯罪などの異常行動を引き起こすというもので、「トラウマ」として知られている。

心理的な衝撃がこころの不調の原因になるというのは、戦争や自然災害、交通事故などの被害者の後遺症「ＰＴＳＤ（心的外傷後ストレス障害）」として研究が進められてきた。しかしここでいうトラウマは、（まがりなりにも）科学的な枠組みのなかで議論されてきたPTSDとは異なる概念だ。

トラウマという言葉を有名にしたのはアメリカの心理学者（執筆当時はハーヴァード大学医学部精神科臨床准教授）でラディカルなフェミニストでもあるジュディス・ハーマンの『心的外傷と回復』（みすず書房）だった。ハーマンはこの本で、幼少期のレイプなどの虐待が〝抑圧された記憶〟としてトラウマとなり、成人した後になっても多くの女性を苦しめているのだと論じた。

この理論が世界じゅうで広く受け入れられたのは、その圧倒的なわかりやすさにある。幼い頃に父親によって繰り返し性的虐待を受け、こころに深い傷を負った女性がいる。だが父親から、「このことをけっして口外してはならない」ときびしくいわれ（約束を破れば神の罰が下る、あるいは母親が不幸になる）、その記憶は深く抑圧されてしまった。だが〝傷〟はいつまでも生々しく残り、それがうずくたびに精神的な混乱に襲われ、やがて社会生活が破綻してしまう……。「そうか、わたしの人生がなにもかもうまくいかないのは抑圧されたトラウマのせいなんだ！」

いうまでもなくこれは、「人間は性的欲望を無意識に抑圧している」というフロイトの精神分析理論の焼き直しだ。

ラディカルなフェミニストであるハーマンは、幼少期のトラウマによって自責や自殺願望に苦しめられている女性たちを救うためには、〝抑圧された記憶〟を回復させることが必要だと説いた（これもフロイト理論そのままだ）。そのために有効だとされたのが催眠療法やグループ療法で、こうした「記憶回復術」によって被害者は失われた記憶とともに〝ほんとうの自分〟を取り戻すのだ。

ハーマンに主導されたトラウマ理論は、一九八〇年代から九〇年代にかけてアメリカ社会に大混乱を引き起こした。記憶回復療法によって抑圧されたトラウマ体験を思い出した〝被害者〟が、〝加害者〟である親を訴えはじめたのだ。

一九八〇年に出版された『ミシェルは覚えている』では、催眠療法を受けてトランス状態だったときに抑圧されていた記憶が蘇ったとする三〇歳のカナダ人女性が、「幼児期に悪魔崇拝カルトによって性的虐待を受けた。母親もカルトの一員だった」と告白し、センセーションを巻き起こした。この本が出版されてから約三年間で、「託児所がじつは悪魔崇拝カルトの一員で、預かった子どもたちに性的な虐待を行なっていた」という訴訟が全米で一〇〇件以上提起された。

さらに一九八八年に出版され、七五万部を超えるベストセラーとなったエレン・バス、ローラ・デイビス共著の『生きる勇気と癒す力――性暴力の時代を生きる女性のためのガイドブック』（三一書房）では、「記憶が抑圧されている可能性が高い」チェックリストのほかに、「性的虐待を受けたという記憶が蘇ってから三年以内であれば訴訟を起こすことができ、和解金の範囲は二万ドルから一〇万ドル」という弁護士のコメントと、こうした訴訟を専門とする弁護士の連絡先リストが掲載されていた。

きわめつきは、「ヒロインが子供時代に使ったベッドに寝転んだときに、父親から性的虐待を受けていた記憶が蘇る」という物語仕立ての『広い場所』が一九九二年のピューリッツァー賞を受けたことだった。九二年から九四年の三年間に「蘇った記憶」の訴訟はピークに達し、年間一〇〇件を超えるようになった。[*36]

記憶はかんたんに埋め込める

記憶回復療法が全米で大ブームを巻き起こすようになると、一部の専門家から疑問の声があがりはじめた。

だが当初、彼らは「蘇った記憶」を支持する一派から「幼児と女性に対する犯罪を擁護する学者たち」としてヒステリックな抗議が浴びせられた。とりわけ、記憶研究の大家でハーマンのトラウマ理論を厳しく批判したワシントン大学のエリザベス・ロフタスは「懐疑派」の筆頭とされ、「殺すぞ」という脅迫状が送りつけられるなど、一時は身辺警護のためにボディガードを雇わなければならないほどだった。

ロフタスは、催眠療法は抑圧されていた記憶を取り戻すのではなく、記憶を捏造するのだと論じた。そして、きわめてかんたんな方法で偽りの記憶を埋め込めることを実証してみせた。それが「ショッピング・モールの迷子記憶実験」だ。

成人の被験者に対し、親や兄が「お前が五歳のとき、ショッピングセンターで迷子になったことを覚えているかい？」と訊く。そんな事実はないのだから、被験者はもちろん「覚えていない」と答える。

だが、「ポロシャツを着た親切な老人がお前を母さんのところに連れてきたじゃないか」「暑い日で、お前が泣き止んでからアイスクリームをいっしょに食べたよね」などとディテールを積み重ねられると、被験者はなんとかしてその体験を思い出そうとし、しばらくすると「ああ、そういわれてみれば、そんなこともあったよね」と言い出す。

被験者はたんに、親や兄の言葉に同調しただけではない。「あのおじいさんが着ていたのはポロシャツじゃなくて黄色のTシャツだったよ」などと相手の間違いを修正したり、「お母さんが何度も頭を下げて礼をいっていた」などと、出来事の細部を創作するようになるのだ。

これは心理学的には、「ショッピングセンターで迷子になった」という（存在しない）過去の出来事を信頼しているひとから指摘されたにもかかわらず、自分にはその記憶が

＊36―ここまでの記述は矢幡洋『危ない精神分析――マインドハッカーたちの詐術』（亜紀書房）から。

まったくないという矛盾（認知的不協和）を解消するために、脳が無意識のうちに都合のいい物語をつくりだすのだと説明できる。だが被験者はこの過程を、忘れていた子ども時代の記憶を思い出したと体験するため、捏造された記憶が〝事実〟になってしまうのだ。[*37]

なんらかの理由で社会生活に失敗し、精神的に苦しんでいる女性がいるとしよう。そんな彼女がトラウマ理論を知ることで、「この苦しさの原因は幼児期の性的虐待によるものだ（私に責任があるわけじゃない）」という〝真理〟に気づき、無意識のうちに自分に都合のいい物語を紡ぎ出していく。ハーマンの本に影響を受けた素人セラピストたちはこの過程に介入することで記憶の捏造を幇助し、〝加害者〟である親を訴えさせてその損害賠償金から分け前を受け取ろうとしたのだ。

ロフタスの研究につづき、認知心理学者たちがつぎつぎと「記憶はつくりだせる」という研究を発表したことで、アメリカ心理学会や精神医学会は「回復した記憶が真実か否かを判断する決定的な手段はない」と結論づけ、米国医師会は九四年に「蘇った記憶の信頼性は不確実であり、外部からの暗示に影響されている」との声明を発表した。

これを受けて司法の方針も転換され、メリーランド州裁判所は九六年に、ハーマンらの研究を取りあげ、「抑圧理論を証明しようとする研究は、まったく非科学的でバイアスがかかったものである」との判断を下した。その後、各地の裁判所が「蘇った記憶」

による告発を却下するようになり、爆発的に増えつづけた訴訟は九五年に五五件、九六年には二〇件と激減した。

その後、幼児虐待などで有罪とされ懲役刑を科せられた被告の再審が始まった。カリフォルニア州のジョージ・フランクリンは娘のアイリーンから、二〇年前に父親が八歳の少女を鈍器で殴り殺した記憶が蘇ったとして告発され、殺人罪で有罪判決を受けた。七年間の投獄の後、逆転無罪を勝ち取ると、ジョージは娘と当時の検察官を告訴した。

さらに、「偽りの記憶」を植えつけられた女性たちが、催眠療法家やセラピストに対して損害賠償を請求する医療過誤訴訟のラッシュが始まった。親への告訴を撤回してセラピストを批判するようになった患者をリトラクター（撤回者）と呼ぶが、彼女たちは催眠療法やグループ療法によってデタラメな記憶を思い出すように強制され、家庭や社会生活を破壊されていく悲劇を生々しく証言した。

このようにして一九九七年には「記憶戦争」にほぼ決着がつき、〝トラウマ理論〟はアメリカでも知識人や専門家から相手にされなくなった。二〇〇二年のアメリカ精神医学会の会議で「記憶回復療法の論争は死んだ」と宣言されたことで、ハーマンの「抑圧

＊37―E・F・ロフタス、K・ケッチャム『抑圧された記憶の神話　偽りの性的虐待の記憶をめぐって』（誠信書房）

された心的外傷」がトンデモ心理学であることは決定的になった。[*38]

娘が親を悪魔崇拝で訴えるという異常な訴訟が多発したのは、アメリカが訴訟社会で、先進国のなかで例外的に精神分析療法が大衆化していて、迷信のはびこる伝統的な社会だったからだ。だがこうした条件のない日本でも、九五年の阪神・淡路大震災を機にPTSDとトラウマが広く知られるようになり、マンガやアニメ、小説、テレビ、映画などに頻繁に登場するようになった。フロイトの影響は、いまだにものすごく大きいのだ。

エディプスコンプレックスはデタラメ

オーストリアの精神科医ジークムント・フロイトは、無意識にさまざまな性的欲望が抑圧されていると考えた。その抑圧された欲望の中核にあるのが、エディプスコンプレックスだ。これはギリシア悲劇『オイディプス王』からとられた造語で、男の子は母親に性的な欲望を抱くが、父親によってその欲望を禁じられ去勢の恐怖に怯えている。

ところがいまでは、エディプスコンプレックスはまったくのデタラメだとわかっている。

フロイトは、男の子の母親への欲望は生得的なもので、それを文化的に抑圧し近親相姦をタブーとすることで社会が成立していると考えた。でもそうすると、ヒトとほとんど同じ遺伝子を持ちながら文化的なタブーのないチンパンジーやオランウータンなどの類人猿は、近親相姦で子どもを産んでいることになる。
ところが詳細な野外調査によって、彼らが実に巧妙な方法で近親相姦を避けていることが明らかになった。たとえば人間にいちばん近い類人猿ボノボ（ピグミーチンパンジー）は、思春期になるとメスが冒険的になり、親元を離れて他の群れに加わる。それに対して内気なオスは、母親とともに群れに残る。この〝無意識〟のプログラムによって、ボノボの兄弟姉妹が性交することはない。

遺伝学的には、近親相姦はきわめて不利な繁殖方法だ。たとえば、ある集団の四％（二五人に一人）が致死的な劣性遺伝子（嚢胞性線維症など）を持っているとしよう。彼らがランダムに結婚すると、夫婦二人が難病の遺伝子を持つ確率は六二五分の一（二五分の一×二五分の一）。さらに、子どもが両親から劣性遺伝子を受け継いで発病する確率は四分の一だ（遺伝子の鎖は二本あるから、精子と卵子の組み合わせは四通り）。ということは、この集団のうち難病で死ぬのは二五〇〇人に一人（六二五分の一×四分の一）ということになる。

＊38―矢幡洋、前掲書。なお矢幡は同書で、トラウマ理論の誤りがアメリカで明らかになりつつあった一九九六年に、高名な精神科医である中井久夫の翻訳で、いっさいの注釈なしに（好意的に）ハーマンの『心的外傷と回復』が刊行されたことを批判している。

兄と妹がそれぞれ保因者だったとしても、他人と結婚すれば、子どもが発病する確率は二五〇〇分の一。それに対して近親相姦のタブーがなく、保因者の兄と妹が子どもをつくったとすると、四分の一の確率で子どもは発病して死んでしまう。

この単純な確率計算から、近親相姦する種が進化の過程で淘汰されていった理由を知ることができる。ほとんどの生き物と同じく、ヒトも生き延びるのに不利益な近親相姦を避ける方法を持っているはずなのだ。でも、どうやって？

じつはこの謎は、フロイトと同時代のフィンランドの人類学者エドワード・ウェスターマークがとっくの昔に解いていた。彼は、発達期にいっしょに過ごした男女は、血縁かどうかにかかわらず、性的魅力を感じなくなると考えたのだ。

このウェスターマーク効果は、イスラエルのキブツ（共同生活を行なうコミューン）で確認されている。キブツでは血縁関係のない男女が家庭を離れ、託児所でいっしょに育てられるが、幼なじみ同士が結婚することはまれだ。

同様に、台湾や中国の一部では血縁関係のない幼女を養子にし、男の子といっしょに育てながら将来の嫁にするマイナー婚が行なわれているが、その後の経過を調べると、女性はたいてい結婚に抵抗し、離婚率は平均の三倍で、子どもの数は四〇%も少なく、不倫も多かった。[*39]

ひとの無意識にあるのはエディプスコンプレックスではなく、「幼年時代を共有した異性とのセックスを避けよ」という進化の指令だったのだ。

ラカンとドゥルーズ＝ガタリの〝高尚な議論〟

フロイトは一九世紀末のウィーンの女性たちに蔓延していたヒステリーの治療から、無意識の影響力の大きさに気がついた。そして、神経症の原因は社会的・文化的に禁じられている欲望を無意識に抑圧しているからだという精神分析理論を唱えた。

ヘーゲルに代表されるように、それまでの西洋哲学は意識と存在をめぐって難解な思索を延々と繰り広げてきた。それに対して、人間の行動のほとんどは無意識が決めていて、性的欲望が決定的に重要だと指摘したことはフロイトの大きな功績だ。だがフロイトの評価が難しいのは、そこから先の理論がほとんど間違っているからだ――それも、とんでもなく。

エディプスコンプレックスなんてなかったし、女の子は自分がペニスを持っていないことで悩んだりしない。どのような脳科学の実験からもリビドー（性的エネルギー）は見つからないし、意識が「イド、自我、超自我」の三層構造になっている証拠もない。

＊39―ジョン・H・カートライト『進化心理学入門』（新曜社）

夢は睡眠中に感覚が遮断された状態で見る幻覚で、抑圧された無意識の表出ではなくたんなる「意識」現象だ。

フロイトと精神分析への批判は、すでに一九六〇年代からドイツの心理学者ハンス・アイゼンクなどによって行なわれてきた。

アイゼンクによれば、フロイトは重度のコカイン中毒で、精神分析で有名になってからも実際の患者をほとんど診たことがなく、たとえ診察してもその診断は間違っていて病気はまったく治らなかった。

フロイトの精神分析治療としてもっとも有名なアンナ・Oは、フロイトの親友ブロイアーの知人の娘で、父親の看病をしているときに「ヒステリー性のせき」の発作が始まり、筋肉の収縮・麻痺、発作、知覚麻痺、視覚異常、言語障害などに次々と襲われた。アンナ・O（現在では本名がベルタ・パッペンハイムであることがわかっている）の話をブロイアーから聞いたフロイトは、アンナには父に対する感情的な外傷体験があり、無意識では父の死を望んでいるにもかかわらずそれを抑圧したため、さまざまな身体症状となって現われたのだと解釈した。

彼女の治療を引き継いだフロイトは、「対話療法」によってアンナの病気を完治させたと宣言したのだが、じつはこのアンナのカルテがスイスの療養所で発見され、「完治」後も症状はほとんど改善していないことが明らかになった。それも当然で、アンナの父親は胸膜下膿症を患っており、父の看病をしていたアンナはそれに感染して結核性髄膜炎を発症していたのだ。「ヒステリー性のせき」をはじめとするアンナのさまざまな身体症状はすべて髄膜炎によるもので、無意識はなんの関係もなかった。[*40]

フロイトの精神分析はすべてこの調子で、呼吸困難の発作を父親の性交時の息づかい、神経質なせきをフェラチオ、偏頭痛を処女喪失、ヒステリーの意識消失をオルガスム、虫垂炎を出産の痛み、ヒステリー性嘔吐を妊娠願望、食欲不振を妊娠恐怖、強迫的に帽子を脱ぐことを去勢恐怖、にきびをつぶすことをマスターベーションに結びつけて、手品師のように面白おかしい物語を創作してみせた。それはフロイトが、世紀末ウィーンのセレブたちが求めているのは「科学」ではなく「お話」であることを知っていたからだ。――フロイト自身は晩年には精神分析が「医学」でないことに気づき、神話や芸術を精神分析的に解釈することに精力を注ぐことになった（これも同様にほとんど間違っていたが）。

フロイトの死後、後継者を名乗る精神分析家たちは、医学の基本であるランダム化対照実験を拒否し、第三者が反証できない自分たちのサークル内での「成功例」だけを誇示してきた。しかしこれでは自然治癒とのちがいがわからず、「根拠に基づいた医療」

＊40――H・J・アイゼンク『精神分析に別れを告げよう――フロイト帝国の衰退と没落』（批評社）

の原則からはほど遠い。そのためいまでは、エビデンス（治療実績）を示せない精神分析は科学というよりカルトの一種として扱われ、まともな精神科医からは相手にされていない（当然、アメリカでも保険適用外だ）。

さらに問題なのは、〝フロイト理論〟を「発展」させたフランスの「ポモ」の思想家たちだ。ラカンは、「父の名」による原抑圧によってファルス（男根に象徴される全能性）を去勢されることで自己の確立が始まると説いた。ドゥルーズ＝ガタリはそれを批判し、『アンチ・オイディプス』において、ラカン的な原抑圧に「反復」を対置した。でも単純な疑問として、もともとのエディプスコンプレックスがデタラメなら、それに基づいた〝高尚な議論〟にどれほどの価値があるのだろう。これでは、（地球を宇宙の中心とする）天動説で精緻な〝物理学〟を構築してみせるのと同じことだ。

意識の問題について考え抜いたフッサールは、残念ながら分子遺伝学も脳科学も進化心理学も知らなかった。だがフロイトとウェスターマークは同時代人で、フロイトはエディプスコンプレックスを根底から覆す理論――ヒトには近親相姦を避ける仕組みが先天的に組み込まれている――の存在を知っていた。そのうえで、この批判に真摯に向き合うのではなく、「バカげたこと」と一蹴し握りつぶした。

じつはこのフロイトの態度が、無意識のはたらきの格好の例になっている。だがその説明をする前に、「分離脳」のきわめて興味深い実験を紹介しよう。

分離脳実験

脳は左右対称の臓器で、右半球と左半球があり、それを脳梁がつないでいる。網膜に投射した光は神経信号に変換されて、視神経を通じて大脳皮質の一次視覚野に送られる。視神経が交叉していることで、右半分の視野は左脳で、左半分の視野は右脳で処理される。それでも混乱が生じないのは、脳梁を通じて右脳と左脳のデータが交換されるからだ。

きわめて特殊なケースだが、重度のてんかんの治療のため、外科手術でこの脳梁を切断することがある。これが分離脳で、右脳と左脳がそれぞれ独立に活動する。この分離脳患者を調べれば脳の秘密がわかるのではないかと考えたのが、アメリカの脳科学者・神経心理学者のロジャー・スペリーとマイケル・ガザニガだ。

分離脳患者は、右半分の視野は意識できるが、左半分の視野はなにを見ているのかわからない。これは言語中枢が左脳にしかないためで、右脳に送られた左視野のデータは、脳梁を経由して左脳に送られないと言語化できない。両手からの入力も同じで、右手で触れたものはそれがなにかわかるが、左手で触れたものの名前をいうことができない。右脳に入力された情報はどこかに消えてしまうのだ。

だが、脳の驚くべき能力はここからだ。

スペリーとガザニガは、分離脳患者を目隠しした状態で、テーブルの上に並べられたスプーン、鉛筆、カギなどを左手で触らせた。患者は感触はあるものの、その情報は左脳には届かないのだから、それがなにかはわからない。

次に、左の視野に「スプーン」「鉛筆」「カギ」などの単語を見せてみた。同様に、患者は自分がなにを見ているか気づかない。

ところがこのふたつを同時に行ない、正しいと思う組み合わせを訊くと、手探りで正解を選ぶことができた。右脳は見えていない単語と名前のわからない感触を正確に一致させ、そのうえ患者は自分がなにをしたのかまったく意識していなかったのだ。

次の実験では、スペリーとガザニガは、分離脳患者の左視野に「笑え」と書いたボードを置いてみた。するとその指示を意識できないにもかかわらず、患者は笑い出した。そこでなぜ笑ったのか訊いてみると、患者は「先生の顔が面白かったから」と答えた。

質問を理解し、言葉によって回答するのは左脳の役割だ。だが脳梁が切断されているため、左脳は右脳に入力された「笑え」という指示を知らない。そのため、もっともわかりやすい理由をあとからつくりだしたのだ。[*41]

分離脳の患者は、右脳と左脳でふたつの「人格」を持っている。そして左脳は、脳のなかの見知らぬ他人（右脳）がやっていることを意識できない。——ただしこれは、「右脳人格」と「左脳人格」があるということではない。もともと統合されていた「人格」が脳梁の切断によって変容し、左脳と右脳にそれぞれ異なる「人格」が立ち上がってくるのだ。

脳に流れ込んでくる膨大な量の情報のうち言語化できるのはごく一部で、大半は無意識の「知能」が処理している。この無意識は、フロイトが考えたのとは異なり、言葉を理解し、その指示に従って行動を選択できるのだ。

だとすれば、左脳＝意識の役割はなんだろう？

自分の行為を反省し、説明することを自意識と呼ぶならば、その役割は「自己正当化」だ。

矛盾する認知に直面した状態を「認知的不協和」という。このケースでは、「笑った」という認知と、「笑う理由はない」という認知が矛盾している。これはきわめて気味の悪い出来事なので、自意識は（脳のなかにふたつの人格があるという）不愉快な真実を嫌って、「先生が面白い顔をした」という快適なウソをでっちあげるのだ。

こうした自己正当化は無意識の下で行なわれるため、どれほど賢くても自分のウソに気づくことはできない。記憶回復療法によって幼児期の性的虐待という〝記憶〟がよみ

＊41―M・S・ガザニガ『社会的脳　心のネットワークの発見』（青土社）

がえるのは、脳のこの仕組みを利用しているからだ。

フロイトもまた、「幼少期にいっしょに暮らした異性には性的感情を持たない」というウェスターマークの説得力のある理論を知ったとき、この認知的不協和に陥ったにちがいない。そして自らの理論が全否定されるという不快を避けるために、もっとも安直な説明（そんなのデタラメに決まっている）を無意識のうちに信じたのだ。

12―「自由」はどこにある？

森の中でボスザル（アルファオス）に出会ったチンパンジーは、どういう行動をとるべきかを瞬時に判断しなくてはならない。挨拶（グルーミング）をして恭順の意を表すべきか、それとも踵を返してその場を立ち去るべきか。

いうまでもなく、これはケース・バイ・ケースだ。ボスの機嫌が悪ければ退散するのが正解だし、上機嫌なら自分をしっかりアピールしておいた方が有利だ。だがそのためには、ボスの気分を正確に判断しなくてはならない。ヒトやチンパンジーのような社会的な生き物は、外見（表情）から相手の内面を読めないと群れのなかでうまく生きていくことができないのだ。

進化論では、生存に有利な形質をもった個体がより多くの子孫を残す。相手の内面を読解する能力が生殖の機会を増やすなら、それに長けた個体が選択されるにちがいない。そのためにもっとも効率的な方法は、相手の気持ちを映す鏡を自分のなかに持つことだ。そうすれば、相手の表情を鏡に映してみるだけで適切な判断を下すことができるだろう。*42

この〝こころのなかの鏡〟が「自分」という意識を生み出した。
だがひとのこころには、もっと重要な機能がある。

悟りの境地は死の世界

こころとはなにか？　この深遠な問いに対して、進化心理学はわずか一行でこたえる。

こころはシミュレーション・マシンだ。

シミュレーションというのはコンピュータの「if ... then ...」プログラムのことで、「もしこうなったら、ああしよう」「もしこうならなかったら、こうするしかない」と考えることだ。――これを過去形にすると、「もしこうだったら、あにできたのに」という過去のシミュレーション（一般的には「後悔」と呼ばれる）になる。

チンパンジーは相手のこころを映す鏡を持っているかもしれないが、シミュレーション能力はきわめて限られている。それに対してヒトは、未来をシミュレーションすることで、社会集団のなかでより有利な地位を獲得し、生殖の機会を増やしていった。これはきわめて強力な武器なので、自然選択（性淘汰）によっていずれは群れの全員がシミュレーション装置を持ち、相手の出方を読みあうようになるだろう。この複雑な相互作用（フィードバック）から自分や相手の「内面」が実体化したものを、ぼくたちは「こころ」と呼ぶようになったのだ。

ひとはものごころついたときから死ぬ瞬間まで、意識があるかぎり「if … then …」の思考をひたすら繰り返している。仏陀はこの終わりのないシミュレーションを「煩悩」と呼び、修行によって「if … then …」の回路を遮断し、とらわれのないこころの静けさに至ることを目指した。悟りの境地は「涅槃（ニルヴァーナ）」で、それは「寂静（じゃくじょう）」ともいわれるが、これは意識の機能を停止した状態が死の世界であることをよく示している。――すなわち、死ななければ悟りは得られないのだ。

ところで、こころがシミュレーション装置であるというこの仮説は、経済学やゲーム理論の「合理性」によく合致している。こころはさまざまな情報に基づいてシミュレーションを行ない、多くの選択肢のなかからもっとも自分に適したものを合理的に選択しているのだ。

ところがこのわかりやすい説明は、脳科学からきわめて重大な異議が突きつけられている。それが、自由意志＝選択の自由の存在を疑う「リベットの実験」だ。

＊42――ニコラス・ハンフリー『内なる目――意識の進化論』（紀伊國屋書店）

〇・三五秒の「自由」

アメリカの生理学者ベンジャミン・リベットは、早くも一九五〇年代末に、脳波（脳内の電位変化）から運動を制御する脳部位の活動を計測できることに気がついた。彼はこの発見にもとづいて、かんたんな実験を計画した。

被験者は、時間を示す点を見ながら、任意の瞬間に手首を動かす。これによって、意図（手首を動かそうと決めた）と実行（実際に動かした）との時間差を計測できる。被験者は意図から実行まで、平均して二〇〇ミリ秒（〇・二秒）かかった。

次にリベットは、運動の制御にかかわる脳の補足運動野（ＳＭＡ）の活動記録から、「準備電位」を測定した。これは脳が手首を動かすために発信する最初の信号だが、なんとその活動は、行為の開始に五五〇ミリ秒（〇・五五秒）先立って始まっていたのだ。準備電位の活動が始まり、その三五〇ミリ秒（〇・三五秒）後に「動かそう」という意図があり、二〇〇ミリ秒（〇・二秒）後に行為を起こす……。

この奇妙な結果は、最初はたんなる測定誤差だと考えられた。だがリベットの実験後、多くの研究者がさまざまな条件で計測を試みたが、結果は常に同じで、意図に先立って脳内の活動指令が発信されているのだった。

ひとがなにかしようと意図したとき、三五〇ミリ秒（〇・三五秒）前に脳は活動を始めている。だったら、自由意志はどうなってしまうのか。

リベットはこの重大な疑問に対し、「人間の自由意志は〇・三五秒の間にある」と考えた。なぜなら、脳が活動を始めてから意図を決定するまでの経過時間（〇・三五秒）に、ひとはその行為を中止する「自由」を持つのだから。*43

これは、「自由意志」の概念のコペルニクス的転換だ。なにかをする（積極的）自由などなく、ぼくたちが持っているのは、無意識が決めたことを瞬間的に拒否する（消極的）自由だけなのだ。

行動は七秒前に予測されている

その後、テクノロジーの発達によって脳内の活動がより精密に観察できるようになると、さらに驚くべき事実がわかってきた。意図に先立つ準備活動は、リベットの実験よりもはるかに前に始まっていたのだ。

脳科学者の池谷裕二は、「ボタンのついたレバーを両手で握り、好きなときに左右ど

*43―ベンジャミン・リベット『マインド・タイム　脳と意識の時間』（岩波書店）

ちらかのボタンを押す」という実験で脳活動を測定すると、「ボタンを押したくなる少なくとも7秒も前には、左右どちらの手で押そうと意図するかを、当人よりも先に知ることができます」と述べる。

この実験結果にもとづいて、池谷は次のように書く。

> 意識に現れる「自由な心」はよくできた幻覚にすぎない——これはほぼ間違いないでしょう。「意志」は、あくまで脳の活動の結果であって、原因ではありません。[44]

リベットの実験では〇・三五秒前だったのに、いまや七秒前（！）になってしまった。だが「自由」な意志（いつ左右どちらのボタンを押すか）の七秒も前に行動が決まっているとはどういうことだろう。あまりにも不思議なので、オリジナルの論文を読んでみた。それによると、実験は次のように行なわれた。[45]

被験者はfMRIのなかで、ボタンのついたレバーを両手に握る。するとスクリーンに、「k」「t」「d」など任意のアルファベットが五〇〇ミリ秒（〇・五秒）間隔でつぎつぎと映し出される。

被験者は、左右どちらのボタンを押すかを決めた瞬間を覚えておいて、ボタンを押したあとに、そのときのアルファベットを申告する。これによって、意図が生じた時点を判定できる。

その後、研究者はfMRIの画像で、脳のなかでどのような活動が起こったかを検証した。その結果、以下のようなことがわかった。

リベットの実験が明らかにしたように、意図が発生する直前に、SMA（補足運動野）で準備活動が始まっていることは間違いない。だがそれよりもはるかに前に、脳の前頭前皮質の二カ所に活動が見られた。

前頭前皮質の左側部が反応したときは、被験者は左のボタンを押し、中央部が反応したときは右のボタンを押した。この活動は被験者が申告した意図のすくなくとも七秒前、fMRIの測定にともなう遅延（BOLD効果）を考慮すると最大で一〇秒前に開始されている。それと同時に、楔前部（けつぜんぶ）から前帯状皮質の後部にかけて拡がる頭頂葉の一部でも活動が見られた。

これを研究者は、次のように解釈している。

まず、脳の前頭前皮質で左右どちらのボタンを押すかの活動が始まる。その活動は、一時記憶として頭頂葉に記録される。これが最低七秒前の出来事だ。

＊44—池谷裕二『自分では気づかない、ココロの盲点』（朝日出版社）
＊45—Chun Siong Soon, Marcel Brass, Hans-Jochen Heinze & John-Dylan Haynes "Unconscious determinants of free decisions in the human brain" *Nature Neuroscience* Vol. 11, 2008)

次いで、〇・三五秒前にSMAで準備活動が始まり、左右どちらの手を動かすかの信号が発信される。すると「意識」が頭頂葉の一時記憶を参照して、「右(左)のボタンを押す」という「自由意志」を感じるのだ。

この実験結果は、リベットのいう「〇・三五秒間の自由意志」を完膚なきまでに否定してしまった。fMRIで脳の前頭前皮質を観察していれば、被験者がどのような行動をするか、七秒も前に完全に予測できるのだ。

池谷はこの実験について、「「押そう」という意志が発生したからには、その源流である「押そうという意志」を準備する事前活動が脳のどこかに存在しているのは自然なこと」とあっさり述べる。脳の活動は物理現象で、因果関係のつらなりなのだから、行為の前に意志があるように、意志の前にそれを準備する活動があることは当たり前だというのだ。

自由意志の幻

だがそうなると、前頭前皮質の活動の前にはなにがあるのだろうか。この「決定論」は、いったいどこまで遡るのか。

これはおそらく、次のようなことではないだろうか。

実験参加者は、最初に研究者から実験の内容について説明を受ける。それを聞きながら、被験者の脳のなかでは、ボタンのついたレバーを両手に握っているところや、スクリーンに次々とアルファベットが表示される場面のシミュレーションが始まる。このシミュレーションは、fMRIの機械を目にしたり、そのなかに入ってレバーを握ったときにより精緻なものになるだろう。そしていよいよスクリーンにアルファベットが映し出されると、前頭前皮質が活動を開始し、どちらのボタンを押すかを決めるのだ。——このように考えれば、「七秒前に行為が決まっている」という摩訶不思議な現象も理解可能になる。

だったら、「自由意志」をどのように考えればいいのだろうか。

ここで強調しておきたいのは、これらの実験は瞬間的な判断に脳の活動が先行することを明らかにしたもので、長期的な思考までが予測可能かどうかはまだわからない、ということだ。

きみに二人のカノジョ（あるいはカレシ）がいて、どちらとつきあうか悩んでいるとする。この選択は、左右どちらのボタンを押すかと同じように、意識（決断）の前に無意識の脳の活動によって決まっているのだろうか。

脳の因果論によれば、こうした長期の意思決定にもなんらかの原因があることになる。現実の三角関係を考えても、本人はものすごく悩んでいるつもりでも、結論は最初から出ている、というのはいかにもありそうだ。そう考えれば長期的な判断にも自由意志などないかもしれないが、幸いなことにこれはまだ実験で証明されてはいない。

決定論が正しいとすると、脳を観察すれば、ひとの行動はすべて予測可能ということになる。これを徹底すると、ひとの運命は生まれ落ちたときに決まっていることになり、さらに遡れば胎児や受精卵（遺伝）で「人生がわかる」ことになるだろう。実際、そのような主張をする脳科学者もいるが、これはさすがに極論だろう。なぜなら脳は複雑系のスモールワールドで、初期値のわずかなちがいで結果が大きく変わるからだ。

将来、ニューロンの電気的・化学的反応からどのように意識が生じるのか、その謎が解明できたとしても、シナプスは一〇〇兆もあり、それが同時並行的に発火・活動しているのだから、計算の限界を大きく超えていることにちがいはない。脳が複雑系である以上、意識の謎が解明できても、ひとの行動は決定不能なのだ。

脳科学の実験によれば、たしかに左右どちらのボタンを押すかは七秒以上前に決まっている。そしてその活動は、因果論的に、それ以前の活動によって引き起こされているはずだ。だが複雑系の決定不能性によって、そこから先の因果関係を追うことは原理的に不可能だ。

その日の朝食になにを食べたかとか、実験の手順を説明する研究者の印象とか、そんなささいなこと（初期値）で意識のシミュレーションは影響を受ける。そのはたらきはものすごく複雑だから、最初にどちらのボタンを押すかを予測できるのはせいぜい七秒前なのだ。

このことから、すくなくとも次のようにいうことはできる。

瞬間的な判断は無意識がすべて決めていて、自由意志などというものはどこにもない。これが正しいとしても、脳の複雑性のために、どんな最新機器でも七秒後の出来事を予測することしかできない。すなわち、七秒より前は（原理的に行動を予測できないという意味で）ぼくたちは「自由」なのだ。*46

複雑性はランダムネス（でたらめ）とは違い、自己組織化するネットワークなのだから、脳の複雑系にも傾向性があるはずだ。この一貫した傾向性のことを「人格」と呼ぶ。

脳科学は人格のほとんど（あるいはすべて）が無意識でつくられていることを明らかにしたが、この無意識も個人の成長の過程のなかで、（遺伝的な基礎のうえに）経験や訓練によってかたちづくられてきた。

*46―リアルタイムで脳の活動を観測できるヘッドギアが将来、開発されたとしよう。このギアを装着すれば、七秒後に自分がなにをするかを知ることができる。これはリベットのいう「〇・三五秒の自由」が「七秒の自由」に拡張されたということだ。この奇妙なSF的世界では、コンピュータが脳内情報を解析して、七秒後の自分の行動を次々と知らせてくる。それを承認したり、修正したりする「自由意志」にも無意識の指令があるとしても、それもまた脳の観測によってあらかじめ知ることができるはずだ。だとしたら、この未来世界で「自由」はどうなっているのだろう。

池谷がいうように、自由意志はたぶん幻でしかないだろう。だがひとはそれが幻であることを意識できず、「自分」という幻影とともに生きていくしかない。そう考えれば、無意識を含めた「わたし」がいるのであって、そこに「自由意志」があるかどうかなど、(すくなくとも日常生活にとっては)どうでもいいことなのだ。

もちろん自由意志の有無は、犯罪者に刑罰を科す際などに重大な問題になる。脳科学によって葬り去られた「哲学」は、じつはここで復活を求められている。「新しい哲学」の役割は、テクノロジーの驚くべき進歩によってもたらされた知のパラダイム転換をどのように受け止め、社会のなかで活かしていくのか、その指針を示すことにあるのだ——これについては本書の最後で触れよう。

社会科学は自然科学に統合されていく

ここでちょっと趣向を変えて、白人生徒が大半を占めるアメリカ中西部の中規模高校(仮名で「ジェファーソン高校」)のセックス相関図(図16)を見てもらおう。といっても、これは裏情報の類ではない。一流の学術雑誌に掲載されたちゃんとした社会学の研究だ。

そもそもなぜ、社会学者が若者たちのセックスを知ることができたのだろうか? それはジェファーソン高校で、性感染症(梅毒)が広まったからだ。

図16―ジェファーソン高校のセックス相関図
（ニコラス・A・クリスタキス、ジェイムズ・H・ファウラー
『つながり 社会的ネットワークの驚くべき力』より）

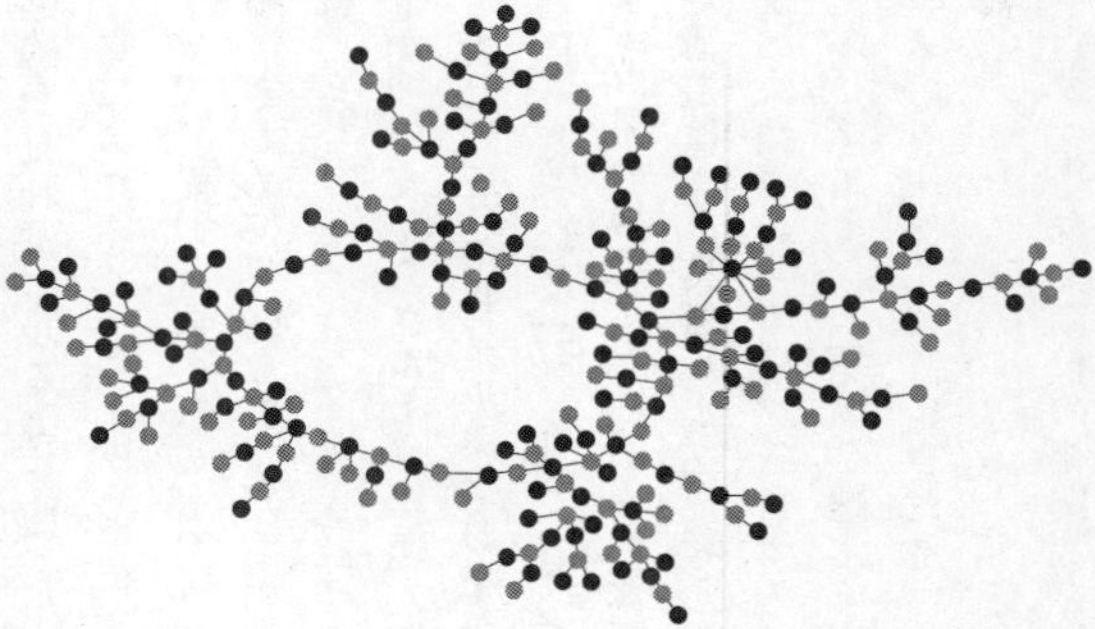

さらなる感染を防ぐために、生徒たちは聞き取り調査によって、病気をうつした（うつされた）可能性のあるセックスフレンドを申告するよう求められた。こうして、詳細なセックス相関図ができあがったのだ。

色の濃い点が男子、色の薄い点が女子で、複数の異性とつき合っている場合は二方向（もしくは三〜四方向）に枝が伸びている。

これを見るとわかるように、枝の末端にいる生徒を除けば、すべての生徒が複数の異性と性関係を持っている。でもこれは、「アメリカの高校は風紀が乱れている」ということではない。

一対一で異性とつき合っている高校生は病気に感染していないので、この相関図には現われない。だからこれは、自分もしくは相手（あるいはその両方）が二股以上を

かけている、性に対して積極的な高校生の相関図ということになる。

この相関図を見ればわかるように、生徒たちのつながり（社会的ネットワーク）はハブ＆スポークに似たネットワーク構造になっている。ネットワークは本線と支線（枝）に分かれていて、それぞれの枝の部分が学校における友だちグループだ。

ここから、きわめて単純な「友だちの法則」を見つけ出すことができる。

ひとつは、「異なる友だちグループ同士は交わらない」ということ。枝の末端にいる男子や女子が別の友だちグループに恋人をつくることはない。

もうひとつは、「友だちグループのなかで、他の友だちグループと交渉を持つのは一人だけ」ということ。この特権的なメンバーは通常はグループのリーダーで、彼（彼女）がグループ外の異性とも性関係を持つことで、グループ間で性病が広がっていく。

こうした構造は、不良グループを考えるとわかりやすい。グループの末端メンバーは、敵対するグループと出会えばケンカをするだけだ（交わることはない）。グループの垣根を越えて、他のグループのリーダーたちと話ができるのは、ただ一人のリーダーに限定されている（〝組長会議〟に出られるのがヤクザの権力の源泉だ）。

ただしジェファーソン高校の相関図を見ると、大きなグループ同士がダイレクトにつながっているわけではないことがわかる。学校集団のなかには、有力な友だちグループには属さず、人気のある（グループのリーダーの）男子や女子とつき合う生徒がいる。トリックスター的な行動をとる彼（彼女）が媒介となることによって、グループ同士がゆるやかな輪を構成するのだ（こうした役割を、政治の世界ではフィクサーという）。

同様のネットワーク構造は、町の健康度調査や喫煙者と非喫煙者の調査でも見つかっている。それによれば、幸福なひとは幸福な隣人と、不幸なひとは不幸な隣人とつき合う傾向があり、ネットワークの本線にいるほど幸福度が高い。同様に喫煙者は喫煙者と、非喫煙者は非喫煙者とつき合い、ヘビースモーカーほど枝の末端にいることが多い（友だちがすくない）。[*47]

新しい「知のパラダイム」へ

なぜいきなり高校生のセックス相関図が出てきたのだろうか。それは、これでようやく話が一巡して、本書で紹介したさまざまな〝知のパラダイム転換〟がひとつにつながるからだ。

＊47―ニコラス・A・クリスタキス、ジェイムズ・H・ファウラー『つながり――社会的ネットワークの驚くべき力』（講談社）

脳科学は、ぼくたちのこころ（意識）がニューロンの電気的・化学的反応、すなわち物理現象にすぎないことを明らかにしつつある。脳のネットワークは単純な規則から自己組織化する複雑系のスモールワールドで、そのとてつもない複雑性から〝意識〟が立ち上がってくるのだ（たぶん）。

だがその複雑性があるからこそ、意識からニューロンへのリバースエンジニアリングは原理的に不可能だ。新たな知のブレイクスルーがなければこころの謎を解明することはできず、そこにぼくたちの〝自由〟がある。

同様に行動ゲーム理論と、それを使った「新しいミクロ経済学」は、市場・社会が（限定合理的な）個人や法人（会社）が織り成すゲームの巨大な集積であることを明らかにしつつある。世界のあらゆるところで行なわれている無数のゲームは、自己組織化してさまざまなレベルの集団をつくりだす。市場や社会は階層化された複雑系のネットワークで、その性質は統計学やビッグデータなどの「新しいマクロ経済学」によって解明されつつある。

だがこの世界大のネットワークは、あまりにも複雑なので、どれほどテクノロジーが進歩しても、未来を予測することも、それをリバースエンジニアリングして個人に還元することもできない。これは意識とニューロンの関係とまったく同じで、ぼくたちは市場や社会のさまざまなネットワーク（リゾーム）にからめとられているけれど、その複

図17―知のパラダイム転換

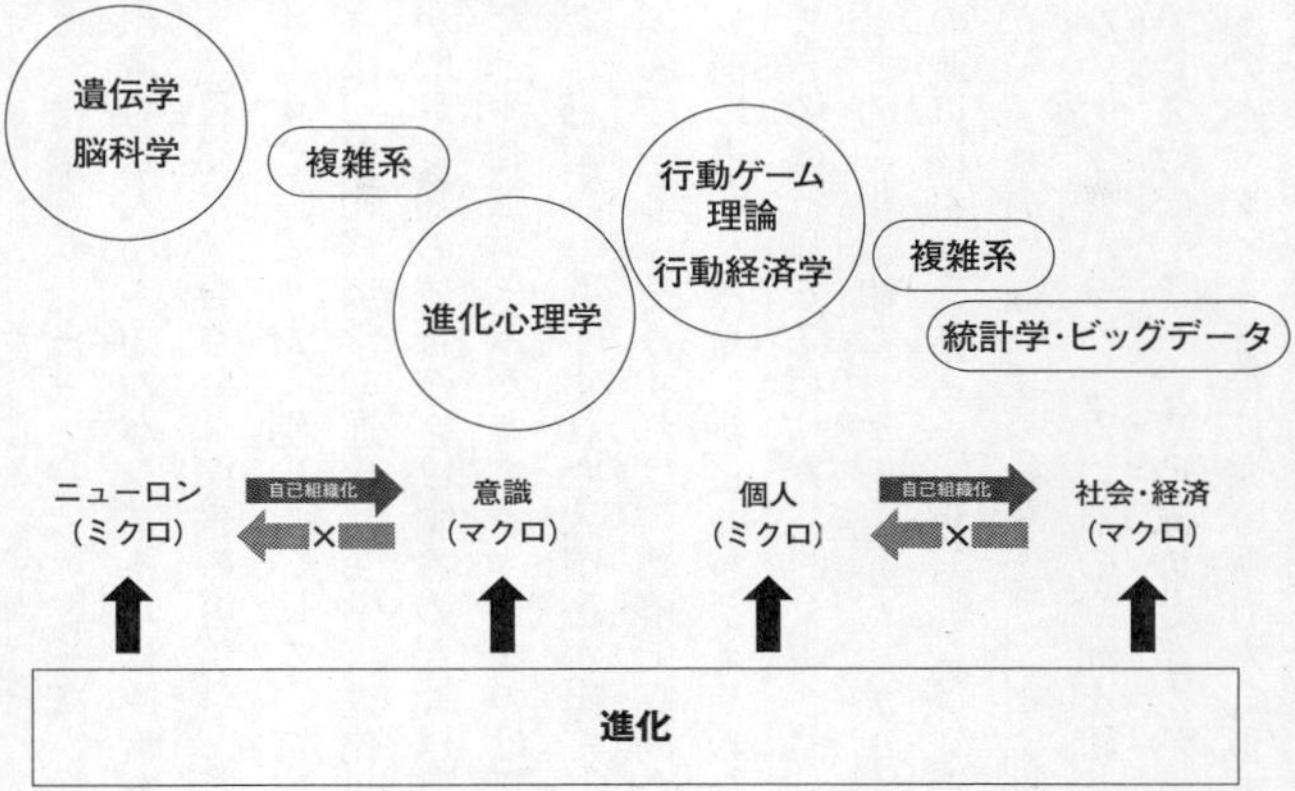

雑さと決定不能性によって〝自由〟な領域を確保できるのだ。――どのようなテクノロジーを持った巨大権力も、すべての個人を完全に管理することはできない。

ニューロンから意識（こころ）に至る過程にも、個人（ゲームの主体）から市場や社会に至る過程にも、あらゆる場面で進化や遺伝の力が働いている。これはヒトを含むすべての生き物が、長い進化の歴史のなかでつくられてきたからだ。

この関係を示すと、図17になる。

ずいぶん長い時間がかかってしまったけれど、この本でいいたいのはこのかんたんな図にすべて表わされている。遺伝学、脳科学、進化心理学、行動ゲーム理論、行動経済学、統計学、ビッグデータ、複雑系などの新しい〝知〟は、進化論を土台としてひとつに融合し、ニューロンから意識（こころ）、個人から社会・経済へと至るすべての領域で巨大な「知のパラダイム転換」を引き起こしている。これによって自然科学と人文諸科学は統合され、旧来の経済学、哲学、心理学、社会学、政治学、法学などは一〇年もすればまったく別のものになっているだろう。心理学が進化心理学へと脱皮したように、進化経済学、進化社会学、進化政治学、進化法学が登場し、最後に「進化」の冠が取れて知の統合が完成するのだ（残念ながらそこに旧来の哲学の場所はないだろう）。

だとすれば、きみがまずすべきなのは新しい〝知〟のおおまかな地図を手に入れることだ。日本語でもすぐれた入門書が出ているから、ちょっと頑張れば高校生だってじゅうぶんできる。そうすれば、難解で高尚なことをいっているように思えても、パラダイム以前に書かれたり、新しいパラダイムを理解できていないものをすぐに見分けることができるようになるはずだ。

ひとの一生は限られているから、人生でもっとも貴重な資源は時間だ。「学問」の世界の既得権を守るために、使いものにならない古臭い理論を「アカデミズム」の名で（それも大学の高価な授業料まで取って）押しつけてくるひとたちを相手にしているヒマはない。――パラダイム以前の学問を新しいパラダイムで読み返す、という学術研究はあり得るけど、それは専門家の仕事だろう。

知のパラダイム転換に乗り遅れた〝似非学問〟に足をすくわれることなく、ぼくたちは先へと進んでいかなければならない。
いったい何のために？
もちろん、この社会をすこしでもよいものにするためにだ。
最終章では、そのことについて考えてみよう。

ブックガイド

脳科学の入門書としては、最先端の研究成果を中高生向けにわかりやすく解説した池谷裕二『進化しすぎた脳――中高生と語る「大脳生理学」の最前線』（講談社ブルーバックス）、『単純な脳、複雑な「私」――または、自分を使い回しながら進化した脳をめぐる4つの講義』（同）が素晴らしい。認知心理学者、下條信輔の『サブリミナル・マインド　潜在的人間観のゆくえ』（中公新書）、『〈意識〉とは何だろうか　脳の来歴、知覚の錯誤』（講談社現代新書）、『サブリミナル・インパクト　情動と潜在認知の現代』（ちくま新書）の三冊と合わせて読めば、脳からどこまで意識が語れるようになったかがわかるだろう。

脳科学の最先端を知るには、本書でも参考にしたクリストフ・コッホ（フランシス・クリックの共同研究者）の『意識をめぐる冒険』（岩波書店）、意識の統合情報理論の主導者であるマルチェッロ・マッスィミーニ、ジュリオ・トノーニ自身が一般向けに解説した『意識はいつ生まれるのか　脳の謎に挑む統合情報理論』（亜紀書房）が読みやすい。意識の計測を含む脳科学のテクノロジーがどこまで進歩しているかは、アメリカの物理学者ミチオ・カクの『フューチャー・オブ・マインド――心の未来を科学する』（NHK出版）を。

脳の不思議については、脳神経科医オリヴァー・サックスの『火星の人類学者　脳神経科医と7人の奇妙な患者』（ハヤカワ・ノンフィクション文庫）、『妻を帽子とまちがえた男』（同）など一連のエッセイが入門編。中級編としては、『脳のなかの幽霊』（角川文庫）のV・S・ラマチャンドラン、『デカルトの誤り——情動、理性、人間の脳』（ちくま学芸文庫）のアントニオ・R・ダマシオの著作を薦めたい。

哲学の視点から脳と意識（こころ）の問題を考えるには、山本貴光、吉川浩満『心脳問題「脳の世紀」を生き抜く』（朝日出版社）がすぐれた入門書。これで興味を持ったら、難易度は高いが、ジョン・R・サール『マインド——心の哲学』（同）、デイヴィッド・J・チャーマーズ『意識する心——脳と精神の根本理論を求めて』（白揚社）、ダニエル・C・デネット『解明される意識』（青土社）など、定番の本に挑戦してみよう。

脳科学や進化論から人文諸科学を統合するという構想は社会生物学論争の主役の一人エドワード・O・ウィルソンが『知の挑戦——科学的知性と文化的知性の統合』（角川書店）で述べている。ただし原著の出版は一九九八年で、いまではすこし情報が古くなった。進化心理学から人文系の心理学を書き換える試みとして、スティーブン・ピンカー『心の仕組み』（ちくま学芸文庫）などを読むと「人間」の見方が変わるはずだ。

複雑系の社会学の入門書はたくさん出ているが、「肥満は感染する」などユニークな事象を示したニコラス・A・クリスタキス、ジェイムズ・H・ファウラー『つながり——社会的ネットワークの驚くべき力』（講談社）は一読の価値がある。それ以外では、アルバート=ラズロ・バラバシ『新ネットワーク思考　世界のしくみを読み解く』（NHK出版）、ニール・ジョンソン『複雑で単純な世界　不確実なできごとを複雑系で予測する』（インターシフト）を挙げておく。

5

功利主義

13―「格差」のある明るい社会

一〇〇円玉をひとつ持って果物屋に行ったとしよう。きみはリンゴとオレンジが食べたかったけど、どちらも値段は一個一〇〇円だ。これでは両方買うことはできない。リンゴを買えばオレンジが食べられない。オレンジを買えばリンゴが食べられない。この状況を、経済学ではトレードオフという。

なんだ、そんなことかと思うだろうが、じつはこれは、経済だけでなく世の中を理解するのにとてつもなく大事な概念だ。どれくらい重要かというと、もし世の中のひとの六割(五割でもいい)がトレードオフをちゃんとわかっていれば、戦争や内乱、飢餓や貧困などの悲劇のほとんどは解決できてしまうだろう。

そんなのウソでしょ。

と思うのもムリはない。でもこれは、順を追って説明すれば誰にでもわかるものすごくかんたんな話だ。

トレードオフは改善できる

リンゴとオレンジをいっぺんに買うことができない以上、どちらかをあきらめるしかない。これは当たり前のことだけど、もしきみが、どういう理屈かは知らないが、リンゴとオレンジを両方手に入れることが「正義」だと信じていたとしよう。ところが現実には、それぞれ一〇〇円の値段がつけられていることで、この「正義」を実現できない。このとき、その信念がじゅうぶんに強ければ、きみは自分ではなく世の中が間違っていると考えるだろう――意識の役割は自己正当化だという話を思い出してほしい。

トレードオフに「正義」が混入すると、以下の三つの現象が生じる。

① 非合理性　ポケットには一〇〇円しかないけど、二〇〇円のものが買えるはずだ。
② ユートピア志向　一〇〇円で二〇〇円のものが買える世界がどこかにあるはずだ。
③ 他罰性　一〇〇円のものを二〇〇円で売る果物屋は間違っている。

トレードオフ的な状況は世の中の至るところにあるけれど、それと個人の信念が衝突するとと、おうおうにしてこの順番で暴力に至る。一人なら犯罪（テロ）だし、こういうひとがものすごく多いと戦争や革命になる。

でも幸いなことに、欧米諸国や日本のような先進国で大規模な殺し合いが起きる可能性はほとんどなくなった。人類が賢くなったというわけではぜんぜんないけれど、ひとはすくなくとも経験から学ぶことはできるからだ。——というか、ほとんどの場合、理性ではなく経験を参照して判断することしかできない。

二〇世紀に人類はどんな経験をしたのか。

帝国主義と植民地主義が二つの世界大戦を引き起こし、ロシア革命はスターリンの粛清と強制収容所国家を生み、毛沢東の大躍進政策と文化大革命では三〇〇〇万人以上が餓死したとされている。ナチスはユダヤ民族をホロコーストによって絶滅させようとし、日本はアジアを侵略して挙句の果てに広島と長崎に原爆を落とされた。

こうした二〇世紀の歴史は、あちこちで「どっちが悪い」とか「反省が足りない」とかの面倒な議論（歴史問題）を引き起こしているけれど、口汚く罵り合っているひとたちも、とてつもなく悲惨なことが起きたことでは合意するだろう。人間はかなしいほど愚かだけれど、戦争と革命の歴史が目を背けるくらいグロテスクだったので、同じことをもういちどやろうとは誰も思わなくなった。ものすごくヒドい目にあったひとたちが世界じゅうにたくさんいて、彼らの犠牲のうえにいまの平和は成り立っているのだ。

ということで、いまではトレードオフを安直な正義（あるいは宗教的信念）で暴力的に解決しようとするひとは、先進諸国にはほぼいなくなった。——ＩＳ（イスラム国）やパレスチナ紛争、アフリカの民族対立など残念なことはまだたくさん起きているけれど。

でもそうなると、きみはリンゴとオレンジのどちらかをあきらめなくちゃいけないんだろうか。「それが市場原理なんだから当然だろ」というのが「ネオリベ（新自由主義）」だ。

「世の中間違ってる→どこかに理想の世界があるはずだ→革命だ！」というバカっぽい理屈はかんべんしてほしいけど、「ネオリベ」の上から目線の説教も気にくわない、というひとはたくさんいるはずだ。でも安心してほしい。どちらかをあきらめる前に、ちょっとした工夫でこのトレードオフは改善できるのだから。

もちろん、一〇〇円で二〇〇円のものを買うことはできない。でも同じように一〇〇円しか持っていなくて、リンゴとオレンジを食べたいと思っているひとがいれば、二人で果物屋に行ってリンゴとオレンジを買い、それを半分ずつ分ければいい。これですべての望みがかなうわけではないけれど、リンゴだけ（オレンジだけ）でガマンするよりはずっといいはずだ。

最初に種明かしをしてしまうと、ここでいいたいのは要するにこれだけのことだ。

功利的な設計主義

トレードオフがある以上、すべてのひとが満足することはあり得ないんだから、いまより状況が改善できればそれでいいんだよ――こういう考え方を功利主義という。一八世紀末にイギリスの哲学者ジェレミ・ベンサムがいいだしたことで、「最大多数の最大幸福」の原理として知られている。

功利主義の特徴は、幸福が計算可能だと考えることだ。――この「数えられる幸福」が〝効用〟で、効用を最大化するのが功利主義だ。

先ほどの例を功利主義で考えてみよう。

リンゴ、あるいはオレンジをまるごと一個食べる効用を一〇〇とする。両方食べられれば、効用は二〇〇だ。でもポケットには一〇〇円玉ひとつしかないのだから、このままでは効用一〇〇であきらめるしかない。でもリンゴとオレンジを半分ずつ食べるときの効用が一五〇だとしたら、自分と同じことを考えているひとを探すことで、誰にも損はさせずに(果物屋を「強欲だ!」と罵ったりせずに)、仕組みを変えるだけで効用を五〇もアップさせることができる。だったらその方がずっといいでしょ。

この例からわかるように、功利主義の考え方は経済学とものすごく相性がいい。というか、功利主義と経済学は一体のものだ。

厚生経済学では、どうすればみんなの効用が最大化できるかを考える。そこではいろいろと難しい数式が使われているけれど、基本はものすごく単純だ。

二人でひとつのパイを分けることを考えてみよう。このとき、最大多数の最大幸福を実現するには次の二つの条件を満たせばいい。

① もとになるパイをできるだけ大きくする。
② パイを全員が満足するように分ける。

①は、全体のパイが大きければ一人ひとりに分配できる量が増えるということで、「経済成長してゆたかな社会をつくろう」という話だ。

②は、分配は平等に行なうべきで、「できるだけ衡平(こうへい)な社会制度をつくろう」という話だ。――ここで「衡平」という難しい言葉を使ったが、これは「公平」と「衡平」を使い分けているからで、それについてはあとで説明する。

ではこのとき、どんな方法でパイを分ければいいのだろうか。実はここにもちゃんと正解が用意されている。相手にナイフを渡し、「きみが好きなように切りなよ。その代わりぼくが好きな方を取るから」といえばいい。

じつはこれはゲーム理論の純戦略で、できるだけ平等にパイを分ける以外に自分を有利にする方法は存在しない。ここから、

③ゲーム理論を使って最適なルールを決めればいい。

という三つめの原則が導き出せる。こういう考え方を「設計主義」といい、リンゴとオレンジの問題とか、パイをどうやって分けるかとかは、「功利的な設計主義」によって最適な答を導き出すことができる。「だったら経済学とゲーム理論にぜんぶ任せておけばいいじゃん」という楽天的なひともたくさんいる。

でもほとんどのひとは、こんな話を聞かされたらムカつくんじゃないだろうか。「功利的な設計主義」の評判が悪いのは、次のような理由が考えられる。

①「最大多数の最大幸福」という正義が気に入らない。正義は相対的なものじゃなくて、絶対的なもののはずだ。

②「効用を数値化できる」という考え方が気に入らない。幸福は主観的なもので、他人と比較できるわけがない。

③「最適な制度が設計できる」という考え方が気に入らない。市場や社会をエリートが自由に操作できるなんて傲慢だ。

そこで次に、こうした批判を順番に考えてみよう。

「正義」は娯楽である

功利主義は、「一〇〇の効用よりも一五〇の効用の方がいい」という相対主義だ。だがここで、すぐに次のような反論が出てくるだろう。

「奴隷制で奴隷の効用が五だとして、法律で奴隷の夕食のおかずを一品増やすよう義務づけたら効用が六に増えた。これは奴隷の効用を増加させたからよい政策だ」

あるいは、

「いじめ被害を改善するには、一人の生徒をみんなでいじめればいい。これで、最少の犠牲で最大多数がいじめから逃れられる」

効用は相対的なもので、全体の効用が増えさえすればなんだっていいと考えるなら、こういうおかしなことになってしまう。だから功利主義にも、なんらかの前提（正義の基準）は必要だ。それはぼくたちが道徳的な基盤だと思っているもののことで、リベラルデモクラシー（自由な社会と民主政）や平等な人権の原則によって、奴隷制やいじめによる「最大多数の幸福」は否定されなければならないのだ。[*48]

次に、「正義とはなにか」というより原理的な問いを考えてみよう。

正義についてはむかしからあまたの思想家・哲学者がいろんなことを語ってきたが、現代の脳科学はここでもたった一行で正義を定義する。

正義は娯楽（エンタテインメント）である。

はい、これだけ。

正義の特徴は、強い感情をともなうことだ。進化論的にいえば、特定の状況に置かれたヒトが泣いたり笑ったり怒ったりするのは、脳にあらかじめ組み込まれたプログラムによるものだ。お笑い番組で号泣したり、恋人が不治の病で死んでいく場面で腹を抱えて笑うようなひとは、そうとうな変わり者だからみんなから相手にされず、うまく子孫を残すことができない。哲学や倫理学の小難しい理屈で説明される道徳や正義は、すべて「正義感覚」という感情を基礎としているのだ。[*49]

ひとは、気持ちいいのは正しいことで、不快なのは悪いことだと無意識のうちに判断している。セックスが快楽なのは子孫を残す行為だからで、腐ったものが不味いのは食べたら病気になるからだ。長い進化の過程のなかで、ぼくたちは「気持ちいい」ことだけしていればたいていのことがうまくいくよう「設計」されている。

復讐はもっとも純粋な正義の行使で、仇討ちの物語があらゆる社会で古来語り伝えられてきたように、それは人間の本質（ヒューマン・ユニヴァーサルズ）だ。そればかりか、「目には目を」というハンムラビ法典の掟はチンパンジーの社会にすら存在する（仕返しは認められるが、過剰な報復は禁じられている）。

ひとはなぜこれほど正義に夢中になるのか。その秘密は、現代の脳科学によって解き明かされた。脳の画像を撮影すると、復讐や報復を考えるときに活性化する部位は、快楽を感じる部位ときわめて近いのだ。

復讐がなぜセックスと同じ快楽になるのか。その理由はかんたんで、せっかく手に入れた獲物を仲間に奪われて反撃しないようなお人好しは、とうのむかしに淘汰され絶滅

＊48―ここでいちおう説明しておくと、デモクラシー（democracy）は神政（theocracy）や貴族政（aristocracy）と同じく政治制度のことだから、「民主政治」「民主政」「民主制」などとすべきで、「民主主義（democratism）」は明らかな誤訳だ。後述するように、これでは「民主政」という政治制度のうえにさまざまな政治思想（主義＝イズム）が対立するという基本的な構図がわからなくなってしまう。

＊49―「正義」はjustice の訳で、その本来の意味は「just にすること」だから、公正なルールとその執行をいう。法哲学の「正義論」は善悪の基準を決めることではなく、法の制定と裁判の仕方を論じることだ。厳密には「正義」と「善（道徳）」を区別すべきだろうが、「悪を滅ぼす善の味方」はやはりヘンなので、ここでは日本語の慣用に従って道徳的な正しさを含め「正義」としている。

してしまったからだ。生き残ったのは「復讐せざる者死すべし」という遺伝子なのだ。

共同体を維持するうえでも、私的制裁（やられたらやり返す）は必要不可欠だ。右の頬を殴られたら左の頬を差し出すのは立派だが、そんな聖人が増えれば好き勝手に相手を殴りつける無法者（フリーライダー）が跋扈（ばっこ）するだけだろう。

こうしてヒトやチンパンジーのような社会的な生き物は、「正義」の行使（裏切り者を罰すること）を娯楽＝快楽と感じるように進化してきた。ハリウッド映画から時代劇まで、「悪が破壊した秩序を正義が回復する」という勧善懲悪の陳腐な物語がひたすら繰り返されるのも無理はない。

こうした説明を胡散臭いと感じるひとは、インターネットの匿名投稿を見てみるといい。ネットメディアの世界では、もっともアクセスを稼ぐ記事が有名人のゴシップ（噂話）と正義の話だというのはよく知られている。「こんな不正は許せない」という話にひとはものすごく敏感だ。不道徳な政治家や芸能人、犯罪容疑者を夢中になってバッシングするのは、別に社会に貢献しようと思っているのではなく、たんに面白いからなのだ。

チンパンジーにも「正義」はある

現代の進化論では、正義とは、進化の過程のなかで直感的に「正しい」と感じるようになったもののことだ。[*50]この感情は進化の過程で脳にプログラミングされているから、すべてのひとに共有されている。

「正義感覚」にはどのようなものがあるのだろうか。[*51]

フランス革命は、近代の理想を「自由」「平等」「友愛」の三色旗に象徴させた。

自由とは「なにものにも束縛されないこと」だが、ジョン・ロックに始まる政治思想では私的所有権こそが自由の基盤だとされた。領主が農地を勝手に取り上げてしまうようでは、人民は奴隷として生きていくほかはない。だからこそ、私的所有権を否定したマルクス主義は「自由の敵」なのだ。

平等というのは、すべてのひとが、ひとであるというだけで人権を持っているという思想だ。人権は究極の権利なので、人種や性別、国籍や宗教のちがいによって差をつけることは許されない。

友愛とは、理想のために力を合わせてたたかう仲間（共同体）のことだ。集団である以上、そこにはリーダーを頂点とする階層（ピラミッド型）組織がつくられるだろう。

＊50―これもいちおう断っておくと、道徳論ではふつう「直観」が使われるが、これは「ものごとの本質を直接的に観想する」という哲学用語で、正義が感情的なものだというニュアンスが抜けてしまうので、ここでは「直感」とする。

＊51―以下の話は何度か書いたが、話の展開上必要なので再掲する。既読の方は読み飛ばしてください。

フランス革命では、こうした組織は伝統や宗教、暴力や恐怖ではなく、友情（友愛）によって築かれるべきだとされた。——もっともこれはあくまでも理想で、近代社会では組織の階層化は自由な契約によってのみ正当化される。

ところで動物行動学者は、「自由」「平等」「共同体（組織の階層化）」というヒトの正義感覚を、チンパンジーも同じように持っていると考える。

チンパンジーの社会は、アルファオス（かつては〝ボスザル〟と呼ばれたが、最近は〝第一順位のオス〟の意味でこの言葉が使われる）を頂点とした厳しい階級社会で、下っ端（下位のサル）はいつも周囲に気をつかい、グルーミング（毛づくろい）などをして上位のサルの歓心を得ようと必死だ。

そんなチンパンジーの群れで、順位の低いサルを選んでエサを投げ与えたとしよう。そこにアルファオスが通りかかったら、いったいなにが起きるだろうか。

アルファオスは地位が高く身体も大きいのだから、下っ端のエサを横取りしそうだ。だが意外なことに、アルファオスは下位のサルに向かって掌を上に差し出す。これは「物乞いのポーズ」で、〝ボス〟は自分よりはるかに格下のサルに分け前をねだるのだ。

このことは、チンパンジーの世界にも先取権があることを示している。序列にかかわらずエサは先に見つけたサルの〝所有物〟で、ボスであってもその〝権利〟を侵害することは許されない。すなわち、チンパンジーの社会には私的所有権がある。*52

二つめの実験では、真ん中をガラス窓で仕切った部屋に二頭のチンパンジーを入れ、それぞれにエサを与える。

このとき両者にキュウリを与えると、どちらも喜んで食べる。ところがそのうちの一頭のエサをリンゴに変えると、これまでおいしそうにキュウリを食べていたもう一頭は、いきなり手にしていたキュウリを投げつけて怒り出す。

自分のエサを取り上げられたわけではないのだから、本来ならここで怒り出すのはへンだ（イヌやネコなら気にもしないだろう）。ところがチンパンジーは、ガラスの向こうの相手が自分よりも優遇されていることが許せない。

これはチンパンジーの社会に平等の原理があることを示している。自分と相手はたまたまそこに居合わせただけだから、原理的に対等だ。自分だけが一方的に不当に扱われるのは平等の原則に反するので、チンパンジーはこの〝差別〟に抗議してキュウリを壁に投げつけて怒るのだ。

＊52—自由を自己決定権と考えるならば、アメリカの心理学者マーティン・セリグマンの学習性無力感の実験も示唆的だ。檻に入れたイヌに電気ショックを与えても、頭を振ってボタンを押すことでその不快な状況を終了させられるのなら、ストレス値は上がらず学習能力も維持される。ところがなにをやっても電気ショックが止められないと、最初ははげしく抵抗するが、そのうち反応がなくなっていっさいの意欲を失ってしまう。電気ショックの不快感は同じでも、自分の意志で状況を変えられる（選択権がある）かどうかでその効果はまったく異なるのだ。

三つめの実験では、異なる群れから選んだ二頭のチンパンジーを四角いテーブルの両端に座らせ、どちらも手が届く真ん中にリンゴを置く。初対面の二頭はリンゴを奪い合い、先に手にした方が食べるが、同じことを何度も繰り返すうちにどちらか一方がリンゴに手を出さなくなる。

このことは、身体の大きさなどさまざまな要因でチンパンジーのあいだにごく自然に序列（階層）が生まれることを示している。いちど序列が決まると、〝目下の者〟は〝目上の者〟に従わなければならない。ヒトの社会と同じく、組織（共同体）の掟を乱す行動は許されないのだ。[*53]

このようにチンパンジーの世界にも、「自由」「平等」「共同体」の正義がある。相手がこの〝原理〟を蹂躙すると、チンパンジーは怒りに我を忘れて相手に殴りかかったり、群れの仲間に不正を訴えて正義を回復しようとするのだ。[*54]

正義の衝突

民主政国家においても、どのような社会をつくるかでひとびとの意見は分かれる。ヒトにもチンパンジーと同じ「自由」「平等」「共同体」の正義感覚があるとすると、そこから三つの政治的立場が生まれるだろう。

① 自由を求める「自由主義」
② 平等を重視する「平等主義」
③ 共同体を尊重する「共同体主義」

革命直後のフランスでは、国民会議の右翼を保守派（王党派）が、左翼を共和派が占め、共和派には自由を求めるリベラルと、平等を重視するデモクラットがいた。自由主義＝リベラル、平等主義＝デモクラット、共同体主義＝コンサバティブ（保守）と、おのおのが守るべき価値によって党派が分かれていたのだ。

ところがその後、経済格差を悪として平等を求める立場が「リベラル」と呼ばれるようになり、それに対して「徴税や再分配で競争の結果を平等にするのは自由の圧殺だ」

＊53―最初の二つの例はフランス・ドゥ・ヴァール『あなたのなかのサル　霊長類学者が明かす「人間らしさ」の起源』（早川書房）より。三つめの実験は藤井直敬『つながる脳』（新潮文庫）。

＊54―これ以外の重要な正義感覚に互酬制がある。群れの中でしか生きられないチンパンジーは、食べ物からグルーミング、セックスまで、さまざまなモノやサービスを交換して仲間とよい関係を維持しようとする。なにかを与えたらお返しを受けられるという原則は徹底していて、気前のいいサルは輪のなかにさりげなく入るだけでエサをもらえるが、吝嗇（りんしょく）家はどれほどしつこくねだっても相手にされない。ヒトの社会では、この互酬制が交換として個人や集団をネットワークし、経済（市場）を生み出していった。

との批判が起こる。結果の平等（大きな政府）か機会の平等（小さな政府）かで、リベラルが二つに分かれてしまったのだ（これについてはあとで説明する）。「リベラル」の名をデモクラット（平等主義者）に先に使われてしまった自由主義者は、自らを「古典的自由主義」と称するものの定着せず、現在は同じ「自由 liberty」を語源とするリバタリアン libertarian（自由原理主義者）を名乗っている。ちなみに「古典的」とは「ジョン・ロックやアダム・スミスの時代の正統な」という意味だから、「本家」や「元祖」と同じだ。

また最近は、共同体を重視する立場をコミュニタリアン（共同体主義者）と呼ぶようになった。これは歴史や伝統に価値を置きつつも左派（リベラル）に近い立場が台頭してきたからで、『白熱教室』のマイケル・サンデルなどが筆頭だが、彼らを「保守（右派）」と呼ぶのは矛盾なのでより中立的な言葉が使われるようになったのだ（この場合、従来の保守派は「コミュニタリアン右派」になる）。

自由主義、平等主義、共同体主義はどれも進化論的な正義感覚を基礎にしているが、そのほかにもうひとつ、きわめて影響力の大きな政治思想がある。それが「功利主義」だ。

功利主義の際立った特徴は、他の三つの「主義」とは異なって、進化論的な基礎づけを持たないことだ。——功利的にものごとを判断するチンパンジーは（おそらく）いないだろう。

政治思想のトレードオフ

政治思想（主義＝イズム）の対立を理解するうえでの出発点は、「すべての理想を同時に実現することはできない」というトレードオフだ。誰もが、自由で平等で共同体の絆のある社会で暮らしたいと願うだろうが、これは机上の空論で原理的に実現不可能だ。自由な市場で競争すれば富は一部の個人に集中する。これは競争が不公正なのではなく、市場が複雑系だからだ。インターネットを考えればわかるように、複雑系のネットワークはハブに多くの資源（情報や人間関係など）が集まるようにできている。そしてこの仕組みは誰か（国家権力とか）の陰謀ではなく、参加者の自由な活動によって自生的に生まれたものだ。

インターネットに接続するユーザーの総数が増えたとしても、すべてのサイトに均等にアクセスが分配されるわけではない。新しいユーザーも、やはりネット世界のハブにまずアクセスし、そこから自分の好みに合ったサイトを探すだろう。こうしてユーザー数が増えれば増えるほどアクセスはYahoo!やGoogleに集中し、ネット世界の〝格差〟は広がっていく。

グローバル市場がインターネットと同じような複雑系のスモールワールドだとすれば、技術革新や新興国の経済成長、国家による借金（国債の増発）で市場全体に流通するマネーの総量が増えれば、それにともなってハブとなる一部の個人や会社に富が集中し、経済格差は広がっていくはずだ。

このように、「自由」を追求すると必然的に格差は大きくなる。それを平等にしようとすれば、国家が徴税などの〝暴力〟によって市場に介入するしかない。自由を犠牲にしない平等（平等を犠牲にしない自由）はあり得ないのだ。

リバタリアンとリベラルは「自由 liberty」から生まれた二卵性双生児のようなものだから、経済的な不平等を容認するかどうかで激しく対立するとしても、リベラルデモクラシーの理想を共有しているのは間違いない。それは、「自立した自由な市民が民主的に国家を統治する」という政治制度のことだ。そこでは完全な人権を持つ個人（市民）が社会の基本単位で、共同体（コミュニティ）は個人が自由な意志（友愛）でつくる二次的なものにすぎない。

それに対してコミュニタリアン（共同体主義者）は、歴史や伝統・文化を無視した「のっぺりとした近代」に強く反発する。彼らにとっては共同体こそがひとびとの生きる基盤で、あらゆる「徳」はそこから生まれるのだ。

哲学書としては異例のベストセラーとなった『これからの「正義」の話をしよう』

（ハヤカワ・ノンフィクション文庫）でマイケル・サンデルは、家族への愛情、仲間との連帯、共同体への忠誠を「善」とし、それを個人を超越する義務と見なす。ひとはみな「物語る存在」で、私たちは抽象的で空疎な「近代的自我」などではなく、歴史や共同体という「大きな物語」の一部として人生という物語を演じているのだと美しく語る。

ヒトは社会的な動物で共同体（群れ）を離れては生きていけないのだから、これはたしかにそのとおりだろう。だが共同体の掟が個人（市民）の権利に優先するならば、自由や平等は二次的な権利にならざるを得ない。リバタリアンであれリベラルであれ、人権を制限する政治思想はぜったいに認めないだろうから、共同体主義と近代的自由主義も原理的に両立できないのだ。[*55]

＊55―ただしサンデルは、「どのような伝統にも平等に価値がある」と主張するわけではない。こうした「文化相対主義（マルチカルチュラリズム）」では、「イスラーム原理主義のテロリストも文化として尊重するのか」という問いに答えることができないからだ。サンデルはアメリカ以外の国々の〝伝統〟も平等に尊重するが、それはあくまでもリベラルデモクラシーに抵触しない範囲でのことだ。政治思想としてのコミュニタリアニズムはリベラリズムやリバタリアニズムと同じ近代思想で、ただ社会を「個人」の集合として見るか、「共同体」を中心に置くのかの視点が異なるだけだ。

図18—正義をめぐる4つの立場

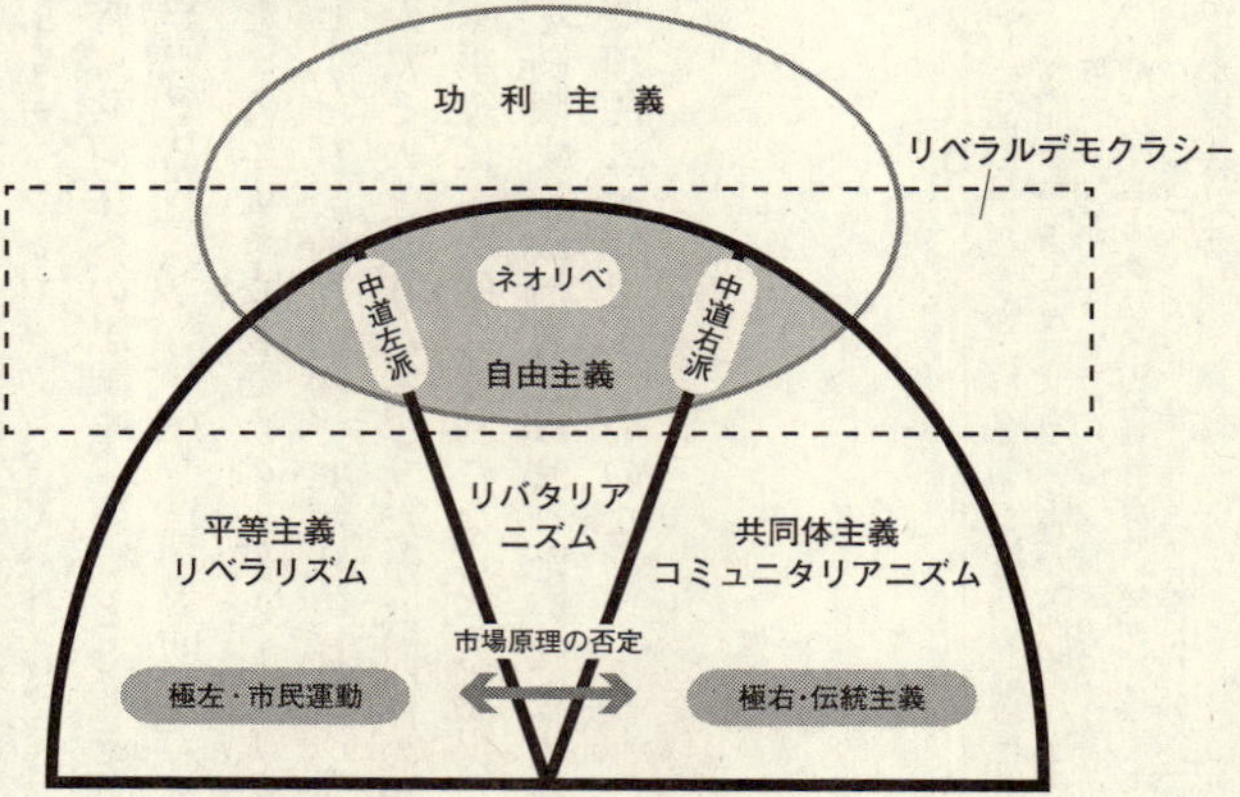

正義をめぐる四つの立場

「自由主義（リバタリアニズム）」「平等主義（リベラリズム）」「共同体主義（コミュニタリアニズム）」「功利主義」の関係は図18のようになる。

下部の半円にある三つの「正義」は、いずれも進化論的に基礎づけられている。正義感覚によって直感的に正当化できるこの三つの正義は等価で、リバタリアニズムを中央に置いたのは便宜的なものにすぎない。

功利主義を半円から別にしたのは進化論的な基礎がないからだ。功利主義の考え方は私的所有権（市場経済）を重視するリバタリアニズムときわめて相性がいいので、その部分がもっとも厚くなっている。

この四つの「主義（イズム）」はリベラルデモクラシー（自由な社会と民主政）の枠内にあり、民主的な選挙によって主導権を争う。それに対して極端な政治思想は、民主政そのものを認めないだろう。

共同体主義のなかでもっとも功利主義から遠い「保守の最右翼」は、日本古来（とされる）伝統を重んじ、武士道など日本人の美徳を説く。その一方で左翼の過激な活動家は、大企業や富裕層への課税によって社会福祉を拡充し、すべての社会的弱者を国家が救済すべきだと主張する。

極右と極左は不倶戴天の敵のような関係だと思われているが、最近は市民運動の集会に新右翼の団体が参加することも珍しくなくなった。しかしこれは不思議でもなんでもなく、図を見ればわかるように、市場原理（功利主義）を否定することで両者の思想は通底しているのだ。

リバタリアニズムと功利主義は国家の過度な規制に反対し、自由で効率的な市場が公正でゆたかな社会をつくると考える。両者の政治的立場はきわめて近いので、日本では包括して「新自由主義（ネオリベ）」と呼ばれているが、原発事故のような極限状況では主張が対立する。功利主義者は金融市場や電力供給を守るために国家による東京電力の救済を容認するだろうが、リバタリアンは市場原理を貫徹して東京電力を破綻させ、株主や債権者が資本主義のルールに則った責任をとることを求めるだろう。

より原理主義的なリバタリアンはそもそも国家が勝手に貨幣を発行することに反対だから、ビットコインのような国家から独立した通貨を強く支持する。リバタリアンというとアメリカのティーパーティのような頑迷固陋な保守派をイメージするかもしれないが、いまやその最先端はシリコンバレーにある。——テクノロジーによって自由な社会を実現しようとする彼らを〝サイバー・リバタリアン〟と呼ぶが、それについてはあとで触れることになる。

ロールズの格差原理

正義についての政治的対立というのは、「みんなのあいだで幸福と不幸（負担）をどのように分配するのか」という問題のことだ。これについてはリバタリアン（自由主義者）が機会平等、リベラル（平等主義者）が結果平等を求めてはげしく争ってきた。

機会平等というのは、全員のスタートラインを同じにして一斉に競争させて、あとは本人の努力や才能、運に任せればいい、という考え方だ。これはものすごくシンプルで、政治や行政はほとんどやることがなく「小さな政府」でじゅうぶんだ。問題はスタートライン（機会）を平等にするのが現実的に不可能なことと（イスラエルがかつてやったように、生まれたばかりの子どもをキブツの養育施設に入れて、家庭から隔離して国家が育てれば別だ）、経済格差が極端に開いた場合、不満を感じたひとたちが暴動を起こして社会が不安定化することだ。

結果平等とは機会だけでなく競争の結果についても平等を求めることで、徴税と再分配を行なう「大きな政府」を必要とする。メリットは貧しいひと（負け組）の福祉や幸福度が上がることで、デメリットはこの考え方を徹底すると共産主義になってしまうことだ。

機会平等と結果平等はどちらも極論だから、正解はその中間のどこかにあるはずだと多くのひとが考えた。そのなかで大きな影響力を誇ったのがケインズ経済学で、不況のときは政府が市場に介入してがんがん公共事業を行なえば、お金持ちの効用を下げずに貧乏人の効用を上げることができると説いて政治家や官僚に大人気だった。でも一九六〇年代くらいから徐々にケインズ政策の効果が出なくなって、財政赤字ばかり増えてぜんぜん景気がよくならない（インフレと不況が併存するスタグフレーションが起きた）ことから、いまではすっかり凋落してしまった。

ケインズ経済学の退潮とともに、民営化と規制緩和を説くミルトン・フリードマンらの新自由主義が政治の世界を席巻した。そんな時代に忽然と現われたのがアメリカの政治哲学者ジョン・ロールズで、『正義論』（一九七一年）において、基本的人権が保障された自由な社会を前提とするならば、正義の原理を簡潔に定義できると大見得を切った。

ロールズの有名な「格差原理」は次のようなものだ。

社会的・経済的な不平等が許容できるのは、もっとも不遇な立場のひとの利益が最大化されているときだけだ[*56]

この原理を導き出すにあたって、ロールズは「無知のヴェール」というトリッキーな論法を使った。どのような分配ルールが正義にかなうかを決めるときに、ひとびとはいったんすべての先入観を捨て、まったくの無知な状態で(無知のヴェールをかぶって)判断しなければならない、というのだ。

ロールズがなにをいいたいのかを理解するには、細かな約束事を決めずに三人で(べつに何人でもいいのだが)ポーカーをする場面を想像してみるといい。

五枚のカードを配り終えたあとにルールを決めようとすると、手の内にジョーカーのあるプレイヤーはそれを最強カードだと主張するだろうし、その様子から相手がジョーカーを持っているとわかれば、他の二人はなんの価値もないカードだと言い張るだろう。これが先入観にとらわれた状態で、いったん自分の手を知れば公正な判断ができなくなってしまうのだ。

このような混乱を避けるには、ルールはカードが配られる前に、すなわち自分の手について無知な状態で、プレイヤーのあいだで合意しておく必要がある。いわれてみれば、まったく当たり前の話だ。[*57]

同様に、社会のルールを決めるときも、〝いまの自分〟という先入観を持ったままなら公正な判断をすることができない。そこで仮想的に、自分がどのような状態でこの世に生まれてくるのかわからない（大金持ちの子どもかもしれないし、重い障がいを持っているかもしれない）と考えて、みんなが合意できる「正義」の基準を決めればいいのだ。

経済学では、ほとんどのひとはリスク回避的だとする（実験によってもこのことは確認されている）。もしそうなら、無知のヴェールの下で、ひとは自分が不利な状態で生まれてくるリスクを想定して、その利益が最大になるようなルールを好むはずだとロールズは考えた。これがすなわち格差原理だ。

ロールズの『正義論』は、これまでの政治哲学の議論をすべて書き換えるような衝撃を与えた。こんな単純な理屈でソクラテス、プラトン以来の難問とされてきた「正義の

＊56―実際にはこれとは別に「機会均等原理」があるが、これは「同じ条件の下で生じた不平等は許容される」というものので「格差原理」に包含されると考えていい。

＊57―この例からわかるように、「無知」なのは個人的な利害得失であって、プレイヤーはポーカーのルールを熟知していなければならない。同様に「正義」についてのルールを決めるときも、ひとびとが自由で民主的な社会の仕組みを知っていることが前提になる。

基準」が決められるなんて、誰も思ってもみなかったのだ。しかしその影響力の大きさのために、ロールズは右と左から総攻撃を受けることになる。リバタリアンからすれば、格差原理は国家の自由（私的所有権）への介入を許すものだった。リベラルにとっては、格差すなわち社会的・経済的不平等の容認は許しがたかった。こうして二〇〇二年に死去するまで、ロールズは「正義」をめぐる論争に翻弄されつづけた。

センの「人間の安全保障」

経済学の立場からロールズの格差原理を引き継いだのがインド生まれの経済学者で、アジアではじめてノーベル経済学賞を受賞したアマルティア・センだ。センは伝統的な経済学とロールズの正義論の橋渡しをし、功利主義的な「効用」の批判を通してひとびとが幸福になれる制度を構想した。そのキーワードが「効率」と「衡平」だ。

ゆたかさを実現するためには、全体のパイを増やさなければならない。そこでセンは、民主的な政治制度の下、効率的な市場で自由な競争をすることで、ひとびとの労働生産性を引き上げるべきだと強調する。ここまでは新自由主義と同じだ。

そのうえでセンは、効用ではなく「機能（functioning）」と「潜在能力（capability）」を基準にして、公平ではなく衡平な社会をつくるべきだと提言する。この用語はすこし説明が必要だろう。

通勤・通学の便を図るため政府が各家庭に一台ずつ自転車を配るとしよう。これは公平な分配政策で、社会全体の効用が無料自転車の分だけ高まることが期待できる。だがこの政策は、すべての国民が健常者だと前提していることでじつは不公平だ。足の不自由なひとは自転車を受け取っても意味がないから、個人ごとで見れば「効用」には大きな差があるはずだ。

この誤謬は、個人が「なし得ること、なり得るもの」に目を向けていないことから生じるとセンはいう。自転車が無料で配られれば、これまで駅まで歩いていたひとは便利になるだろう。でも車椅子のひとは、それと同じ「機能」を持つことができない。足の悪いひとにも人生を楽しむ「潜在能力」があるはずだ。でも道路が段差ばかりで家からほとんど出られないのでは、デパートで買い物したり、映画館で新作を楽しんだり、友だちと喫茶店でお茶したりすることはできない。

ひとびとの機能（なし得ること）や潜在能力（なり得ること）を等しくするには、車椅子のままバスに乗ったり、駅のエレベーターでホームに上がって電車に乗れるなど、なんでも自分ひとりでできるようにならなければならない。そのための街づくりや公共交通機関の整備には費用がかかるから、一人あたりの税金投入額を比較すれば不公平だ。でも一人ひとりを機能や潜在能力で比較するならば、この不公平はつり合いのとれた社会をつくるうえで必要なものとなる。この「つり合いのとれた状態」が衡平だ。「公平」と「衡平」は対立する概念ではない。

パイを二人で分けるときに、力の強い方が暴力によって大きなパイを奪い取るのは不公平だ。これは分配がフェアでないからで、小さなパイを押しつけられた方はぜんぜん納得できないだろう。この場合、パイをきちんと等分するのがフェア（公平）な分配になる。

でもなにかの事情で（お腹をすかせた妹が家で待っているとか）一方がより大きなパイを受け取ることが正しいこともあるかもしれない。こんなとき、自分が三分の一、相手が（妹の分と合わせて）三分の二という分配ルールに合意していれば、小さなパイを受け取っても不満はないのだから、これは公平（フェア）かつ衡平な（つり合いの取れた）分配ということになる。[*58]

経済学は「効用の最大化」を目指してきたが、センはそれを「機能と潜在能力の最大化」に置き換えた。差別や障がいで機能を制限されている社会的弱者や、貧困によって潜在能力を発揮できない発展途上国のひとたちには、衡平を基準としてより多くの社会的資源が分配されるべきだ。——すべてのひとに最低限の機能が分け与えられ、潜在能力を発揮できるようになることを、センは「人間の安全保障」という。

しかしこれは、「かわいそうだからお金をあげましょう」という寄付や慈善とはちがう。センは貧困に対して教育や福祉などの援助が必要だと述べるが、それは自由で民主的な社会と効率的な市場をつくることを前提として戦略的に行なわれるべきだし、衡平（つり合い）を壊すような過大な再分配は不要だ。

これまでの援助（社会的弱者への分配）は、「善意」という感情（ファスト思考）に動かされて場当たり的に行なわれてきた。センの貢献は、伝統的な経済学の枠組みのなかで、機能を基準とする「新しい功利主義」のルールを基礎づけたことにあるのだ。

＊58―以上の説明は蓼沼宏一『幸せのための経済学　効率と衡平の考え方』（岩波ジュニア新書）を参考にした。

14――社会をデザインする

「囚人のジレンマ」のパラドックスを知っているひとは多いと思うが、こういう話だ。

――犯罪者が仲間といっしょに逮捕されたとする。ずっと黙秘していると、しびれを切らせた検事が次のような提案をした。

① このまま黙秘をつづけて、仲間が自白したら、罪はすべてお前がひとりで負うことになって懲役一〇年の実刑、仲間は釈放される。
② お前が自白して仲間が黙秘したら、お前は罪を仲間に着せて釈放、仲間は懲役一〇年。
③ お前も仲間も自白したら罪も半々になって、それぞれ懲役五年。

そして最後に、次のような本音を漏らした。

図19―「囚人のジレンマ」の利得表

		囚人B 協調（自白しない）		囚人B 裏切り（自白する）	
囚人A	協調（自白しない）	1	1	10	0
囚人A	裏切り（自白する）	0	10	5	5 均衡

④　お前も仲間も黙秘したら立件できないから、それ以外の罪状で懲役一年がせいぜいだ。

さてこの条件で、犯罪者はどのような選択をすべきだろうか。

図19の利得表を見ればすぐにわかるように、犯罪者にとっていちばんいいのは、自分だけ自白して仲間が黙秘してくれることだ。でも、そんなウマい話は転がっていない。検事は相手にも同じ提案をしているに決まっているからだ。

次に有利な選択は、二人とも黙秘することだ。一年の刑務所暮らしくらい、我慢できないことはない。でも自分が黙秘しても、相手が同じように黙ってくれる保証はどこにもない。

犯罪者にとって最悪なのは、自分だけが黙秘して、仲間が自白してしまうことだ。そうなると相手は自由の身で、自分は刑務所で一〇年も臭い飯を食わなくてはならない。

最悪の事態を避けるもっとも確実な方法は、仲間の思惑なんて無視して自白することだ。相手がお人好しで黙秘してくれれば釈放されるし、相手が自白しても懲役五年で、自分だけが一〇年の刑になるよりずっとマシなのだ。

ここまでは論理的に完璧だ。でもちょっと考えてほしい。仲間も同じように合理的に行動すれば、当然、自白を選ぶだろう。そうなると二人とも懲役五年になって、お互いに黙秘するという〝論理的に正しくない〟選択をした場合の懲役一年に比べてはるかに重い罰になってしまうのだ。

実はこの囚人のジレンマを解こうとする努力はすべて時間のムダだ。先に挙げた条件が確定してしまえば、「二人とも自白する」という〝不合理な選択〟がゲームの最適解だということは数学的に証明されている。

経済学では、合理的な個人が自由な市場で取引することによって効率的な社会が生まれると考える。だがここでは、誰もが合理的に行動しようとすると結果は不合理なものになってしまう。——だったら功利主義なんて意味ないじゃん。

「囚人のジレンマ」は解決できる

ところが一九八〇年に、政治学者のロバート・アクセルロッドが囚人のジレンマから抜け出す思わぬ方法を見つけ出し、不可能を可能にした。

アクセルロッドは、心理学、経済学、政治学、数学、社会学の五つの分野から専門家を集め、囚人のジレンマにおいてどのような戦略がもっとも有利かを競うコンピュータ選手権を開催した。対戦は一試合二〇〇回、五試合ずつの総当たり戦で、ぜんぶで一二万回の対戦があり、協力か裏切りかで二四万回の選択が行なわれた。

ゲームの参加者は、さまざまな戦略でゲームに臨んだ。相手に裏切られても協力するお人好し戦略、逆に、相手が協力しても裏切る悪の戦略、裏切った相手には徹底して懲罰を加える道徳的戦略、ランダムに協力したり裏切ったりする気まぐれ戦略、さらには過去のデータから統計的に相手の意図を推察し、最適な選択を計算する科学的戦略……。

だがこの競技を制したのは、すべてのプログラムのなかでもっとも短い「しっぺ返し戦略」と名づけられた単純な規則だった。

しっぺ返し戦略は、次のふたつの規則から成り立っている。

①　最初は協力する。

②　それ以降は、相手が前の回にとった行動を選択する。

しっぺ返し戦略では、とりあえずどんな相手でも最初は信頼する。それにこたえて相手が協力すれば、信頼関係をつづける。相手が裏切れば、自分も裏切る。だがいちど裏切った相手が反省して協力を申し出れば、即座に相手を信頼して協力する。

ほんとうにこんなシンプルな方法で囚人のジレンマを解けるのか？　その疑問に答えるために、アクセルロッドは第二回コンピュータ選手権を開催した。

第二回選手権には、六カ国から六二名の専門家が参加した。彼らは第一回選手権の結果を熟知しており、しっぺ返し戦略を打ち破るためのさまざまな戦略を考案してきた。たとえば「試し屋」戦略は、相手の出方をうかがい、騙しやすいとみれば搾取し、毅然と対処されれば低姿勢になるプログラムだった。「精神安定剤」戦略は、最初に相手と信頼関係を築き、食い逃げできると判断すれば不意に裏切るプログラムだ。ところが驚くべきことに、第二回選手権でもしっぺ返し戦略はこうした強力なライバルたちを打ち破り、見事第一位の座を守ったのだ。[*59]

一回だけの囚人のジレンマでは、お互いに裏切るのが最適戦略になるのは論理的な必然だ。ところがアクセルロッドは、このゲームを繰り返せば参加者の全員がしっぺ返し戦略を採用し、お互いに協力し合うことが可能（というよりも、それが唯一の合理的選択）になることを示したのだ。

しっぺ返し戦略の強さの秘密は、その単純さにある。複雑な戦略は、なにをされるかわからないという恐怖を相手に与え、協力をためらわせる。それに対してしっぺ返し戦略は、自分が協力すれば相手も協力し、裏切れば裏切り返される（搾取できない）ことが明らかなので、安心してつき合うことができるのだ。

アクセルロッドの実験は、解決不能な問題をどう「解決」するのか貴重な示唆を与えてくれる。囚人のジレンマに直面したひとに、「信頼を裏切るのは正義に反する」という道徳的な説教をしてもなんの意味もない。そうではなく、ちょっとした工夫で同じゲームを繰り返すようにすれば、「対立と憎悪」は「協調と信頼」に一変するのだ。――ゲームの構造（利得表）はなにひとつ変わっていないにもかかわらず。

このように、デザイン（設計）によって社会は変えられるのだ。

パレート効率とコア

社会をよりよいものに設計しようとすることを「マーケットデザイン」というが、そこで大事なのが「パレート効率性」という考え方だ。「誰かの効用を犠牲にしなければ他の誰かの効用を高めることができない状態」と定義されるが、逆にいうと、「誰の不

＊59―ロバート・アクセルロッド『つきあい方の科学――バクテリアから国際関係まで』（ミネルヴァ書房）

利益にもならずにいまより幸福になれるなら、それはみんなにとってもいいことだ」ということになる。——イタリアの経済学者ヴィルフレド・パレートが提唱したことでこの名前がつけられた。

Aさんがリンゴを、Bさんがオレンジを持っていて、Aさんはリンゴよりオレンジが好きで、Bさんはオレンジよりリンゴが好きだとしよう。このときリンゴとオレンジを交換すれば二人はいまより幸福になれるし、この交換はほかのどんなひとの不利益にもならないから、これはパレート効率的だ。

もっとも、すべての問題でパレート効率性が使えるわけではない。

残酷な独裁者が富のほとんどを独占し、国民には生きていくのに最低限の食べ物しか与えられない国を考えてみよう。この社会ではどのような些細な改革も独裁者の利益を減らすことになるから、パレート効率性の基準を満たしている。すなわち、国民の生活をよくするための努力はいっさいしてはならない。

あるいは、リンゴとオレンジがひとつずつしかないのにAさんもBさんもリンゴが好きだ、という場合も、パレート効率性では正しい分配を決めることができない。利害の対立があるときには、別の正義の基準が必要になるのだ。

パレート効率性と並んでマーケットデザインで重要になるのが「個人合理性」で、〝抜け駆け〟ができないという基準だ。

具体的な説明はあと回しにして、ここではお見合いパーティで、秋子さんは三郎くんと、夏子さんは次郎くんとつき合うのがパレート効率的だと決まったとしよう。ところがこのとき、秋子さんは次郎くんが好きで、次郎くんも秋子さんをより好ましいと思っていたら、二人はパレート効率性なんか無視して駆け落ちするだろう。このように分配がパレート効率的でも個人合理性の基準を満たしていないと、せっかくの約束事が無駄になってしまうのだ。

マーケットデザインでは、パレート効率性と個人合理性の両方の基準をクリアした分配方法を「コア」という。

コア（パレート効率性＋個人合理性）に加えて、「耐戦略性」という基準も大事だ。お見合いパーティでは、男女の参加者に好きな相手の順番を申告してもらって、それをもとに最適な（コアの）組み合わせを考えていくのだが、このとき、正直に自分の好みを伝えるよりもウソをついた方がより好みの異性を獲得できるなら、（ウソの申告をするという）戦略的操作が可能になる。耐戦略性というのは、好みを正直に伝えることがもっともいい結果を生むような分配方法になっていることだ。――この具体例もあとで紹介する。

コアの分配は、参加者の人数が少なければたくさん見つかり、参加者が増えるにしたがって減っていくことが知られている。

二人のプレイヤーがいるシンプルな経済でコアの分配を考え、次にそれぞれの選好がまったく同じコピー（クローン）をつくって四人にする。そうすると、二人経済のときはコアだった分配の一部が四人経済ではコアではなくなる。こうやって八人、一六人とどんどんクローンを増やしていくことで、コアがどのように変わっていくのかを追跡できる。——これを反復経済（レプリカ・エコノミー）という。

こうして参加者の数をじゅうぶんに大きくすると、初期条件にかかわらずコアは一つに決まる。これが「コア極限定理」だ。

これはいったい何をいっているのだろう。

参加者の数がものすごく多い分配ゲームというのは、市場のことだ。マーケットデザインは、市場を使った取引がパレート効率性と個人合理性を満たすきわめてすぐれた機能を持っていることを数学的に証明した。このときパレート効率性、コア、市場均衡の関係は図20のようになる。

ここからわかるのは、「もしその分配に市場が使えるのなら、面倒くさいことは考えずにすべてを市場に任せてしまうのがいちばんいい」ということだ。これは規制緩和（政府は市場に介入せず、効率的な市場をつくることだけを考えればいい）の重要性についての、ゲーム理論による強力な証明になっている。

とはいえ、すべての分配に市場の機能が利用できるわけではない（男女に価格をつけ

図20―市場均衡とコアとの関係（川越敏司『マーケット・デザイン』より）

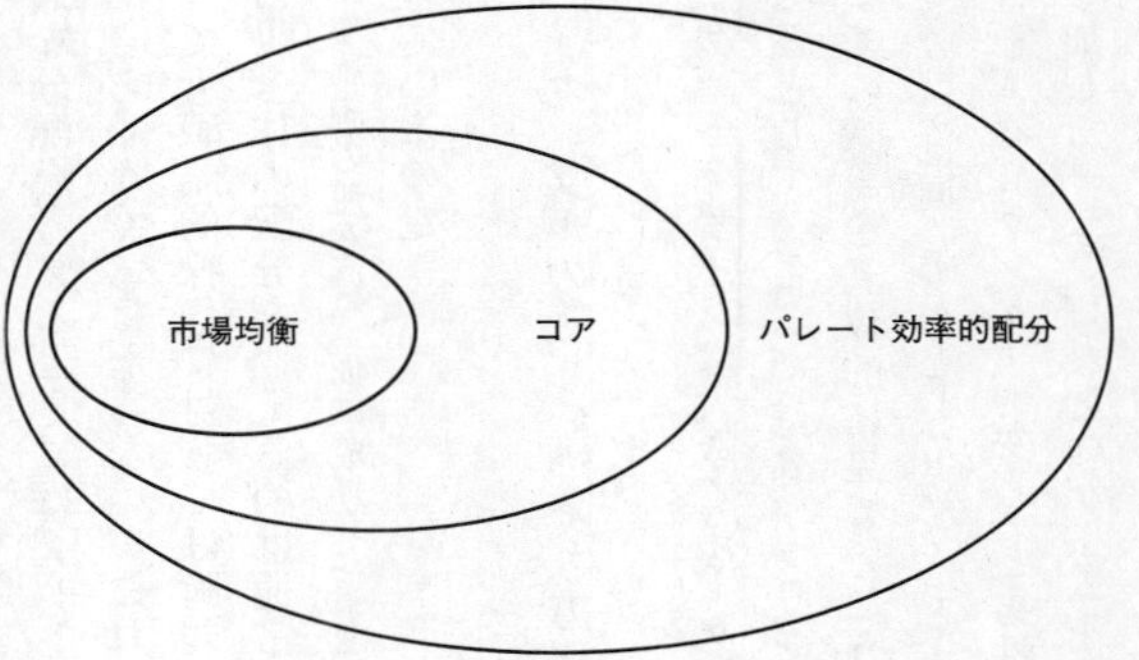

てお見合いゲームをすれば人身売買になってしまう)。だがこんなときも、工夫次第でコアによる分配が可能になる。これが第二のポイントだ。マーケットデザインとは、「市場の機能が使えないときに、ゲームを上手にデザインすることで市場と同じようなコアの分配を成立させる」技術のことなのだ。[*60]

ここまではマーケットデザインの超かんたんな説明だけど、それでは先ほどの耐戦略性はどうなったのだろうか。実は市場メカニズムを含むどのような分配方法でも、耐戦略性を満たしたコア（パレート効率性＋個人合理性）を実現することはできないということが、これも数学的に証明されている。これが社会選択理論におけ

＊60―川越敏司『マーケット・デザイン　オークションとマッチングの経済学』（講談社選書メチエ）

る「不可能性定理」で、すべての望みを満たす理想の世界はあり得ないということだ。最適な分配を考えるときには、パレート効率性、個人合理性、耐戦略性のどれかひとつをあきらめなくてはならない。これは典型的なトレードオフで、市場取引は、コアではあっても戦略的操作に対しては脆弱性がある。しかしそれでも、自分の選好を偽ることで市場全体の配分を変えるのは通常はきわめて難しいから（株式市場においてウソの情報を流す風説の流布は、仮に成功しても犯罪になる）、市場の仕組みはやはりダントツによくできているのだ。

カップルの正しいつくり方

マーケットデザインは大きくオークションとマッチングに分かれるが、詳細は専門書に任せるとして、ここではカップリングパーティ（婚活パーティ）のマッチングを例にこれまでの議論を具体的に見ていこう（ここでは説明しないが、オークションとマッチングは理論的には同じものとして扱うことができる）。

女性三人（春子、夏子、秋子）と男性三人（太郎、次郎、三郎）がカップリングパーティに参加した。ビンゴなどのゲームをしたり、一五分の時間制限でお互いに自己紹介したあとで、それぞれがつき合いたいと思う相手の順番を申告した。[*61]

図21を見ればわかるように、春子は太郎のことが好きだが、太郎は夏子に魅かれている。ところが夏子は次郎のことが気に入っていて、次郎は春子に夢中だ。ラブコメにありがちな設定で、みんなの希望をかなえることができない以上、誰かにあきらめてもらわなくてはならない。すなわち、この四人はトレードオフの状況にある。それに対して秋子と三郎は相思相愛だ。

一般的なやり方では、こんなとき順位和が最小のものからカップルを成立させていく。順位和は男性と女性の希望順位を足したもので、順位和が同じ場合は、女性側の順位が小さい順にカップルを決めていくことにしよう。

秋子と三郎はお互いに希望順位が一位だから、順位和は2になる。これより小さな順位和はないので二人は真っ先にカップルになる。

順位和が次に小さいのは「女性一位―男性二位」か、「男性一位―女性二位」の組み合わせだ。問題の四人で見ると、春子の一位は太郎だが、太郎にとって春子は三位なので順位和は4になる。こうして順番に調べていくと、春子と次郎の組み合わせだけが「女性二位―男性一位」で順位和が3になることがわかった。こうして二組のカップルが決まったので、残りは夏子と太郎（「女性三位―男性一位」で順位和は4）のカップル

＊61―川越、前掲書の例を一部改変

図21—カップリングパーティのマッチング

	1位	2位	3位
春子	太郎	次郎	三郎
夏子	次郎	三郎	太郎
秋子	三郎	太郎	次郎
太郎	夏子	秋子	春子
次郎	春子	秋子	夏子
三郎	秋子	夏子	春子

になる。

太郎（一位）—夏子（三位）
次郎（一位）—春子（二位）
三郎（一位）—秋子（一位）

この組み合わせがパレート効率的なのは、希望順位の低い夏子と春子が自分の望みをかなえようとすると、必ず誰かの不利益になることで確認できる。夏子が順位をひとつ上げて三郎とカップルになれば、秋子は最愛のカレシを奪われてしまうし、春子が太郎とカップルになれば、太郎は大好きな夏子と別れなければならない。

でもこれを見て、なにかヘンだと思わないだろうか。そう、一見公平そうな順位和ルールで決めたら、男性の参加者だけが一方的に有利なカップリングになってしまったのだ。

もちろんこれでは、春子と夏子は面白くない。だがこのとき春子にゲーム理論の知識があったとした

図22—マッチング　2位と3位の入れ替え

	1位	2位	3位
春子	太郎	三郎	次郎
夏子	次郎	三郎	太郎
秋子	三郎	太郎	次郎
太郎	夏子	秋子	春子
次郎	春子	秋子	夏子
三郎	秋子	夏子	春子

ら、主催者に文句をいう前にもっと巧妙な方法を使うことができる。春子は太郎がいちばん好きで、次郎、三郎の順だが、ここでわざと二位と三位を入れ替えるのだ（図22）。

たったこれだけのことで何が起きるか見てみよう。この場合も、相思相愛の秋子と三郎は順位和が2で真っ先に抜ける。次は順位和3を探すのだが、春子が次郎の希望順位を下げたためにどこにも見つからなくなってしまった。そうなると、あとは順位和4の春子と太郎（女性一位―男性三位）、夏子と次郎（女性一位―男性三位）がカップルになるしかない。

このとき、女性三人はどの希望順位の男性とカップルになれたのだろうか。

春子（一位）―太郎（三位）
夏子（一位）―次郎（三位）
秋子（一位）―三郎（一位）

このように、春子が順位を偽っただけで男性と女性の立場は完全に逆転してしまったのだ。

正直に自分の好みを伝えるよりもウソをついて有利な組み合わせにすることを戦略的操作といった。順位和ルールは耐戦略性（戦略的操作ができないこと）を満たしていないのだ。

受入保留方式

今度は図23の例で考えてみよう。カップルの組み合わせは同じく順位和で決めることにする。

春子は太郎が好きで、太郎も春子が好きなのだから、相思相愛のこのカップルが順位和2で真っ先に抜ける。問題は残りの四人の組み合わせで、次郎も三郎も秋子をいちばん気に入っているのだから、ここでもトレードオフが生じている。

順位和3を探すと、夏子と次郎の組み合わせ（女性一位─男性二位）が見つかる。残るのは秋子と三郎（「女性三位─男性一位」で順位和4）のカップルだ。

こうしてできあがったカップルは、次のようになる。

春子（一位）─太郎（一位）
夏子（一位）─次郎（二位）

図23―マッチング　駆け落ち可能なケース

	1位	2位	3位
春子	太郎	次郎	三郎
夏子	次郎	太郎	三郎
秋子	太郎	次郎	三郎
太郎	春子	夏子	秋子
次郎	秋子	夏子	春子
三郎	秋子	春子	夏子

秋子（三位）―三郎（一位）

この組み合わせもパレート効率的でなんの問題もなさそうだが、いちばんときめかなかった三郎とカップルになった秋子だけは不満だ。しかしお気に入りの太郎は春子と相思相愛なのだからあきらめるしかない。でも、二番目にときめいた次郎だったら……。

じつは次郎にとっても、これは悪い話ではない。なんといっても、秋子はいちばんのお気に入りなのだから。

こうして秋子と次郎が駆け落ちすると、組み合わせは次のようになる。

春子（一位）―太郎（一位）
夏子（三位）―三郎（三位）
秋子（二位）―次郎（一位）駆け落ち

秋子と次郎の駆け落ちによって夏子と三郎の希望順位は下がってしまうから、パレート効率性の基準が破られている。これは最初の組み合わせが個人合理性を満たしていないからで、パレート効率的であってもコアではなかったのだ。

このように順位和によるカップリングはわかりやすいものの耐戦略性や個人合理性を満たさない欠点があり、参加者から文句が出る恐れがある。もっとうまいやり方はないものだろうか。

ここでマーケットデザインは、受入保留方式（ゲール＝シャプレーのアルゴリズム）というマッチングを提案する。これは、希望順位の高い相手をとりあえずキープして、あとからもっといい相手が現われたらキャンセルできる、というルールだ。こういってもよくわからないと思うので、先ほどの（順位和ルールでは）駆け落ち可能なケースで考えてみよう（図23）。

ここでは女性を主にするので、春子、夏子、秋子の希望を順に調べていく。

第一希望では、春子と秋子が太郎を、夏子が次郎を第一希望にしている。太郎は両手に花だが、次郎は自分を指名してくれたのが夏子だけなので、とりあえず夏子をキープする（誰ともカップルになれないよりはその方がいいからだ）。次に太郎を調べると、秋子よりも春子が好ましいので、太郎は春子をキープする。

この一順目では、「春子―太郎」「夏子―次郎」の二組の仮カップルが生まれるが、秋子はまだ相手を見つけていない。そこで秋子は、太郎をあきらめて第二希望の次郎を指名する。
次郎はキープしていた夏子よりも秋子の方が好みなので、キャンセルして秋子をキープし直す。この二順目で、「春子―太郎」「秋子―次郎」の二組の仮カップルに変わった。キープから外されてしまった夏子は、第一希望の次郎をあきらめて第二希望の太郎を指名するが、太郎はすでに第一希望の春子をキープしているのでこの指名を断る。あとは第三希望しか残っていないので、（誰ともカップルになれないよりはマシだから）三郎を指名する。三郎はまだ誰からも指名されていないから、夏子をキープしてマッチングが終了する。
この受入保留方式では、組み合わせは次のようになる。
春子―太郎（女性一位―男性二位）
夏子―三郎（女性三位―男性三位）
秋子―次郎（女性二位―男性二位）
これが駆け落ちのときの組み合わせと同じになっていることを確認してほしい。受入保留方式では順位和方式のような個人合理性の破綻はなく、パレート効率性と個人合理性の二つの基準を満たすコアのマッチングを導き出せるのだ。
そのうえ受入保留方式は、（このルールでは主となった）女性の側に希望順位を偽って結果を操作する余地がないことが数学的に証明されている。コア＋女性の耐戦略性というきわめてすぐれたマッチングが実現できるのだ。[*62]

法律をゲーム理論でつくる

受入保留方式はとてもよくできているので、現在はカップリングのような一対一のマッチングだけでなく、研修医を病院に配属したり、入学希望者を地域の公立学校に振り分けたりするような一対多のマッチングにも使われるようになってきた。

日本ではこれまで、研修医の配属を大学病院のボス(医学部教授)が独裁的に決めてきた。でもこれでは研修医も病院側も不満が多く、あちこちでトラブルのもとになっている。学校選択制でも政治家のコネが働いたり、平等を意識するあまり抽選にしてかえって混乱するなど自治体は苦労してきた。

でもマッチング理論を使えば、アルゴリズムで参加者全員にとってもっとも効率的な分配を見つけ出せる。その仕組みをちゃんと説明して、抜け駆けのようなズルはできず、自分の希望を正直に申告するのがいちばん得になるとわかってもらえれば満足度はずっと上がるはずだ。――研修医や入学希望者の耐戦略性を満たすようにすると、病院や学校に戦略的操作が可能になるが、こちらは規制や罰則で対処できるだろう。

同様に、公共事業を入札するときや、電波(周波数帯域)利用権のような国の資産を民間に売却するときには、オークションの手法を使って利益の最大化をはかることができる。周波数オークションはマーケットデザインの成功例として知られていて、アメリカでは一九九四年から実施され、二〇一二年四月までに七八〇億ドル（約九兆円）もの販売収益をあげた。現在ではOECD諸国のほぼすべてで周波数オークションが実施されているが、日本では自民党の反対でいまだに実現していない。[*63]

マーケットデザインを使えば、市場でうまく扱えないものでも、市場取引と同様の効率的な分配ができる。この仕組みはコンピュータのアルゴリズムと同じだから、条件さえきちんと整えれば、いつでもどこでも最適の結果が実現する。

アルゴリズムというのは、要するにルールのことだ。そうなると、マーケットデザインで法律をつくればいいではないか、と考えるひとも出てくるだろう。

法律のなかでも民法や商法、会社法、税法などは市場のルールを決めるものだ。その目的は市場の機能を最大限活かすことだけど、法律家の常識（というか思い込み）と市場の現実がどんどん乖離して、いろんなところでうまくいかなくなっている。その責任

＊62──だったら（このルールでは従となった）男性の耐戦略性はどうなのか、という疑問が出るだろうが、パレート効率性・個人合理性・耐戦略性の三つの基準を完全に満たすマッチングのルールは存在しないという不可能性定理によって、男性には好みを偽って結果を操作する余地が生じる。

＊63──坂井豊貴『マーケットデザイン──最先端の実用的な経済学』（ちくま新書）

の大半は有権者という名の既得権層に振り回されて合理性を無視する政治にあるのだけど、これまでの法学が唯我独尊で、直感的（進化論的）な正義感覚だけで市場のルールをつくろうとしてきたことも否定できない。

だったら、市場のルールは株式取引などやったことのない法学者ではなく、経済学（ゲーム理論）を活用してつくった方がずっといいんじゃないだろうか。このように考えるひとが多くなるのは当然で、経済学的に合理的な法律をつくろうという「法と経済学」がいまでは世界の主流になっている。

日本の大学は法学部と経済学部が別々になっているが、これは完全な時代遅れだ。法律（ルール）を功利主義的にデザインすることが当たり前になれば、経済学（ゲーム理論）の基礎づけのない市場の法は駆逐されていくだろう。――古い法律の世界に安住しているひとたちは困るだろうけど。

＊

ここまでの話をいちどまとめておこう。

遺伝子は四つの記号からなる二重らせんの単純な規則だが、そこから生命というとてつもなく複雑なものが生まれる。この複雑系のネットワークは、計算の限界を超えているので、原理的にモデル化不可能だ。これはつまり、いったん出来上がった複雑系のネットワークをあとからいじるのはものすごく難しい、ということでもある。

社会＝経済は、ひとびとの無数の経済活動のフィードバックから創発される複雑系のネットワークだ。そこから大きな経済格差が生じ、生活できないひとが大量に路上に放り出されると社会が不安定化するから、国家は徴税と再分配という〝暴力〟を行使して格差を平準化しようとする。これは国家の基本的な機能でなくてはならないものだが、国民のあいだで利害の対立を煽る〝必要悪〟でもある。

そこでマーケットデザインでは、社会をつくりだすルールに注目する。市場はものすごく大きなパワーを持っているのだから、その力をよい方向に最大限発揮できるような「単純な規則」を最初に決めておけばいい。徴税と再分配が事後的な調整だとすれば、これは事前の「設計」によって出力を調整しようという発想だ。そしてこれがうまくいくならば、露骨な国家権力の行使である事後調整よりもずっと洗練されていることはいうまでもない。

こうして話は、ロールズとセンへとつながっていく。効率的で衡平な社会をつくるのなら、そのために最適化されたルール（法律や仕組み）をマーケットデザインすればいいのだ。

15　テクノロジーのユートピア

近所のスーパーでは、ずいぶん前から、レジ袋が不要なひとには会計のときに代金から二円引くエコバッグ・キャンペーンをやっていた。しかし見ていると、エコバッグを持参しているのはごく少数で、大半のひとは当然のようにレジ袋をもらっている。わずか二円を節約するために特別なことをしようなどとは誰も思わないのだ。

ところが先日、久しぶりにスーパーに行くと、レジに並んでいるほぼ全員がエコバッグを持っていた。いったいなにが起きたのだろう。

その秘密は、レジの手前に袋を置いて、必要なひとは自分で買い物カゴに入れるシステムにあった。

会計のときは、レジ袋一枚につき二円が加算される。袋をもらえなくて戸惑っている客には、レジ係が「一枚二円になりますけどよろしいですか？」と訊ねる。そうするとほとんどのひとが、しばらく逡巡したあと、「それならいいです」と答えて品物をバッグに詰め込むのだ。

よく考えると、この行動は経済合理性では説明できない。これまでレジ袋代二円を引いてもらう機会を無視していたのだから、二円を追加で払ったとしても同じことだ。ところが、「二円得する」ことにまったく興味のなかったひとが、「二円損する」と気づいたとたん、行動が変わってしまうのだ。

このような不思議なことが起きるのは、ヒトが得よりも損に敏感に反応するよう「デザイン」されているからだ。一年間に一〇〇回スーパーに行くとしても、レジ袋代は二〇〇円にしかならない。年二〇〇円の節約のためにブランドもののエコバッグを買うのは経済的には不合理だが、目の前のわずかな損失を回避しようと努力するのは〝進化論的〟にはきわめて合理的なのだ。

ドナー登録を一〇〇%にするかんたんな方法

同様に、ヒトの進化論的な特性を利用することで、なんの費用もかけずに深刻な社会問題を解決することができる。

日本でも二〇〇九年に改正臓器移植法が成立したが、たとえば骨髄バンクのドナー登録者は全国で四五万人程度、一八歳から五四歳までの登録対象年齢人口に対する割合は一%未満だ。そのため移植が必要なひとが手術を受けられず、中国やインド、東南アジ

図24―国別ドナー登録者の割合

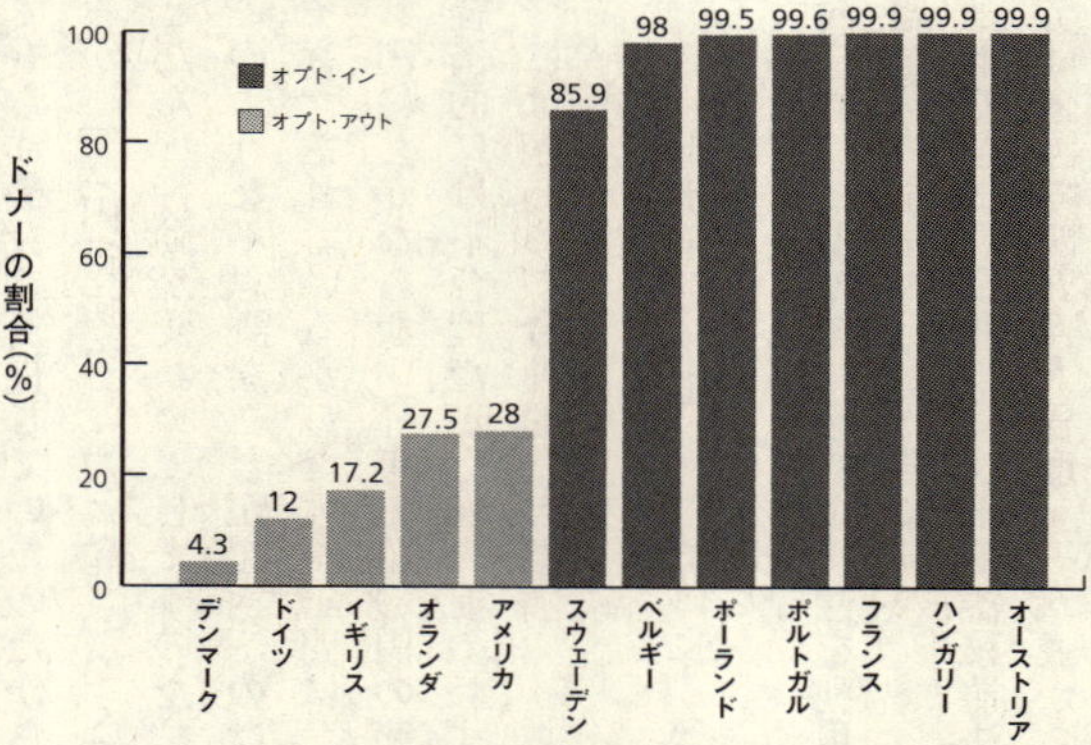

(ニック・ポータヴィー『幸福の計算式――結婚神年度の「幸福」の値段は2500万円!?』(阪急コミュニケーションズ)より)

アなどで臓器を購入することが国際問題になっている。患者は臓器提供が受けられなければ死んでしまうのだから、こうした行為を道徳的に批判しても意味がない。

図24は、欧米における臓器移植のドナー登録者の割合だ。どこも日本よりはるかに高いが、デンマーク、ドイツ、イギリス、オランダ、アメリカなどが五～三〇%なのに対し、ベルギー、ポーランド、ポルトガル、フランス、ハンガリー、オーストリアはほぼ一〇〇%の登録率になっている。

この違いは、文化や教育の差では説明できない。ドナー登録率一二%のドイツと、九九・九%のオーストリアは民族も言語も文化も同じなのだ。

この謎を解く鍵は、「デフォルト(初期設定)」にある。

ドイツなどの国々は、日本と同様に、臓器提供を希望するひとがドナーに登録する方式（オプト・イン）を採用している。それに対してオーストリアなどの国々は、臓器提供をしたくないひとが登録名簿から名前を外す方式（オプト・アウト）だ。

オプト・インでもオプト・アウトでも本人の意志が尊重されることは同じだ。それにもかかわらず結果に大きなちがいが生じるのは、ひとが無意識のうちに「デフォルトを変えない」という選択をしているからだ。

デフォルトが「臓器提供しない」であれば、ドナーになるにはわざわざデータセンターに登録しなければならない。これはたんに面倒くさいだけでなく、心理的にもかなりの抵抗がある。

ひとは無意識のうちに、「想像したことは現実化する」と思っている。これはふつう「夢はかなう」といわれるのだが、それが悪夢でも同じことだ。臓器を提供するのは自分が死んだときだから、ドナー登録すること自体が不幸を招き寄せる（縁起が悪い）と感じられる。

それに対して「臓器提供する」がデフォルトになっていると、ドナーから外れるためにはデータセンターに申請して名前を外してもらわなければならない。これは、別の意味で心理的な負担になる。

ほとんどのひとは、死んでしまえば臓器を摘出されようがそのまま火葬されようが同じことだと（合理的に）思っている。だったら他人の役に立ったほうがいいわけで、ドナーのリストから名前を削るのは、そんな自分が邪悪な（他人のことなどどうでもいい）人間だと認めるような気がするのだ。

日本でもドナー登録をオプト・アウトにすれば、デフォルトを変えようとするひとはほとんどいなくなり、臓器提供の問題はたちまち解決するだろう。

臓器提供自体に反対するひとたちは、オプト・アウトが伝統を壊し、社会に悪影響を与えると主張するかもしれない。しかしこれも、科学的に検証可能だ。

先に述べたように、ドイツとオーストリアは歴史的・文化的にきわめて近い国だ。ベルギーとオランダも隣国だし、スウェーデンとイギリスにも大きな違いがあるようには思えない。さらにアメリカのドナー制度は州単位なので、オプト・インの州とオプト・アウトの州が混在している。

これはいわば、先進国で臓器移植制度の大規模な社会実験が行なわれているようなものだ。オプト・アウトが人間の尊厳を傷つけたり社会道徳を崩壊させるならば、客観的データからその証拠を見つけ出すことができるはずだが、これまでそのような研究報告はない。

オプト・インとオプト・アウトで社会に対する影響に違いがないのであれば、どちらの政策が優れているかは明らかだろう。すべての社会問題を解決する魔法の鍵はないとしても、ヒトの進化論的なバイアスを利用して社会の厚生を大きく改善することは可能なのだ。

ナッジとリバタリアン・パターナリズム

経済学は一般には価値中立的であるべきだとされているが、行動経済学者のリチャード・セイラーと法学者のキャス・サンスティーンは、個人の自由な選択を認めつつ、社会全体の効用を最大化するよう制度を設計すべきだと主張する。

学校のカフェテリア（食堂）から（不健康な）フライドポテトを外せば、それを不満に思う生徒が出てくるだろう。学校帰りにLサイズのマックフライポテトをドカ食いするようでは、どんな努力も水の泡だ。

だったら、健康にいいサラダを前に、フライドポテトを棚のいちばん奥に置くよう配置してみればいい。カフェテリアにフライドポテトがあるのにそれを選ばなかったなら、自分の意志で決めたことだから、生徒はその選択に満足するだろう。そのことで「もしかしてフライドポテトはそんなに好きじゃないかも」と思うようになればしめたものだ。

セイラーとサンスティーンは、選択肢を奪ったりルールで禁止するのではなく、仕組み（デザイン）を変えることでひとびとをよりよい選択に誘導していくことを「ナッジ」と呼んだ（nudgeは「（ひじなどで）そっと相手を押す」という意味だ）。

行動経済学には、ひとがどのように勘違いするのかの膨大な研究の蓄積があるから、これを利用するとさまざまなナッジを考えることができる。

たとえばひとには、「いったん手にしたものを失うことはものすごく抵抗するけど、最初から手に入らなかったものはすぐにあきらめる」という顕著な特徴がある。

この性質は、進化論的にきわめてわかりやすい。みんなが半飢餓状態だった石器時代では、やっとの思いで獲得したエサを奪われれば餓死してしまうから死に物狂いで抵抗するしかないが、取り逃がした獲物をいつまでも気に病んでいても仕方がないのだ（ヒトだけでなく、チンパンジーのような霊長類や他の哺乳類、鳥や魚にすらこうしたOSは組み込まれているだろう）。

この性質をうまく利用したのが税金の源泉徴収制度で、日本のサラリーマンは毎月の給料から天引きされているから、自分がいくら税金を払っているのかまったく興味がない（最初から手に入らないものはどうでもいい）。それに対して自営業者は、いったん自分のものになった収入から税金を払うことになるから納税に強い心理的抵抗がある。開業医とパチンコ業者は仕事も社会的背景もまるっきり異なっているが、どちらも脱税業種として悪名高いのは現金収入が多いという共通点があるからだ。

ヒトには「目先のことにとらわれ、先のことはあまり気にしない」という錯覚もある。

今日を生きていくのがやっとの暮らしをしていれば、一〇年先はもちろん一年後のことを考えたって意味がないと思うだろう。

石器時代はもちろん江戸時代でも、感染症などの危険が大きい幼少期を無事に乗り越えてもほとんどが三〇代か四〇代で死んでいて、五〇歳を超えた例はわずかだ。子どもを産んだら死んでいくという過酷な環境では「いまこの瞬間の快楽を最大化する」のが最適戦略になるが、文明の発達とともに寿命は飛躍的に延びて、いまでは元気な一〇〇歳も珍しくなくなった。

長寿社会では短命社会とは逆に、「目先のことにとらわれず先のことを考える」人生設計が必要になるが、これは進化の過程で脳のOSに組み込まれているわけではないので、多くのひとが老後に必要な貯蓄に失敗してしまう。キャバクラとか、ヴィトンのバッグとか、「瞬間の快楽」の誘惑に負けてしまうのだ。

この問題を改善するには、税の源泉徴収と同様に、年金保険料も給料から天引きしてしまえばいい。日本のサラリーマンは厚生年金に強制加入しているが、それ以外の個人年金も給与からの天引きにして、自分の意志で解約できるオプト・アウトにする。臓器提供のところで述べたように、ひとはデフォルト（最初に決まっていること）を変えるのを嫌うし、個人年金を解約するのは自分が快楽に溺れるキリギリスだと認めるようで不愉快だ。アメリカで行なわれた実験では、昇給すると年金の積立額も自動的に増えるプランの導入によって従業員の拠出金額が大きく増えることがわかっている。

このようにナッジはいいことずくめのようだが、それは（生徒を健康にするとか、貯蓄を増やすとかの）目標に異論が少ないからだ。それでも、こうした考え方をどことなくおせっかいだと感じるひともいるだろう。これはナッジが「パターナリズム」だからで、父親がものごころついていない子どもをしつけるように、国家（政府）が愚かな国民にどう生きればいいか教えてやるという「上から目線」なのだ。

それでもこのパターナリズムは権力による強制ではなく、〝バカ〟の自由が最大限配慮されている。――バカな子どもは好きなだけフライドポテトを食べられるし、バカな大人は貯金を解約して酒や女にうつつを抜かすことができる。だからこれは、「リバタリアン・パターナリズム（自由主義者のおせっかい）」と呼ばれている。

ただし、この考え方にはあやうさもある。

カップリングパーティのマッチングは、「これしかない」という組み合わせをアルゴリズムで探すのだから価値中立的だった。それに対してナッジは、ある特定の価値観に基づいてひとびとを誘導していく――それも無意識のうちに。だとしたら同じ方法で、自分に都合のいいようにひとびとをナッジすることもできてしまうだろう。実際、ビッグデータと統計学を駆使して企業が利益を最大化しようとすると、経済合理的に行動できない消費者の支出を最大化する巧妙な仕組みができあがる可能性がきわめて高い。

リバタリアン・パターナリズムはよく切れる包丁みたいなものだから、使い方にはじゅうぶん気をつけなくてはならないのだ。

アーキテクチャによる統治

エレベーターに乗っても、コンビニに入っても、あるいはただ道を歩いているだけでも、あらゆるところで監視カメラを目にするようになった。この「監視社会」を可能にしたのがテクノロジーの進歩で、以前は録画のためにビデオテープが必要だったけど、いまでは画像データをサーバーに転送してハードディスクにいくらでも保存することができる。

でもよく考えると、監視カメラはひとびとを「監視」しているのだろうか。カメラが写す映像を誰かが四六時中見ているわけではなく、たんに録画しているだけなのだから、「記録社会」といった方がより正確かもしれない。

記録された映像が引っ張り出されるのは、犯罪などの不都合な事態が起きたときだ。大阪・寝屋川市の中学生殺人・死体遺棄事件のように、監視カメラによって犯人が特定されたり、逃走した犯人が商店街や駅のホームに設置された監視カメラの映像で追跡・逮捕されることも珍しくなくなった。

プライベートな行動が知らないうちに記録されていたとしても、法を犯さないひとにとっては、それは誰にも見られることなく消えていくだけなのだから、どうでもいいことではないだろうか。監視カメラを嫌がるのが窃盗や強盗、あるいは強姦・殺人を計画している犯罪者だけだとすれば、「記録」されることの不愉快さは、犯罪の抑止効果に比べて些細なものだ。

あるいは監視カメラは、誤認逮捕されたときの無実の証明にも使えるから、法律を遵守する健全な市民はその設置を積極的に要求するかもしれない。すべての電車に監視カメラを設置すれば、痴漢を抑止すると同時に痴漢冤罪を防ぐことも期待できるだろう。[*64]

監視カメラの場合、ひとびとに「監視（記録）されている」ことを意識させることが犯罪の抑止効果につながるが、「アーキテクチャ」は「無意識の管理」を目標とする。この言葉を広めたのはアメリカの憲法学者ローレンス・レッシグで、著作権法上は私的な利用の範囲なら著作物の複製が認められているにもかかわらず、DVDにコピーガードがほどこされていると物理的にコピーできなくなってしまうような事態をその例として挙げている。このときユーザーに著作権法やプログラミングのじゅうぶんな知識がなければ、自分がコピーしないよう「管理」されていることに気づかず、そんなものだと思うだろう。[*65]

だがこれは、政治思想史のうえでは新しい考え方ではない。アーキテクチャによる管理を最初に構想したのは功利主義の祖ベンサムで、中央の監視塔のまわりに円周状に獄舎を建てれば、囚人たちは自分が常に監視されていると「意識」するようになるから、効率的な囚人の管理が可能になると考えた。これがパノプティコン（一望監視装置）で、フランスの哲学者ミシェル・フーコーが『監獄の誕生──監視と処罰』（新潮社）のなかで紹介して一躍有名になった。ベンサムは監視塔のなかに常に看守がいることを想定していたが、フーコーはいったんパノプティコンが機能しはじめれば、監視塔が無人でも、囚人たちは「監視」を内面化し、（看守によって監視されているときと同じように）規律を守って生活するようになると考えたのだ。

アーキテクチャによる統治とはどのようなものだろうか。ここではきわめて単純な例で説明しよう（図25）。

同じアパートの隣同士に、静かに読書を楽しみたい老人と、大音量でヘヴィメタルを演奏したい若者が住んでいたとする。この二人の効用はトレードオフだから、このままでは若者が大音量を流すたびに老人が苦情をいって険悪になるばかりだ。

＊64─他人名義のカードを不正に使ってガソリンスタンドで給油したとして大阪の会社員が誤認逮捕された事件では、警察は現場の防犯カメラの表示時間がずれていたにもかかわらず男性を犯人と断定し、同じ時間帯に給油した他の車両の運転手を調べていなかった。このように、監視カメラが冤罪を生むケースもある。
＊65─ローレンス・レッシグ『CODE──インターネットの合法・違法・プライバシー』（翔泳社）

図25—アーキテクチャによる統治

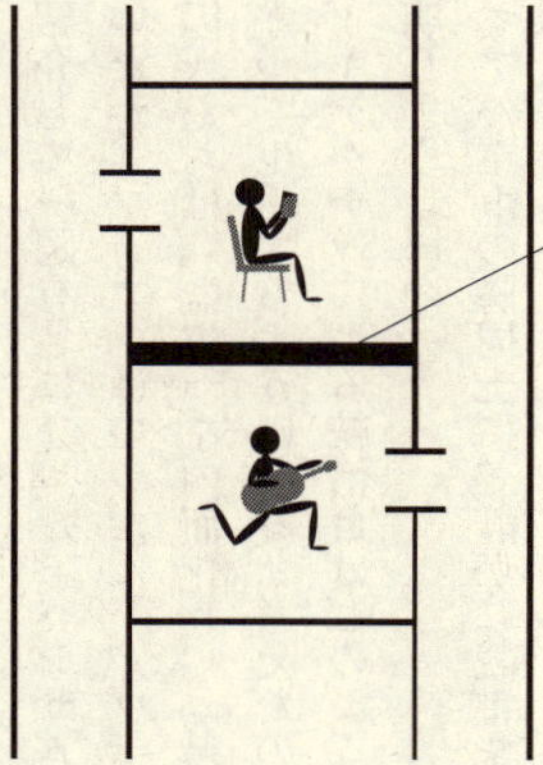

民主的な社会では、こうしたケースでは当事者同士が話し合って合理的なルールを決めるべきだとする。たとえば、若者は午後一時から三時までヘヴィメタを好きなだけ大音量で演奏できるようにし、その間は老人は散歩に行くとか。これは一見うまくいきそうだが、嵐や大雪で散歩に行けないときは老人は〝騒音〟に耐えなくてはならないし、若者はコンサートへの出演が決まってもっと練習したいと思うかもしれない。

それに対してアーキテクチャによる統治では、テクノロジーによってアパートを防音にすると同時に、老人と若者の部屋の玄関を反対側に配置して二人が出会わないようにする。こうした「建築（アーキテクチャ）」的工夫によって、老人と若者は隣に〝イヤな奴〟が住んでいることにまったく気づかないまま日々を過ごすことができるようになるだろう。

技術の進歩で防音設備が安価になれば、アーキテクチャで騒音トラブルを解決するのはものすごくいいアイデアだ。――ここまでは多くのひとが同意するだろうが、これを黒人と白人とか、キリスト教原理主義者とイスラーム原理主義者の集団に拡張すると話はいきなり不穏になる。〝危険な奴ら〟を、アーキテクチャのテクノロジーを使って、社会の片隅にソフトに隔離することは「正義」の基準にかなうだろうか。

一九七三年に開園したシンガポール動物園は「オープン・ズー open zoo」のコンセプトでつくられていて、檻は極力使わず、水路や生垣など自然環境に近い状態で動物たちを管理している。アーキテクチャによる統治には、たしかにこの近代的な動物園を思わせるものがある。しかし、動物園で生まれた動物たちは自然界では生きていけないのだし、檻のなかで一生を終えるくらいなら快適なアーキテクチャで管理された方がずっといいだろう。憎しみ合い、殺し合うよりはお互いの存在を知らない方がマシなことだってあるかもしれないのだ……。

「新しい功利主義」の楽園

ここまでの話をまとめておこう。

正義には進化論的な基盤があるから、異なる正義の衝突は避けられない。ひとつの社会でみんながいっしょに暮らしていくためには、どこかで妥協や合意が必要だ。

このことは298ページの図18を見れば明らかだ。自由主義者（リバタリアン）、平等主義者（リベラル）、共同体主義者（コミュニタリアン）の全員を納得させることができるのは、そのすべてを包括する「新しい功利主義（灰色で示した部分）」しかないのだ。

一見、右と左が激しく対立しているようにみえても、ものごとはなんとなく決まっていく。これは民主政のよいところでもあり、弱点にもなるのだが、極端なことはなかなか起こらない。

ネットにはカゲキな意見が溢れていてこのままでは日本の将来は大丈夫かと不安になったりもするが、「日本を神国に戻せ」とか、「共産主義こそが理想社会だ」という党派が主流になることはない。どちらの主張にも（いまのところ）それに反対する多数派がいるからだ。

民主政では相手より一票でも多くの票を獲得した候補者が当選する。政治家はできるだけ多くの有権者から支持を集めなければならないのだから、自らの政治的信念に関係なく、「合理的選択」によってすべての政党は有権者の平均的な政治的立場に近づいていくはずだ。

これが政治学でいう「中位投票者定理」で、社会が成熟すると政党は「中道」のなかでわずかなちがいを争うようになる。

イギリスではかつて、社会階層を背景に保守党と労働党が真っ向から対立していたが、両者の政策はいまでは区別がつかないまでに酷似してしまった。日本でも民主党の野田政権の政策（消費税増税、原発再稼働、TPP参加）は自民党の安倍政権にそのまま引き継がれている。アメリカでは民主党と共和党の対立が泥沼化しているが、これもお互いの政策がよく似ているからで、社会保障（オバマケア）や銃規制、中絶の是非といった個別のトピックで相手とのちがいを際立たせるしかなくなった結果だ。

ゆたかになれば価値観は多様化するが、それによってさまざまなところでトレードオフが発生し、社会のいたるところで紛争（隣人同士のいさかいから殺し合いまで）が発生する。

こうした状況で「新しい功利主義」は、話し合いよりもテクノロジーの活用を選択する。[*66]

マーケットデザインでは、参加者の政治的・宗教的価値観とは無関係に、アルゴリズムによってマッチングやオークションの最適な結果を実現できる。行動経済学は、ヒト

＊66―「新しい功利主義」は個人の倫理や道徳の基準ではなく、統治の技術だ。これについては安藤馨『統治と功利　功利主義リベラリズムの擁護』（勁草書房）を参照。

の進化論的な歪み＝錯覚を利用したナッジ（リバタリアン・パターナリズム）を提唱する。アーキテクチャは、物理的にひとびとの行動を制約することで紛争そのものをなくしてしまう。

進化心理学は、ヒトの脳のOSは石器時代からたいして変わっていないと考える。だとすれば、人種や国籍、文化や宗教のちがいにかかわらず、すべてのひとが共通するインセンティブ（動機づけ）を持っているはずだ。「新しい功利主義」はこの共通性＝ヒューマン・ユニヴァーサルズにはたらきかけるのだから、こうした考え方が一般化すれば、いずれは最適な制度はひとつに収斂していくだろう。[*67]

とはいえ、これですべての問題が〝最終解決〟できるわけではない。地球の資源は有限で、破壊された環境を元に戻すこともできない。長期的には人類は滅亡する運命で、なにかを解決してもより大きな問題に悩まされるようになるだけだ。

だったら、希望はどこにあるのか？

ナノテクノロジーの牛肉製造機

K・エリック・ドレクスラーはMIT（マサチューセッツ工科大学）の学生だった一九七〇年代に、人口爆発で地球の資源は枯渇するというローマクラブの悲観的な未来予測に衝撃を受けた。人類を救うには地球外への移民しかないと考えたドレクスラーは宇宙開発プロジェクトに熱中するが、やがてその限界を思い知る。宇宙飛行士を数人宇宙に打ち上げるのに何十億ドルもかけているようでは、人類が他の惑星に移住する前に「成長の限界」に達してしまうだろう。

そこでドレクスラーは、マクロからミクロに視点を変えてバイオテクノロジーに注目した。当時は遺伝子工学の黎明期で、細菌を使ってインスリンなどの物質をつくれるようになったばかりだった。

「DNAのプログラムを人為的に書き換えることで異なる物質が産出される」という発見にドレクスラーは魅了された。これは要するに、自然界のコンピュータじゃないか。

DNAがやっていることはプログラムに応じて原子を組み換え、所定の物質をつくることだ。そう考えれば、〝DNAコンピュータ〟をたんぱく質や酵素の製造機械だと決めつける理由はない。どんな物質になるかは原子の配列で決まるのだから、原子の組み合わせを自在に操ることで、石炭をダイヤモンドに変えたり、砂場の砂からシリコンチップをつくったりすることもかんたんにできるはずだ。がん組織と正常細胞だってほと

＊67―制度派の経済学は、文化や歴史が制度（ゲームの枠組み）に大きな影響を与えることを明らかにした。西欧とイスラームの対立を見ればわかるように、異なる文化を背景とする制度は容易に収斂しないから、これはものすごく長期の話だ。

んどちがいはないのだから、ＤＮＡレベルでプログラムを修復できれば切り傷に絆創膏を貼るように治療できるだろう。

ナノは一〇億分の一の単位で、ナノテクノロジーは一〇億分の一メートル（一ミリの一〇〇万分の一）の大きさのものを扱う技術だ。もしも物質を分子単位で操作することが可能になったら、世界はどのように変わるだろうか。

「ナノテクノロジーの楽園」では、すべての家庭に「製肉機」が備えつけられている。それは電子レンジほどの大きさの機械で、牧草の切れ端やトウモロコシ、大豆などを入れてダイヤルをセットし、二時間ほどソファでくつろいでいるとサーロインやロースの新鮮な牛肉のかたまりが出てくる。牛は草やトウモロコシなどの飼料と水（あとは空気と日光）で成長する「牛肉製造機」なのだから、分子レベルでの組み換えが可能になれば、同じ材料からステーキができるのは理論的には至極当然なのだ。[*68]

ナノマシンは自己複製するから、資本も労働力も不要になる。原料は水素、炭素、窒素、アルミニウム、シリコンなどのごくありふれた元素なので材料費はきわめて安価だ。生産システムはほとんど場所をとらないから土地も必要なく、使用する原子を完全に制御することで廃棄物を出すこともない。

これはアラブ産油国のようなもので、ひとびとはもはや働く必要はなく、格差も貧困も歴史のかなたに消えていくだろう。そんな世界では、ひとは芸術などの自己実現を目指すはずだとドレクスラーはいう。[*69]

ドレクスラーの壮大なビジョンはひとびとを魅了し、一九九〇年代から二〇〇〇年代にかけて数多くのベンチャー企業がナノマシンの製造を目指した。

ドレクスラーの〝予言の書〟『創造する機械』が世に出たのは一九八六年で、それからちょうど三〇年が過ぎた。でも残念なことに、そこで構想されていた技術の数々はまったく実現できていない。ナノマシンの開発は予想以上に難しかったのだ。こうして、ドレクスラーの名前はいまではすっかり忘れ去られてしまった……。

「なーんだ」と思ったひともいるだろう。なんでそんな失敗をわざわざ聞かされなきゃいけないの？

それは、ドレクスラーの後にもテクノロジーによって「世界を変える」と宣言するひとたちの列が続々と続いているからだ。

＊68―エド・レジス『ナノテクの楽園　万物創造機械の誕生』（工作舎）
＊69―K・エリック・ドレクスラー『創造する機械――ナノテクノロジー』（パーソナルメディア）

二〇四五年のシンギュラリティ

トレードオフは、「こちらを取ればあちらを取れない」という関係だから、理論的に完全な解は存在しない。それがガマンできないというのなら、トレードオフそのものをなくすしかない。

人間が車を運転する以上、自動車の利便性と交通事故はトレードオフだ。でも技術の進歩によってコンピュータが自動運転するようになれば、居眠り運転や酔っ払い運転はなくなって交通事故の件数は劇的に減るだろう。トレードオフはイノベーション（技術の進歩）で変えられるのだ。

こうした〝テクノロジー至上主義〟の代表がアメリカの発明家レイ・カーツワイルで、ムーアの法則（インテル共同創業者ゴードン・ムーアが唱えた、半導体の性能が一八カ月ごとに倍になるという経験則）に基づいて、コンピュータの性能がこのまま幾何級数的（エクスポネンシャル）に向上していけば、関連する技術や分野が融合して思いもよらないイノベーションが起き、人類史は新たなステージに入ると予言した。これがシンギュラリティ（技術的特異点）で、カーツワイルによればそれは二〇四五年に訪れるという。

シンギュラリティを超えると、ヒトの能力はＡＩ（人工知能）によって飛躍的に増強され、遺伝子療法によって誰もが健康なまま一五〇歳まで生きる「超人類」へと進化する。[*70] カーツワイルは自らのビジョンを実現するために「シンギュラリティ・ユニバーシティ」という大学をシリコンバレーに設立し、そこにはグーグルなどのグローバル企業も参加しているから、これはたんなる夢物語ではなく大真面目な構想なのだ。

生命の源である太陽がいずれ年老いて超新星となって爆発してしまえば人類の滅亡は避けられない。だが「超人類」は、驚異的なテクノロジーの力でその危機も乗り越えることができる。

数世紀、あるいは数十世紀のちには、脳を完璧に再現したニューロコンピュータが実現するだろう。そうなれば意識をコンピュータにアップロードしたり、ロボットにダウンロードすることができるようになる。[*71] だったらたとえ地球が消滅したとしても、他の太陽系の惑星にロボットを送り込み、レーザービームで意識を転送すればいい。「不死の意識」は宇宙のどんな場所でも〝生きて〟いくことができるだろう。[*72]

シリコンバレーは知のネットワークの巨大なハブで、そこには科学とテクノロジーの

*70—レイ・カーツワイル『ポスト・ヒューマン誕生　コンピュータが人類の知性を超えるとき』（NHK出版）。電子化にあたって『シンギュラリティは近い　人類が生命を超越するとき』に改題。
*71—ハンス・モラベック『電脳生物たち——超AIによる文明の乗っ取り』（岩波書店）
*72—ミチオ・カク『フューチャー・オブ・マインド——心の未来を科学する』（NHK出版）

力で世界を変えられると信じる（あるいは妄想する）ひとたちが溢れている――というか、そうでないひとはシリコンバレーには居場所がない。彼らは〝サイバー・リバタリアン〟や〝テクノロジー・リバタリアン（テッキー）〟と呼ばれている。[*73]

なぜリバタリアンかというと、国家や大企業を中心とした市場経済システムは過渡期のものだと考えるからだ。GAFA（グーグル、アップル、フェイスブック、アマゾン）のような「プラットフォーマー」がひとたび効率的な市場インフラをデザインすれば、無数の個人や小規模企業がそれを利用して自由なビジネスを行なうようになるだろう――空き部屋がホテルに（Airbnb社）、自分の車がタクシーに（Uber社）なったように。お金の貸し借りも銀行ではなく個人間で行なわれるようになり（Lending Club社）、最終的には国家が発行するマネーも不要になって（Bitcoin）、政府や重厚長大の古い会社は社会の表舞台から消えていく。

最終的にはブロックチェーンを使った契約（スマートコントラクト）で個人間のどのような仕事や取引も可能になり、GAFA（プラットフォーマー）は市場から退場していくだろう。

アダム・スミスは『国富論』を書いたとき、自営業者や家族経営の会社が集まる多様な市場を想定していたけれど、たちまち大資本が労働者を拘束し、工業製品を大量生産し大量消費する「大衆社会」ができあがった。でも二〇〇〇年の時を経て、テクノロジーの進歩が市場の姿をアダム・スミスの時代に戻すことを可能にしたのだ。

分散的な社会のなかで個人や小さな共同体が自由に活動する——そんな未来社会でこそひとの創造性と潜在能力は最高度に解放される。インターネットが世の中に登場してまだ二〇年しか経っていないことを考えれば、これをたんなる妄想と退けることはできない。テクノロジーはものすごい勢いで社会や環境を変えつつあるのだ。

「よりよい未来」に向けて

でもここで、こんな疑問を持つひとがいるかもしれない。

そうやって世の中がハイテク化していくと、新しい技術を使いこなせるひとはますます金持ちになるだろうけど、「機械との競争」に取り残されて失業するひともたくさん出てくるのではないだろうか。[*74] ジョージ・オーウェルの『一九八四』のように、ビッグブラザーとなった国家がハイパーテクノロジーを使って国民を監視・統制したり、『2001年宇宙の旅』のHALや『ターミネーター』のように、コンピュータや機械が反

*73——Electronic Frontier Foundation（https://www.eff.org/）
*74——エリック・ブリニョルフソン、アンドリュー・マカフィー『機械との競争』（日経BP社）

乱を起こして人間を支配するようになるかもしれない……。

未来のことは誰にもわからないのだから、これを杞憂と一笑することはできない（中国は実際にこうした「超監視社会」に向かっているように見える）。でもテクノロジーは資本主義と同じく、「もっとゆたかになりたい」「もっと幸福になりたい」というひとびとの欲望によって自己増殖していく自律的なシステム（「テクニウム＠ケヴィン・ケリー」）だから、それを道徳的な説教や批判で止めることは不可能だ。だったらいま必要とされているのは、「新しい世界」のビジョンを受け入れたうえで、進化するテクノロジーとどのように共生していけばいいのかを示す「新しい哲学」ではないだろうか。――その試金石が生命倫理であることはいうまでもない。[*75]

そしてこれは、それほど分の悪い賭けではないかもしれない。

一〇〇年前の若者たちは革命によって世界を変えられると信じたが、残念なことにそれは数千万人の死とグロテスクな独裁権力をもたらしただけだった。だがひとは、ユートピアを思い描かずに生きていくことはできない。今日が昨日と同じで、明日もまた今日と同じなら、そんな世界にどんな意味があるのだろう。

いま、「ベター・フューチャー（よりよい未来）」や「ベター・ワールド（よりよい世界）」を大真面目に語ることができるのはシリコンバレーだけだ。それ以外のさまざまな理想は、歴史の厳しいハードルを越えられずに消えていった。

サイバー・リバタリアンが思い描くテクノロジーのユートピアだけがぼくたちの唯一の希望だ――たとえそれが、どれほど危うい未来だとしても。すくなくとも、それが勘違いかどうかまだ結論は出ていない。

＊75―ピーター・シンガー『実践の倫理』（昭和堂）

ブックガイド

正義の四つの立場のうち、リベラリズムとリバタリアニズムについては、ジョン・ロールズ『正義論』（紀伊國屋書店）と、その反論として書かれたロバート・ノージック『アナーキー・国家・ユートピア　国家の正当性とその限界』（木鐸社）が基本文献だが、いずれも容易に読みこなせる本ではない。両者の主張を簡便に知るなら、川本隆史『ロールズ――正義の原理』（講談社）、仲正昌樹『いまこそロールズに学べ――「正義」とはなにか？』（春秋社）、森村進『自由はどこまで可能か　リバタリアニズム入門』（講談社現代新書）を。

コミュニタリアニズム（共同体主義）については、ベストセラーとなったマイケル・サンデル『これからの「正義」の話をしよう――いまを生き延びるための哲学』（ハヤカワ・ノンフィクション文庫）がやはり最良の入門書。功利主義については児玉聡『功利主義入門――はじめての倫理学』（ちくま新書）が初心者向けだが、その可能性と恐ろしさを知るなら安藤馨『統治と功利　功利主義リベラリズムの擁護』（勁草書房）を。

アマルティア・センの思想は講演をまとめた『人間の安全保障』（集英社新書）などで知ることができるが、これだけではセンが近代経済学の「効用最大化」をどのように乗り越えようとしたかはわからない。蓼沼宏一『幸せのための経済学――効率と衡平の考え方』（岩波ジュニア新書）は、中学生向けのシリーズでありながら、センの経済学の基礎を明快に解説した素晴らしい入門書。

マーケットデザインに関しては川越敏司『マーケット・デザイン――オークションとマッチングの経済学』（講談社選書メチエ）、坂井豊貴『マーケット・デザイン――最先端の実用的な経済学』（ちくま新書）がいずれもすぐれた入門書。具体的な応用例は安田洋祐『学校選択制のデザイン　ゲーム理論アプローチ』（NTT出版）を。

行動経済学を政策に適用したナッジについてはリチャード・セイラー、キャス・サンスティーン『実践行動経済学――健康、富、幸福への聡明な選択』（日経BP社）が、アーキテクチャについてはローレンス・レッシグ『CODE――インターネットの合法・違法・プライバシー』（翔泳社）が基本文献。東浩紀『一般意志2.0　ルソー、フロイト、グーグル』（講談社文庫）は政治にインターネットのテクノロジーを適用する大胆な提言。大屋雄裕『自由とは何か　監視社会と「個人」の消滅』（ちくま新書）、『自由か、さもなくば幸福か？　二一世紀の〈あり得べき社会〉を問う』（筑摩選書）の二冊も刺激的な論考。

テクノロジーによるユートピア思想としては、レイ・カーツワイル『シンギュラリティは近い　人類が生命を超越するとき』（NHK出版）が決定版。ただし、読み物としてはエド・レジス『不死テクノロジー　科学がSFを超える日』（工作舎）が圧倒的に面白い。最新の情報を知るならミチオ・カクの『サイエンス・インポッシブル　SF世界は実現可能か』（NHK出版）を。

サイバー・リバタリアンのマニュフェストとして、ペイパル共同創業者でシリコンバレーのベンチャー投資家であるピーター・ティールの『ゼロ・トゥ・ワン――君はゼロから何を生み出せるか』(NHK出版/ブレイク・マスターズとの共著)、テクノロジーの未来を問うものとしてケヴィン・ケリー『テクニウム　テクノロジーはどこへ向かうのか?』(みすず書房)、理性に基づく「よりよい社会」を構想する試みとしてジョセフ・ヒース『啓蒙思想2.0　政治・経済・生活を正気に戻すために』(NTT出版)を挙げておく。

リベラル化する世界の分断【文庫版書き下ろし】

本書の親本は二〇一五年一一月に刊行されたが、その翌年（一六年）末の米大統領選でドナルド・トランプが下馬評を覆してヒラリー・クリントンを僅差で破り、第四五代アメリカ大統領となった。その選挙戦で大きな争点となったのがPC（政治的正しさ）だ。トランプはTwitterなどでさかんにPCのリベラルな〝きれいごと〟を批判し、白人ブルーカラー層の熱狂的な支持を獲得したとされる。

本書の2章（進化論）で述べたように、アカデミズムにおける「科学」と「政治」の対立は一九七〇年代の社会生物学論争で勃発したが、この出来事を総括したジョン・オルコックの『社会生物学の勝利――批判者たちはどこで誤ったか』（新曜社）という書名が象徴するように、もはや生物学の領域では「現代の進化論」を否定する者は誰一人いなくなった。

しかしこれは、PCをめぐる論争を終わらせるのではなく、事態をより紛糾させることになった。

リベラル化と右傾化

このねじれた関係の説明は一筋縄ではいかないが、ここではハリウッドの大物映画プロデューサーのセクシャルハラスメントを告発した女優たちから始まった#MeToo（ミートゥー）運動と、それへの反発の経緯を見てみたい。

話の前提として、世界は「リベラル化」の大きな潮流のなかにあることを確認しておこう。このようにいうと「右傾化のまちがいじゃないの」と思うかもしれないが、昨今の日本国内の出来事からもこれが錯覚であることがわかる。

自民党に所属する保守派の女性議員が雑誌への寄稿で、LGBT（レズビアン、ゲイ、バイセクシャル、トランスジェンダー）に対し、「彼ら彼女らは子供を作らない、つまり『生産性』がないのです」と書き、その後の特集で同性愛（自由恋愛）と痴漢（犯罪）を同一視するかのような記事を掲載したことで雑誌は即休刊になった。医科大学が女子の合格者を抑えるために得点調整していた事件も同じだが、かつてならリベラルなメディアや知識人・活動家がかたちだけの抗議をして、たちまち忘れられる類の話だっただろう。

グローバル化によって国境を越えて移動するひとが増え、SNSなどでの情報発信が容易になるにつれて、人種や性別、出自や障がいの有無など、個人の努力ではどうしようもないものを理由に差別することはものすごく嫌われるようになった。

現代のリベラリズムの核心にあるのは、「この世に生を受けた以上、すべてのひとがもって生まれた可能性を最大限活かして人生を謳歌できるようにすべきだ」という価値観だ。ここで重要なのは「自己決定権」で、世界でもっともリベラルなオランダではドラッグ（マリファナ）と売春が合法化され、不治の病でなく「人生に絶望した」との理由でも（複数の精神科医の診断があれば）安楽死が認められる。

日本は例によって世界の潮流から一周遅れだが、「自己決定権」の価値観は（若年層を中心に）急速に広がっている。世論調査のたびに同性婚や夫婦別姓への支持が高まっていることからわかるように、保守派は文化や伝統を理由に差別的な慣習を擁護することが困難になってきている。

こうしたリベラル化の結果、アメリカでも「白人至上主義者」が「自分たちは人種主義（レイシズム）に反対だ」と主張するようになった。中産階級から脱落しかけている白人ブルーワーカーの自己像は、東部や西海岸のエリートからバカにされ、アファーマティブアクション（積極的差別是正措置）によって黒人などから「抜け駆け」されている〝被害者〟なのだ。

ヨーロッパも同じで、排外主義の政党・政治家に票を投じる白人は、押し寄せる移民によって自分たちの仕事や権利が失われていくと怯えている。「右傾化・排外主義・反知性主義」は、世界じゅうで進行する「リベラル化・グローバル化、知識社会化」への反動（バックラッシュ）なのだ。

オルタナ右翼とサイバー・リバタリアン

リベラル化する世界では、男と女は対等の権利（人権）を持つのが当然とされるから、権力を使って若い女優志望者にセックスを強要するようなことが許されるはずはない。日本の芸能界ではいまだに「枕営業」が暗黙の了解のようだが、先行する欧米では社会的に葬られることになった。

ここまでは多くのひとが同意するだろうが、問題がこじれはじめるのはその先だ。#MeToo運動を推し進めていくと、どのような集団に属していようと「個人」として対等なのだから、「男」や「女」という性別を前提とすること自体がおかしいということになる。男は「男らしく」あってはならないし、女は「女らしく」あってはならないのだ。

こうしたフェミニズムの主張がよく表われているのが、「toxic masculinity（毒性のある男らしさ）」だ。「男は強くあれ」「男の子なら泣くな」という教育（文化）によってマチズモ（男性優位主義）やホモフォビア（同性愛恐怖）、ミソジニー（女性嫌悪）といった有害な偏見が生み出され、それが女性やLGBTなどのマイノリティを抑圧している、という意味で使われる。

それに対して保守派は、「男らしさ」「女らしさ」こそが健全な社会（共同体）を構成する基盤だと考える。アメリカでは民主党（リベラル）と共和党（保守）の政治的党派の価値観があらゆる場面で衝突しているが、ジェンダー（社会的な性差）をめぐる争いはその中心にある。トランプは民主党的なPC（フェミニズム）を批判し、伝統的な「男らしさ」「女らしさ」を擁護し、自らが体現することで（常にスーツ・ネクタイ姿で、ゴージャスなドレスの夫人をエスコートする）、過度な男女平等によって道徳の基盤が失われるのではないかと恐れる保守派の琴線に強く触れたのだ。

保守のなかでも「白人」であることのアイデンティティに固執し、リベラルをはげしく批判する一派は「オルタナ右翼」と呼ばれる。「オルタナティブな（従来とは異なる）右翼」のことで、日本における「ネトウヨ」に相当すると考えればいいだろう。アメリカの「オルタナ右翼」は白人アイデンティティ主義で、日本の「ネトウヨ」は日本人アイデンティティ主義だ。社会の流動化（液状化）によって世界的にマジョリティのアイデンティティが揺らいでいるからだが、これについては『朝日ぎらい——よりよい世界のためリベラル進化論』（朝日新書）に書いたので繰り返さない。

トランプの評価をめぐって保守派とリベラルが真っ向から対立するのはもはやおなじみの光景だが、ここにリバタリアンが加わることで状況はさらにややこしくなる。リバタリアンは「自由」に至上の価値を置く政治的立場だが、ここではティーパーティのような草の根保守ではなく、テクノロジーのちからによって社会を最適設計し、理想の世界をつくろうとするシリコンバレーのサイバー・リバタリアン（テッキー）を想定する。

サイバー・リバタリアンは、すべてのことをエビデンス・ベースドで考える。正しい証拠（エビデンス）に基礎づけられていなければ、まともなアルゴリズムは開発できない。まちがった前提からはでたらめな結論しか導き出せないのだから、「政治的な正しさ」ではなく、「科学（テクノロジー）的な正しさ」が優先されるのは当然なのだ。

ここから、サイバー・リバタリアンは進化論ときわめて相性がいいことがわかる。なぜなら、（本書で述べたように）進化論こそが社会や人間を説明する唯一の「科学」だからだ。

「政治的正しさ」に翻弄されるグーグル

二〇一七年八月、シリコンバレーでもっとも「リベラル」な企業のひとつであるグーグルが上級職のエンジニアを解雇した。かねてよりＩＴ業界に女性を増やそうとする「多様性制度」を推進してきたが、「ＩＴ業界に女性より男性が多いのは、採用方法や教育、差別のみが原因ではなく、生まれつき持つ能力がちがうからだ」とする元エンジニアのメモが社外にリークされたためだとされる。

問題となったメモはインターネットにアップされているが、そこでは男と女には仕事の適性に生得的なちがいがあり、「女性は共感力に秀でているが、分析的な仕事やシステム構築には関心を抱きにくく、地位を求めるよりも仕事と家庭（子育て）のバランスをとることを求める」として、男女比を半々にするような「多様性」の実現は非現実的だと主張している。

表現の問題はあるとしても、男と女が進化の過程で異なる適性を持つようになったというエビデンスは大量にある。旧石器時代に狩猟を担った男は空間把握能力や論理・数学能力を発達させ、集落の近くで子育てをしながら集団で木の実などを採集していた女は言語性知能や共感力を発達させたというのは、ほぼすべての進化心理学者が（程度の差はあれ）合意するだろう。

グーグルはこの社員を解雇したが、その理由は「「攻撃的な」文書が「危険な性別のステレオタイプ」を推進した」からで、男女の適性になんのちがいもないというエビデンスを提示したわけではない。

この処分に対して批判が起きたのは、常に「科学」の側に立つはずのグーグルが、（すくなくとも）エビデンスを提示した社員の表現の自由を、エビデンスなしに否定したからだ。これはグーグルがPC派に屈服したことを意味する。

なぜこのようなあやうい措置を強行したのだろうか。

私見では、グーグルにはこの社員をなんとしても解雇しなければならない切実な理由があった。それは、この問題を放置しておくと破滅的な事態を引き起こす恐れがあったからだ。

ここで俎上に上がったのは男女の多様性だが、シリコンバレーはより深刻な多様性の問題を抱えている。それは「人種多様性」で、誰もがすぐに気づくように、IT企業の人種構成はユダヤ系、インド系、ヨーロッパ系白人、東アジア系に大きく偏り、黒人やヒスパニックは極端に少ない。シリコンバレーの企業はこのことを、人権活動家などから強く批判されてきた。

グーグルがもっとも触れられたくなかったのは、（おそらく）この「人種多様性の欠如」だった。これはアメリカ社会のもっとも敏感（センシティブ）な部分で、だからこそ問題が飛び火する前にスキャンダルの芽をつぶしておかなくてはならなかったのだ。

アメリカ心理学協会の大炎上

二〇一九年一月、アメリカ心理学協会（ＡＰＡ）が「少年と男性のための心理的実践ガイドライン（Guidelines for Psychological Practice with Boys and Men）」を発表し、「〝ストイック、競争、支配、攻撃〟などの言葉に象徴される「伝統的な男らしさ」は有害（harmful）である」と述べて大炎上した。

進化心理学者はこのガイドラインに対して、「生得的な要因を無視して、「男らしさ」はすべて社会的・文化的に形成されるとしているのではないか」と疑義を呈した。「男らしさ」をつくるのは男性ホルモンのテストステロンであることがわかっているが、ＡＰＡのガイドラインはこの性ホルモンについてまったく触れていない。「空白の石版」理論では、ほぼすべての生き物は長大な進化の過程でつくられたプログラムに従っているが、人間だけは例外で、ほとんどの性向は文化的につくられ、生得的な要因にはなんの影響も受けていないとする。ＡＰＡはこの荒唐無稽な「非科学」に堕したというのだ。

それに加えて保守派は、「男の子を「男らしく」、女の子を「女らしく」育ててはいけないのなら、それは人間ではなくなってしまう」と批判した。「男らしさ」を無理矢理否定すれば、男の子は自尊心を傷つけられ、女の子とどのようにつき合えばいいかわからなくなり、恋愛も結婚もしなくなるだろう。

ここから、なぜ進化論が保守派と結びつくのかがわかる。

「男の子と女の子とは生まれながらにして（ある程度）ちがっている」という常識は、脳科学によっても裏づけられている（男と女では同じ刺激でも脳の活動が異なる）。行動遺伝学では、「男らしさ」「女らしさ」の遺伝率は約五〇％と推計されている。「氏が半分、育ちが半分」という私たちの素朴な観察は、「科学的」にも正しいのだ。

人種や性別にかかわらずすべてのヒトは「ヒューマン・ユニヴァーサルズ」を共有しているが、だからといって、いかなる生得的な差異も存在しないことにはならない。当たり前の話だが、生命は四〇億年かけて、ヒューマニズムのイデオロギーに則って進化してきたわけではない。

保守派のなかの「キリスト教原理主義者」は、聖書の教えに反するとして進化論を否定する。それに対してリベラルは、これを非科学的な反啓蒙主義だとして進化論を擁護している。

ところがジェンダー論争では、進化論を否定する保守派が進化心理学者の主張に与し、進化論を擁護するリベラルがそれを否定するという奇妙な事態が起きている。どちらの側も評価の基準は「真理」ではなく、自分にとって都合がいいか悪いかで、保守派もリベラルも「科学」から脱落しているのは同じだ。

それに対してサイバー・リバタリアンは常に「科学（テクノロジー）」の側に立つが、その攻撃の矛先は保守派よりも、進化論を擁護するふりをしながら「反科学」的な主張をするリベラルに向けられる。「聖書に書かれたとおり宇宙は七日間でつくられた」というのは（まともなひとなら）誰でもつくり話だとわかるが（逆にいえば、間違いだと理解できなければどうしようもない）、リベラルの一見もっともらしいPCの主張は、まともなひとでも騙される恐れがあるからだ。――とはいえ、リチャード・ドーキンスのように「神」から進化論を守ろうとする闘士もいる。

リベラル、プアホワイト、黒人保守派

こうしてやっと、「登場人物」が出そろった。前置きがかなり長くなったが、サイバー・リバタリアン（進化論者）、リベラル（PC派）、保守（オルタナ右翼）、および（日本ではほとんど認知されていない）「黒人保守派」と呼ばれるひとたちがどのような関係になっているのかを見てみよう（図26）。

アメリカの白人は、リベラルとプアホワイトに分断されている。東部（ニューヨーク、ボストン）や西海岸（ロサンゼルス、サンフランシスコ）などの

図26―アメリカ社会の構図

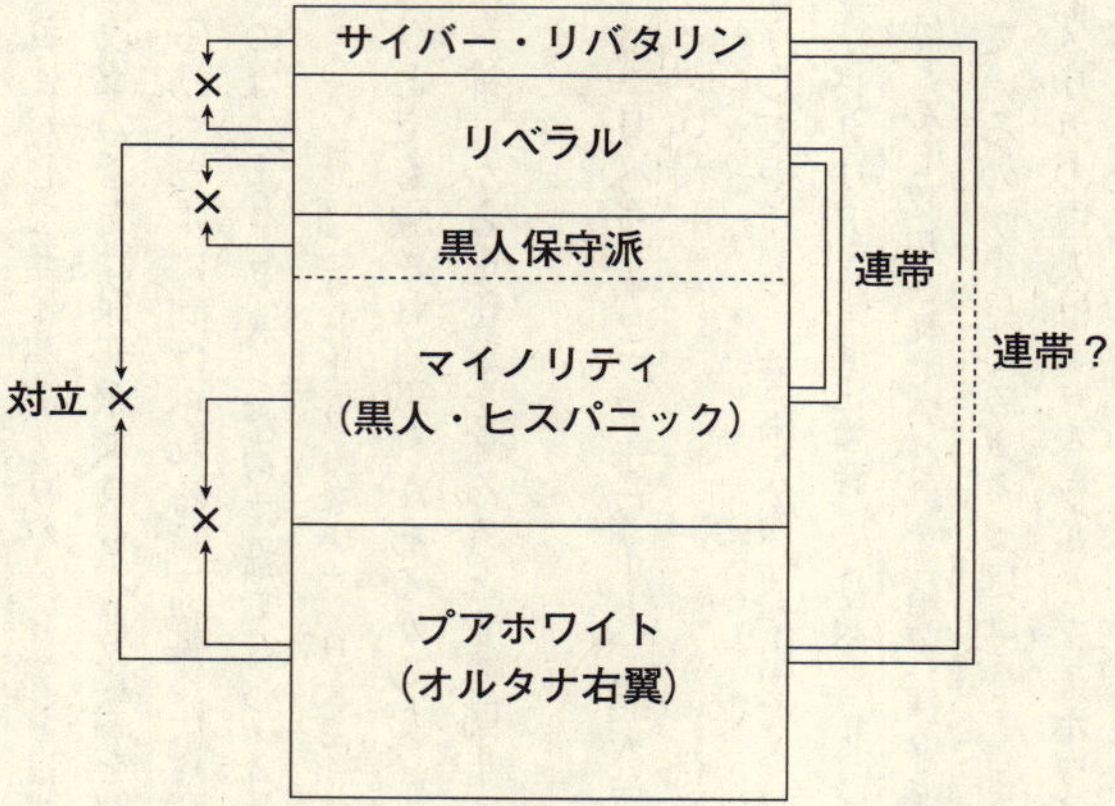

「クリエイティブ都市（＠リチャード・フロリダ）」に住む白人は、金融、教育、メディア、IT関係など高収入の仕事につき、黒人やヒスパニックなどのマイノリティを支援する民主党の政策を支持している。

プアホワイトやホワイトトラッシュ（白いゴミ）と呼ばれる白人たちは、倒産した工場が放置されるラストベルト（錆びた地帯）に吹きだまり、仕事を失い、アルコール、ドラッグ、自殺で「絶望死」している。彼らはアファーマティブアクションによって黒人が不当に優遇されたために、自分たちがアメリカ社会の最底辺に追いやられたと考えている。

白人はアメリカ社会のマジョリティだが、プアホワイトは意識のうえでは「マイノリティ（弱者）」であり「被害者」だ。オルタナ右翼と呼ばれるポピュリストの言論人（思想リーダー）は、フェイクニュース（都合のいい物語）をまき散らすことで彼らのルサンチマンをひきつける。これがトランプ支持者の「岩盤」で、どのようなスキャンダルでも支持率は一定以下には落ちない。

アメリカには「黒人保守派」と呼ばれる知識人層がおり、アファーマティブアクションに反対してリベラルとはげしく対立している。経済学者のトマス・ソーウェルや文芸評論家のシェルビー・スティールが有名で、当然のことながら黒人の市民運動家やリベラルから「アンクル・トム（白人に媚を売る黒人）」の蔑称で毛嫌いされている（その代わり白人層からはものすごく人気がある）。

日本でも誤解されているが、黒人保守派は白人におもねっているのではなく、黒人エリートの利益を代弁している。

アファーマティブアクションでは、マイノリティは大学などの進学で優遇措置を受けることができる。これは、白人や（優遇措置の対象外とされている）アジア系よりも低い点数で医学大学に入学し、医者になれるということだ。

あなたがこのことを知っているとして（アメリカでは誰でも知っている）、自分の子どもが重篤な病気にかかったとき、黒人の医師に診てもらおうとするだろうか――。

アメリカではこうして、黒人の患者も黒人の医師を避けるようになった。これは、アファーマティブアクションの恩恵を被らず、実力で医師になった黒人からすれば災厄以外のなにものでもない。黒人保守派は、医師だけでなく法律家や会計士など、あらゆる専門職でこうした「逆差別」が起きているとして、黒人に対するすべての優遇措置の廃止を求めているのだ。

シンギュラリティへと向かう知識社会の深い「闇（ダーク）」

サイバー・リバタリアンの多くはシリコンバレーの起業家・投資家やエンジニアで、経済的にはリベラルよりさらに裕福でプアホワイトとはなんの共通点もないが、「政治的正しさ」ではなく「科学（テクノロジー）」を優先することでしばしばリベラルと対立する。すると、「敵の敵は味方」の論理で、プアホワイト（オルタナ右翼）とのあいだに連帯感のようなものができてくる。

トランプ支持のサイバー・リバタリアンの代表がピーター・ティールで、電気自動車のテスラを率いるイーロン・マスクとともに手掛けた金融ベンチャーで大富豪になり、フェイスブック創業期にその可能性に気づいて投資したことで伝説をつくった。

そのティールは著書『ゼロ・トゥ・ワン』（NHK出版）で、「ダーウィン主義はほかの文脈では筋の通った理論かもしれないけれど、スタートアップにおいてはインテリジェント・デザインこそが最適だ」と述べている。

進化論を神の教えに反するとして拒絶するキリスト教原理主義者は、学校で「（聖書にもとづく）正しい歴史」を教えるために、〝神〟を背景に隠し、「宇宙や自然界の神秘は科学だけでは説明できず、知性ある（インテリジェントな）何かによってデザインされた」と主張している。

そしてティールは、反理性的なこの信念を、インテリジェントすなわち〝神〟から特別な才能を与えられた者たち（ギフテッド）が、テクノロジーのちからによって世界を「デザイン」するのだと読みかえる。

これがティールのいう「インテリジェント・デザイン」であり、彼の思想の（危険な）本質が見事に現われている。

「サイファーパンク」「クリプト（暗号）アナキスト」などとも呼ばれる、きわめて高いIQを持つ「知能至上主義者」が、仕事を失い中流から脱落しつつあるトランプ支持の「プアホワイト」の陰謀論者たちを引き連れ、PCのきれいごとをまき散らす「エリート主義」のリベラルと敵対する。

この異様な構図が、シンギュラリティへと向かう知識社会（私たちの未来）の深い「闇（ダーク）」を象徴しているのだろう。

あとがき

知が物理的な衝撃だということをはじめて知ったのは一九歳の夏だった。フランスの哲学者ミシェル・フーコーの二度目の来日が一九七八年四月で、東京大学での講演を中心に雑誌『現代思想』六月号でフーコー特集が組まれた。ぼくは発売日に大学の生協でそれを手に入れて、西荻窪のアパートに帰る電車の中で読み出した。阿佐ヶ谷あたりだと思うけど、いきなりうしろから誰かにどつかれて、思わず振り返った。でも、そこには誰もいなかった。その衝撃は、頭の中からやってきたのだ。フーコーはそこで「牧人＝司祭体制」の話をしていた。牧人というのは羊飼いのことだ。

羊飼いは羊を管理しているけど、彼の仕事は餌や水を与え、できるだけ多くの子羊を産ませることだ。牧人は羊に対して絶対的な権力を行使するが、その目的は弾圧や搾取ではなく健康と繁殖の管理、すなわち羊の幸福なのだ。

この新しい権力は、牧人であると同時に司祭でもある。

カトリックの告解は、司祭に罪の告白をし、神の許しを乞うことだ。でもこれは、信徒が自らの魂を神の前にさらすことではない。信徒にはもともと魂（内面）などなく、司祭の導きと告解の儀式によって、キリスト教の教えにぴったりの魂がつくられていくのだ——。

ぼくはそれまで、「権力」は自分の外（警察とか軍隊とか政治とか）にあって、自由を抑圧しているのだと素朴に信じていた。でもフーコーは、そんなのはすべてデタラメだという。

「権力はきみのなかにある。きみ自身がきみをしばりつけている権力なんだ」

これはまさに権力観のコペルニクス的転換で、あまりの驚きでうしろから殴られたように感じたのだ。

そのとき以来ぼくは、「自分は善で、（自分の外にある）悪＝権力とたたかっている」という物語をいっさい信用しないことにした。でもあれから四〇年ちかく経つのに、いまだに陳腐な善悪二元論を振りかざすひとは減らない——というか、「韓国人を殺せ」と叫ぶ異様な集団を見ればわかるように、ますます目立つようになっている。

このことからぼくは、もうひとつの教訓を学んだ。科学や技術は進歩するけれど、ひとは進歩しないのだ、ぜんぜん。

この本では、〝知のパラダイム転換〟への入口として、大小さまざまな驚きを集めてみた。

ここで紹介した複雑系、進化論、ゲーム理論、脳科学、功利主義の考え方は、ときどき話題になったりするけれど、世間的にはあまり評判がいいとはいえない。それは素朴な感情を逆なでするからだろうけど、ちゃんと考えれば当たり前のことばかりでもある（そう思ったでしょ）。

文部科学省が国立大学に人文社会科学系の学部・大学院の統廃合を迫ったことで、〝教養〟をめぐる議論が巻き起こった。国際競争に勝つために高度な教育はごく一部のトップ校（G大学）だけにして、それ以外の大学（L大学）は職業訓練に徹すればいい、という提言も話題を呼んだ。

これに対して人文系の学者は、（当然のことながら）「人間力を鍛えるためには教養が必要だ」と反論している。たしかにこの〝複雑で残酷な世界〟を生きていくためには知力だけでなく人間力も大事だろうが、彼らは根本的なところで間違っている（あるいは、知っているのに黙っている）。それは、人文系の大学で教えている学問（哲学や心理学、社会学、法律学、経済学のことだ）のほとんどがもはや時代遅れになっていることだ。

こういうことをいうと大学の先生たちは激怒するだろうけど、これから大学に進んだり、専門を決めようと考えている学部生にはほんとうのことをちゃんと伝えておく必要がある。

古いパラダイムでできている知識をどれほど学んでも、なんの意味もない。

一九八〇年代には、NEC（日本電気）が開発したPC―9800が日本ではパソコンの主流で、98（キュウハチ）のOSを専門にするプログラマがたくさんいたけれど、マイクロソフトのウインドウズの登場ですべて駆逐され、その知識は無価値になってしまった。哲学や（文系の）心理学は、いまやこれと同じような運命にある。「社会科学の女王」を自称する経済学だって、「合理的経済人」の非現実的な前提にしがみついたり、複雑系を無視してマクロ経済学の無意味な方程式をいじったりしている学者はいずれ淘汰されていくだろう。

大学教員の仕事は〝教養〟という権威を金銭に換えることで、ほとんどの文系の大学は彼らの生活のために存在している。その現実が明らかになるにつれて、風当たりが強くなってきたのは当たり前なのだ。

バブルが崩壊して以来、日本の社会はデフレ不況の長い低迷期に入り、閉塞感に覆われている（といわれている）。本書では扱えなかったけれど、その理由は日銀がお金を刷らないからじゃなくて、日本の社会に「差別」が深くビルトインされているからだ。年功序列・終身雇用の日本的な労働慣行は、正規・非正規という「身分」差別、新卒一括採用や定年制という「年齢」差別、子どもが生まれてサービス残業できなくなると昇進させない「女性」差別、本社採用と海外の現地採用で待遇がちがう「国籍」差別によってできている。これほどまでに重層的な差別が社会の根幹を蝕んでいたら、個人がどんなにがんばっても「自由な人生」なんて実現できるはずはない。

なぜこんな差別がいまだに残っているかというと、それによって得をするひとたちがたくさんいるからだ。それは「日本人」「中高年」「男性」「一流大卒」「正社員（終身雇用）」という五つの属性を持つアタマの固い「おっさん」のことで、政治や行政・司法から学校や会社、マスコミに至るまで、日本社会は彼らの既得権でがんじがらめになっている。

日本の社会で「リベラル（自由主義者）」と呼ばれているひとたちは、大学の教員にしても、マスメディアの正社員にしても、自分たちの組織が弱者を差別していることには知らない顔をして、「国家権力」なるもの（安倍政権とか）とたたかう振りをしてカッコつけているだけだ。フーコーが教えてくれたように、ひとはエラくなるほど自らの内なる権力から目を背け、外に敵をつくって偽善を隠蔽しようとする。

なかには、「理屈ではそうかもしれないけど、日本の社会ではすぐにはうまくいかない」と弁解するひともいる。これは現実主義（リアリズム）といわれているけど、こういうひとは、黒人が差別されている時代のアメリカなら、「人種の平等なんてすぐに実現できるわけはないんだから、とりあえず白人専用の公衆トイレを廃止しよう」なんて〝穏当な〟リベラルの意見をしたり顔でいうのだろう。
でも若いきみたちなら、自分たちが「差別」しながら「格差をなくせ」と主張する偽善者の論理に振り回されることなく、〝知のパラダイム転換〟を軽々と受け入れて、効率的で衡平で合理的な「よりよい世界（ベターワールド）」をつくっていくことができるはずだ——と思ったからこそ、この本を書いたんだけど。

二〇一五年一〇月

橘　玲

文庫版あとがき

本書刊行後、「現代の進化論」の興味深いトピックを集めて、『言ってはいけない――残酷すぎる真実』（新潮新書）という「スピンオフ」を書いた。幸いこの本は多くの読者を得て、「二〇一七新書大賞」に選ばれた。続編の『もっと言ってはいけない』（同）では、知能と進化の関係から「知識社会」について論じている。

いずれのテーマも、本書で述べた「現代の進化論」や「知のパラダイム転換」を拡張していけば必然的にたどりつく場所にある。それが事実（ファクト）であるなら、私たちはフェイクニュースの「きれいごと」に踊らされることなく、「残酷な世界」を直視しなければならないのではないだろうか。

今回の文庫化をきっかけに、より多くの若い人たちが「オリジナル」である本書を手に取ってくれることを期待したい。

二〇一九年四月

橘　玲

解説　『構造と力』の裏面史？　いや、こちらが表側だった

吉川浩満

大哲学者アルトゥル・ショーペンハウアーの読書論に、こんな名文句がある。

良書を読むための条件は、悪書を読まないことだ。（アルトゥル・ショーペンハウアー『読書について』鈴木芳子訳、光文社古典新訳文庫、一四六頁）

そのとおり。正しすぎてぐうの音も出ない。しかし、考えてみたら無茶な話だ。まるで、宝くじを当てるための条件は、外れくじを買わないことである、なんて言っているようではないか。それがわかれば苦労はない。

とはいえ、読書が宝くじとは違うこともたしかだ。当たりくじは毎回ランダムに選ばれるけれど、読書の対象である学問や文化には時代に固有のパターンやプロセス、すなわち歴史がある。だから歴史をよく知る先輩からのアドヴァイスが役に立つことがある。求めるべきは、「読まなくてもいい本」をさんざん読んできた先輩からのアドヴァイスである。

橘先輩の手になる本書『「読まなくてもいい本」の読書案内——知の最前線を5日間

で探検する』こそ、このショーペンハウアー的無茶を可能にしてくれる読書案内である。しかもたった五日間ですべてが完了するのだから、忙しい現代の若者にとってこれ以上の強い味方はない。この名著が文庫になり、より入手しやすくなったことを、私は心からうれしく思う。

それにしても、読書案内が名著であるとは、どういうことだろうか。読書案内というのは名著を紹介するものであって、べつにそれ自体が名著である必要はない。本書が名著であるのは、読書案内の体裁を借りながら、従来の通説を塗り替える秀逸な現代思想史になっているからだ。これまで誰もそのようには語ってこなかった、しかし一読してそのとおりだと納得せざるをえないような、力強いストーリーが展開されている。

橘先輩の記述はすでに十分に簡明であるので、この解説で内容をさらに敷衍したり要約したりする必要はないだろう。ここでは、本書をより理解しやすくするだろう（と私が考える）補助線を引いてみることで解説に代えたい。

用意した補助線は二本ある。一本めは進化論の重要性と有効性について。

本書にはさまざまな学問やトピックが登場する。目新しい言葉がどんどん出てきて頭がクラクラするほどだ。五日間のツアー日程はそれぞれ、複雑系、進化論、ゲーム理論、脳科学、功利主義と題されている。

本書が扱う領域は広大だが、これらすべてのベースとなるのが進化論である。本書に登場する新しい学問（科学）は、進化論を土台にして融合し、ニューロンから政治経済にいたるすべての領域で巨大な「知のパラダイム転換」を引き起こしているとされる（本書一二頁）。

進化論が諸学問の土台として重要な役割を演じるのは、ヒトも生物の一員であるという根本的な事実を考えれば当然である。だが、それだけで納得して通り過ぎると、進化論とそれをベースとした諸学問の比類なき有効性を十分に理解できないおそれがある。その有効性は、進化論が徹底したエンジニアリングの知であることに存する。エンジニアリングの強みは、神様や魔法や祈禱に頼ることなく、科学的知識にもとづいた諸手続き（アルゴリズム）の集積によって現実の問題を解決できることだ。

ダーウィン以降の進化論は、生物を自然淘汰の産物として把握するが、ここで自然淘汰とは、自然を素材として生物に関わる研究開発（R＆D）を絶え間なく実行するエンジニアにほかならない。進化学者もまたエンジニアである。自然淘汰という先輩エンジニアがどのようなアルゴリズムを実行したのかを解読する後輩エンジニアなのである。詳しくは、本書一二五頁でも紹介されているダニエル・C・デネット『ダーウィンの危険な思想』（青土社）の第八章を参照してほしい。

本書に登場する諸学問が、数学とコンピュータ科学によって飛躍的な発展を遂げたのは偶然ではない。数学とコンピュータはエンジニアリングの最良の友である。進化論のエンジニアリング思考に数学とコンピュータ科学が合流することで、複雑な世界をいかにして把握し、それに介入するかについての強力な諸学問が生み出されたのである。

本書はおもに若い人たちに向けて書かれている。有効期限の過ぎた旧世代の制度や知識のせいで新世代が余計な苦労をしないようにという橘先輩の配慮が行き届いている。では、若くない人はどう読めばよいのか？　これを二本めの補助線としたい。

まず、私も含めた旧世代の人間は、自分の古びた知識をアップデートするために、また新しい知識にキャッチアップするために、本書を利用することができる。まあ、ふつうに読めばそうなるはずだが、じつはもうひとつ、年長者ならではの読み方がある。それは、若いころに熱中した書物と本書をあえて突きあわせて併読してみることである。そうすることで、ひょっとしたらなにか新しい発見があるかもしれない。

私の場合、副読本の筆頭は浅田彰『構造と力』（勁草書房、一九八三）になる。学生時代に読んだこの本をきっかけにして、かつての橘先輩と同じように私もポストモダン思想にのめり込んだ。一九八〇年代後半から九〇年代のことである。

私が本書を初めて読んだときの印象は、「これは『構造と力』の裏面史である」というものだった。だが、それはポストモダン思想のストーリーを正史とした言い方にすぎない。いまとなっては、本書が提示したストーリーこそがメインストリームにふさわしいものであったことがわかる。

ちなみに当の浅田氏はといえば、『構造と力』が一世を風靡しているさなかにもカオスやフラクタルについて見事な整理を行っている。さすがというしかない（詳しくは浅田彰ほか『科学的方法とは何か』中公新書、一九八六を参照）。それにひきかえ私のような平凡な読者は、ポストモダン思想に熱中するあまり、本書が提示した重要な鉱脈の存在に当時まったく気づくことがなかったのである。

本書を読みすすめながら、私はかすかな胸の痛みとともに青春時代のあれこれを思い起こすことになった。人生において無駄な苦労をあえてする必要などまったくない。だが、すでにしてしまった苦労をどのように位置づけて無害化ないし再利用するかは、重要な課題のひとつである。本書はそうした課題を与える本でもある。

そんなわけで、すべての若い人と若くない人に本書をおすすめする次第である。

（よしかわ・ひろみつ　文筆家）

本書は、二〇一五年一一月筑摩書房より刊行された。

ちくま文庫

「読まなくてもいい本」の読書案内
——知の最前線を5日間で探検する

二〇一九年五月十日　第一刷発行

著者　橘玲（たちばな・あきら）
発行者　喜入冬子
発行所　株式会社　筑摩書房
東京都台東区蔵前二―五―三　〒一一一―八七五五
電話番号　〇三―五六八七―二六〇一（代表）
装幀者　安野光雅
印刷所　中央精版印刷株式会社
製本所　中央精版印刷株式会社

ISBN978-4-480-43592-7 C0100